학문의 이해
3

고대의 풍경과 사유

한국고대사의 경험과 인식

고대의 풍경과 사유

한국고대사의 경험과 인식

초판 1쇄 인쇄 2019년 12월 20일

초판 1쇄 발행 2019년 12월 27일

지은이 이강래

펴낸이 이방원

편 집 송원빈 · 김명희 · 안효희 · 윤원진 · 정조연 · 정우경 · 최선희

디자인 박혜옥 · 손경화 · 양혜진 **영 업** 최성수 **마케팅** 이미선

펴낸곳 세창출판사

출판신고 1990년 10월 8일 제300-1990-63호

주소 03735 서울시 서대문구 경기대로 88 냉천빌딩 4층

전화 723-8660

팩스 720-4579

이메일 edit@sechangpub.co.kr

홈페이지 http://www.sechangpub.co.kr

ISBN 978-89-8411-860-7 93910

이 도서의 국립중앙도서관 출판시도서목록(CIP)은 서지정보유통지원시스템 홈페이지(http://seoji.nl.go.kr)와

국가자료공동목록시스템(http://www.nl.go.kr/kolisnet)에서 이용하실 수 있습니다. (CIP제어번호: CIP2019051617)

이 책은 2018년도 한국연구재단 대학 인문역량 강화사업(CORE) 지원에 의해 출판되었음.

학문의 이해
3

고대의 풍경과 사유

한국고대사의 경험과 인식

이강래 지음

세창출판사

여는 말:
일탈이 증언하는 일상

한국의 고대에 들어서기 위해서는, 먼저 고대를 구성하는 사람과 사건의 범주를 규정하는 문제에 대해 환기해 둘 필요가 있겠다. 대개 한국사에서 '고대'라는 시간 개념으로 포괄할 수 있는 가장 넓은 범주의 역사상은 아마 고려(高麗) 왕조 이전에 해당하는 실체들을 모두 아우르는 방식일 것이다. 그 경우, 오늘날 한국 민족의 역사 공간에서 이루어졌던 역사상이라면 단군(壇君/檀君)으로 표상되는 고조선(古朝鮮)에서부터 비롯한다고들 말한다. 단군이라니! 그는 실재했던 인물인가?

역사, 경험과 기록의 거리

'단군'의 탄생과 그의 조선 건국 이야기에 관한 한 『삼국유사(三國遺事)』보다 앞서는 기록을 우리는 알지 못한다. 『삼국유사』에 의하면, 하늘로부터 지상에 강림한 환웅(桓雄)과 애초에 곰이었다가 여인의 몸을 얻게 된 웅녀(熊女) 사이에서 단군이 탄생했다고 한다. 그리고 단군이 조선을 개국한 것은 중국에서 요(堯)임금이 즉위한 지 50년째가 되는 경인년이라고 기록한 옛 문헌, 즉『고기(古記)』의 내용을 인용하였다.[01] 단군의 즉위년을 중국 상고시대 황금기의 제왕으로 간주되는 요임금에 견준 것은 확실히 중국 중심적 세계 인식이 반영된 결과지만, 동시에 고려 지식인 나름의 자긍심에서 비롯한 대응이기도 하였다.

다만『삼국유사』서술자는 이와 같은 기록을 인용하면서도, 중국의 요임금이 즉위한 해가 무진년이므로 그 뒤 50년이라면 정사년이지 경인년은 아니라고 지적하면서 신뢰하기를 주저하였다. 그에 따라 단군의 즉위년이 과연 언제인가 하는 논의는 더욱 확산되었다.『삼국유사』가 찬술(撰述)되던 시기에 이승휴(李承休) 역시 중국과 우리나라의 역사를 운문으로 구성한『제왕운기(帝王韻紀)』를 저술했는데, 그 가운데에도 단군 전승이 있다. 여기에서 이승휴는 단군이 일어난 해를 요임금과 같은 무진년이었다고 특정하였다.[02] 조선의『세종실록지리지(世宗實錄地理志)』에는 더 나아가 단군과 요임금이 '같은 날'에 즉위했다고 하였다.[03]

사실 요임금이 언제 즉위했는가에 대해서도 의견이 분분하기는 마찬가지이다.『삼국유사』서술자는 요임금이 즉위한 해를 무진년이라고 말하였다. 한편 그가 비판한『고기』의 경우라면, 요임금의 즉위 50년이 경인년이었다고 하였으므로 즉위 원년은 신축년이 되는 셈이다. 그러나 중국 측에서는 요임금이 갑신년에 태어나 갑진년에

제위에 올랐다고 추산한 사례가 있다.[04]

이 견해는 조선 초의『동국통감(東國通鑑)』에 수용되었지만, 단군의 즉위년은 다시 수정되었다. 즉『동국통감』서술자들은 요임금이 갑진년에 태어났으며, 그의 재위 25년째가 되는 무진년에 단군이 즉위했으므로, 단군과 요가 나란히 즉위한 게 아니라고 논증하였다.[05] 이뿐만 아니라 단군이 세상을 '다스린' 기간이나 혹은 산신이 되기까지 누린 '수명(壽命)'을 표방한 연대의 수치에 대해서도『삼국유사』이래로 여러 이견이 파생되었다.

어하튼 1948년에 대한민국 정부가 수립된 후 한동안 공식적인 국가 연호로 사용했던 단군기원, 즉 단기(檀紀)는『동국통감』의 논증을 따른 것이다. 아울러 그 경우 단군 원년을 기원전 2333년으로 산정한 것 또한 요임금의 실제 생존 연대와 즉위 연대를 역산한 근대 역법 연구의 성과를 바탕으로 한 것일 뿐이다.

단군 관련 연대 논의의 일단(一端)을 장황하게 거론한 이유는 다름이 아니다. 역사가 시간과 공간의 요소를 기본 축으로 삼은 가운데서 인간의 경험으로 구성된다고 할 때, 어느 한 가지도 논란 없이 확정하는 일이 쉽지 않다는 점을 짐짓 드러내 보이려 한 것이다. 하물며 인간의 과거 경험에 대한 기억에 기반을 둔 이야기로서 역사란, 참으로 유동적이며 불확정적이라고 해야 옳을 것이다.

우리는 이러한 불확실성을 고대를 구성하는 대부분의 국면에서 조우하게 된다. 물론 고조선이나 단군과 같이 역사와 신화의 경계에 있는 것처럼 보이는 대상이라서 더욱 확정하기 어려운 요소들이 많을 것이라고 추측하는 것은 잘못이 아니다. 그러나 많은 사람들이

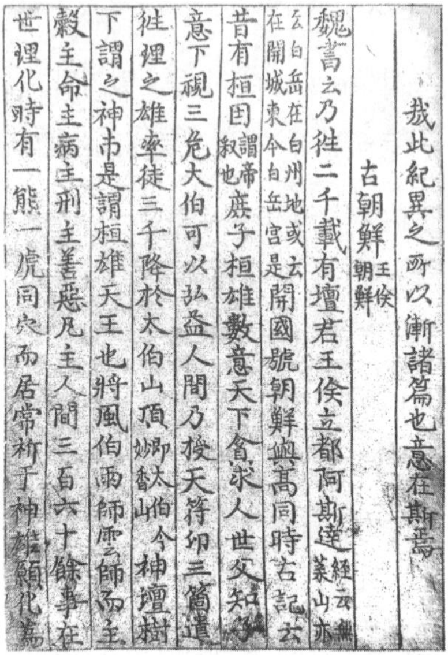
哉此紀異之所以漸諸篇也意在斯焉
古朝鮮 王儉朝鮮
魏書云乃往二千載有壇君王儉立都阿斯達 經云無葉山亦
云白岳在白州地或云在開城東今白岳宮是 開國號朝鮮與高同時古記云
昔有桓因 謂帝釋也 庶子桓雄數意天下貪求人世父知子
意下視三危太伯可以弘益人間乃授天符印三箇遣
往理之雄率徒三千降於太伯山頂 即太伯今妙香山 神壇樹
下謂之神市是謂桓雄天王也將風伯雨師雲師而主
穀主命主病主刑主善惡凡主人間三百六十餘事在
世理化時有一熊一虎同穴而居常祈于神雄願化爲

그림 1 파른본 『삼국유사』의 '고조선'조, 연세대학교 박물관

'분명한 역사적 실체'로 간주하는 삼국의 역사에도 본질에서는 고조선의 단군에 내재된 복잡함이나 어려움과 그다지 다르지 않은 문제들이 도처에 잠복되어 있다.

예컨대, 놀랍게도 연구자들은 도대체 '누가' 백제(百濟)를 건국했고, 과연 '언제' 백제가 건국되었는가 하는 탐색과 토론을 아직도 그치지 못한다. 물론 우리들은 대개 주몽(朱蒙, 재위: 기원전 37~기원전 19)의 아들인 온조(溫祚)가 기원전 18년에 오늘의 서울 일원(一圓)에서 장차 어엿한 왕조로 성장하는 백제를 건국한 최초의 왕이었다고 알고 있다. 그러나 엄밀히 말해 그것은 백제의 건국과 관련한 여러 문자 정보 가운데 하나의 갈피에 불과하다.

신라(新羅)라고 하여 사정이 다르지도 않다. 신라의 건국 시조로 알려진 박혁거세(朴赫居世)는 기원전 57년에 열세 살의 나이로 서나벌(徐那伐)의 거서간(居西干)이 되었다고 한다.[06] 이 역시 그와 같은 문자 기록을 '실증적으로' 부정할 수 있는 다른 정보가 없을 뿐이다. 유력한 다른 정보가 없다는 이유만으로, 그것이 의심 없는 객관적 사실이 되는 것은 아니다.

시선을 달리해 보자. 오랫동안 신라의 왕도였던 경주 일원에는 거대한 고분들이 곳곳에 줄지어 있다. 두 차례나 왕도를 옮겼던 백제의 경우에도 거대 고분들이 밀집되어 남겨진 구역이 있다. 그러나 그 왕릉급 무덤들의 주인공이 과연 누구인지 알려져 있거나 어떤 방식으로 추정이나마 할 수 있는 경우는 매우 적다. 저 유명한 고구려(高句麗) 장군총(將軍塚)의 경우도 규모로 미루어 왕릉이 분명해 보이지만, 그리고 광개토왕(廣開土王, 재위: 391~413)이나 장수왕(長壽王, 재위: 413~491)의 무덤일 가능성이 꽤 높아 보이지만, 여전히 피장자를 확정하기 어렵다는 점은 경주의 많은 고분들과 마찬가지이다. 1971년에 발견된 백제 무령왕릉(武寧王陵)은 다행히 묘실 내부에 안치된 묘지(墓誌)를 비롯한 여러 문자 정보들을 통해 왕과 왕비의 내력을 명료하게 알게 된 특별한 사례다.

요컨대 고대의 역사 가운데는 마땅히 갖추어져 있어야 할 것

그림 2 고구려 장군총. 중국 길림성 집안시

같은 사실(史實) 정보들이 실제로는 전혀 알 수 없거나 확정되지 못한 채 추론만 웅성대고 있는 경우들이 많다. 물론 후대 사람들이 제기하는 다양한 질문들에 대한 적실(的實)한 대답을 역사가 모두 갖추고 있을 것이라고 기대할 수는 없다. 그렇긴 하지만, 특히 한국 고대사회를 향한 구체적 질문들은 끝내 명쾌한 답을 만나기가 더 어렵다. 그렇게 된 가장 주된 이유는 우선 고대에 관한 정보 자체가 지나치게 적다는 데 있다. 그러나 간과하기 쉬운 또 다른 이유는 고대에 대한 질문자들의 관심과 고대를 구성하는 정보들 사이의 어긋남일지 모른다.

알고 싶은 것과 알 수 있는 것

이 점을 달리 말하자면, 알고 싶은 것과 알 수 있는 것들의 간극이 여느 시대사보다도 큰 분야가 고대사라는 것이다. 잘 알 수 없다는 것은 그만큼 왕성한 호기심을 유발하기도 한다. 대중매체에서 흥미 있는 역사 주제를 다룰 때 고대사 관련 내용이 현저하게 빈번한 이유는 아마 그 때문일 것이다. 전 방향으로 번지는 호기심과 설명의 욕구는 지루한 학술적 설명으로 제어하기도 어렵다.

표현이 적절할지 모르겠지만, 책임 있는 대답과 설명의 부재는 절제 없이 방만한 상상력의 원천이 된다. 우리 고대사가 '상상의 역사'로 전락하지 않도록 하기 위해 우리가 할 수 있는 일이, 적어도 기약할 수 없는 정보의 발굴을 기다리는 일만은 아니어야 할 것이다. 그보다는 우리의 질문을 앞세우기 전에 고대의 목소리에 귀 기울이려는 자세와 발상의 전환이 필요하다.

고대의 역사야말로, 그를 향해 들이대는 공세적 질문에 앞서,

대상에 대한 우호적 이해가 선행되어야 한다. 사실 정보의 미비란 과거와 마주한 사람들에게는 피할 수 없는 조건이자 한계이다. 그것이 현실이 아니라 역사인 이상, 생생하고도 빈틈없는 현상으로 재현될 수는 없는 노릇이다. 역사의 이러한 속성을 생각하다 보면, 김유신(金庾信)의 비유적 발언이 지니는 설득력을 발견한다. 신라 진평왕(眞平王, 재위: 579~632) 때 김유신은 그의 아버지와 함께 고구려의 낭비성(娘臂城) 공성전에 투입되어 있었다. 자칫 신라군의 패색이 짙어 갈 즈음 그는 이렇게 다짐하였다.

> "나는 '옷깃을 흔들어 떨치면 옷이 바르게 되고, 벼리를 들어 올리면 그물이 펼쳐진다'라고 들었다. 내가 바로 그 벼리와 옷깃이 되겠다."[07]

김유신이 자부하고자 한 벼리와 옷깃은 원문에 '강령(綱領)'이라고 나온다. 이것은 일의 근본이 되는 큰 줄거리를 말한다. 즉 큰 줄거리를 들어 올리면 작은 세목들은 저절로 분명해지고 질서를 찾는다는 뜻이다. "그물에 벼리가 있어야 그물눈이 조리가 있어 흐트러지지 않는다"라고 말하기도 한다.[08] 곧 아래에서 위를 따르고 작은 것이 큰 것을 좇는 질서를 비유한 것이다. 우리 고대를 이해하려는 전략도 먼저 이 벼리와 옷깃을 찾는 것으로 삼아야 하지 않을까? 그리하여 광활한 고대의 지평 속에서 수많은 갈피가 교차하는 이른바 노드(node)를 들어 흔들면 그 파장이 골고루 미치는 시공간이 얼마간 형상을 드러내지 않을까?

질문에 대한 답을 갖고 있지 않은 역사일지라도, 사람들은 불친절한 역사의 문을 두드리는 행위를 그치지 않는다. 그것은 질문의 까닭이 과거의 사실에 있는 것이 아니라 끊임없이 질문을 던지는 지금 이곳의 질문자에게 있기 때문이다. 대개의 인문적 질문들이 그러하듯이, 역사를 향한 질문도 궁극적으로는 질문자 자신에게로 돌아오고 만다. 대상에 대한 이해는 나 자신의 고유한 지적 성찰의 과정이며, 그러므로 과거에 대한 이해가 깊어질수록 지금의 나 자신에 대한 이해에 다가선다. 사람들의 사유와 행위로 빚어진 경험을 대상으로 삼고 있는 역사야말로, 시간과 공간보다 오히려 인간이 핵심 노드라는 것은 의심의 여지가 없어 보인다.

이처럼 어떤 국면의 역사를 이해한다는 것은 그에 관련된 사람들을 만나는 행위라고 생각한다. 그러므로 고대를 이해한다는 것은 고대의 사람들을 이해하는 것이라고 할 수 있다. 고대인들의 경험 가운데서도 겉으로 드러난 사건과 사실보다는 그 안에 잠복되어 있는 사유와 정서를 추구해야 할 이유가 여기에 있다. 그들의 사랑과 갈등, 욕망과 번민 따위의 속성이 오늘의 우리와 다를 리 없다. 또한 그들의 범상한 일상을 채우고 있는 정서의 맥락이 구체적 사건의 나열보다 고대의 본질을 훨씬 더 잘 반영하고 있다고 믿는다.

그러나 고대인들의 생활 정서는 물론, 그들의 일상 자체가 이미 역사의 기록 대상이 되지 못하였다. 대개 일상이란 계절이 순환하면서 한 해를 채우듯이 자연법칙에 따라 예측 가능하고 익숙한 생활을 이른다. 그러므로 그것은 온당한 질서처럼 보인다. 오히려 어떤 요인에서건 일상에 균열이 갈 때 사람들은 긴장하고 주의를 기울인

그림 3 무령왕릉 지석(誌石), 국립공주박물관

다. 예측하지 못했을 경우, 일식과 월식을 비롯한 천문 현상은 강렬한 충격을 준다. 홍수와 가뭄, 지진과 해일 따위의 기상이변도 평온한 일상을 크게 위협한다. 더 나아가 여름에 눈이 내린다면 심상치 않은 이변이다. 겨울에 꽃이 피는 것도 괴이하기는 마찬가지다. 말하자면 일상을 벗어난 일탈이다.

우리가 귀 기울이려는 고대인들의 이야기에는 그와 같은 일탈에 대한 관찰과 경험이 큰 비중을 차지하고 있다. 일상을 벗어난 일탈 현상들은 예측할 수 어렵기 때문에 더욱 두렵다. 역설적이게도 그러므로 일탈 현상은 고대인들 사이에서 기억되고 설명될 기회가 많았다. 우리가 알고 싶은 것은 고대의 일상이지만, 우리가 들여다보는 고대의 창 너머에는 오히려 일탈의 증거들이 넘친다. 그러나 일탈이란 일상의 배면(背面)이다. 달리 말하자면 일탈은 결국 일상을 반영한다. 요컨대 우리는 고대의 일탈 정보를 통해 일상을 만날 수 있기를 기대하는 것이다.

1 고대를 만나기 위하여

1) 고대의 문 앞에 서서

우리 고대의 역사에서 독자들은 무엇을, 누구를, 어떤 사건을 조우할 것으로 기대하는 걸까? 물론 고대의 창을 두드리는 이들의 동기는 얼마든지 서로 다를 수 있다. 이 문제를 음미하기 위해 우선 고대로 안내하는 가장 유력한 통로라고 할 수 있는『삼국사기(三國史記)』편찬자들의 생각을 들어 보기로 한다.『삼국사기』는 고대로 들어서고자 하는 이들이 가장 먼저 두드리는 문으로 삼을 만하기 때문이다.

역사책의 현실적 효용성

아래는『삼국사기』편수 책임자로서 작업을 마친 김부식(金富軾)이 작성한「진삼국사기표(進三國史記表)」라는 글의 일부이다. 일단 이

그림 4 김부식 표준영정. 국립현대미술관

대목은 고려 인종(仁宗)의 발언으로 되어 있다. 그러니까 이 글에서 작성자 김부식은 애초에 인종이 이러저러한 생각에서 『삼국사기』 편찬 작업을 명령했다고 환기하고 있는 것이다. 그에 따르면, 인종은 도대체 왜 고려 이전 삼국의 역사를 새롭게 편찬해야 하는가라는 질문에 대해 세 가지 범주에서 간명하게 필요성을 피력한 셈이었다. 인종은 1122년에 왕이 되어 1146년에 생을 마쳤다. 그러므로 우리는 그의 말에 귀 기울이는 동안 12세기 전반 고려의 현실을 염두에 둘 필요가 있다.

오늘날 학사들과 대부들이 오경(五經)이나 제자(諸子)의 서책과 진·한 시대 이래의 역대 중국 사서에는 간혹 넓게 통달해 자세히 말하는 이가 있지만, 우리나라의 일에 이르러서는 갑자기 망연해져서 그 시말을 알지 못하니 매우 한탄할 일이다. 하물며 저 신라와 고구려와 백제는 나라의 기업을 열고 솥의 세 발처럼 서서 예로써 중국과 교통할 수 있었기 때문에, 범엽(范曄)의 『한서(漢書)』와 송기(宋祁)의 『당서(唐書)』에는 모두 삼국의 열전이 실려 있는 것이다. 그러나 그 경우 중국의 일은 자세히 하고 외국의 일은 간략히 하여, 삼국의 사실이 다 갖추어 실리지 못하였다. 또한 『고기』는 문자가 거칠고 졸렬하며 사적이 빠지고 없어져서, 군후의 선악과 신하의 충사와 나라의 안위와 인민의 치란을 다 드러내어 권계로 드리우지 못한다. 이제 마땅히 박식하고 뛰어난 재사(才士)를 얻어 일가의 역사를 이루어 만세에 전해 해와 별처럼 밝게 할 일이다. [09]

인종은 우선 당시 고려의 지식인들이나 관료들이 유학의 5경과 여러 사상가들의 저술들은 물론 종종 중국의 역사에 대해서도 상당한 식견을 지니고 있다고 파악하였다. 그러나 역설적이게도 그들이 정작 우리 자신의 역사에 대해서는 도무지 제대로 알지 못하는 현실을 개탄하였다. 그와 같은 지식 관료들의 행태는 그 당시 동북아시아 왕조들이 공유하고 있었던 중국 중심적 세계관과 국제 질서를 감안할 때 충분히 짐작할 만하다. 그와 함께 그러한 현실에 대한 국왕의 반성적 점검 또한 전근대 왕조의 주권자로서 마땅히 취할 만한 태도라고 하겠다.

이어서 인종은 중국의 여러 역사서에 포함되어 있는 우리 삼국의 역사 정보의 한계를 거론하였다. 즉 사마천(司馬遷)의 『사기(史記)』에는 「조선열전(朝鮮列傳)」이 있고, 그곳에는 이른바 위만(衛滿)의 조선이 한(漢)제국과 투쟁하다가 패망한 전말이 실려 있다. 이처럼 중국의 정사류에는 대체로 우리 고대 역사의 주요 국면들이 '열전'의 형태로 기록되어 왔다. 그러나 중국 역사서에 수록되어 있는 우리 고대 역사의 정보들이란 인종의 지적처럼 분량 자체부터 턱없이 빈약한 것은 물론, 기본적으로 서술자, 즉 중국인들의 관심과 이해관계에 따라 선별된 것들이었다. 그 때문에 중국의 역사서들은 우리 삼국 역사의 중심 맥락을 이해하고 복원하는 데 충분히 기여하지 못한다고 인종은 판단하였던 것이다.

마지막으로 인종은 삼국에 관한 국내 고유 자료를 가리키는 『고기』의 미흡함과 부실함을 간추려 비판하였다. 이 경우『고기』로 불린 삼국의 역사 관련 문자 자료는 고려 왕조가 지니고 있는 대표적 역사 기록물이라고 할 수 있다.『고기』는 문자 그대로 옛 기록을 이르지만, 그것이『고기』로 불린 이상 그에 상당하는 시간을 경유한 후대인의 지칭이겠다. 즉 '지금의 기록'을 전제로 한 명칭이 '옛날의 기록'이 된 것이다. 이것은 새로운 역사책으로서『삼국사기』가 등장한 이후 그 이전에 있었던 삼국 관련 역사책을『구삼국사(舊三國史)』라고 부르는 방식과도 같은 것이다. 다시 말해 '구(舊)삼국사'란 '신(新)삼국사'의 존재를 전제로 하는 지칭이다.

여하튼『고기』에 대한 인종의 비판적 분석은 그 당시 지식계가 역사서에 기대하는 바가 어떠한 것이었는지를 짐작하는 데 적절한 단서가 된다. 이 점을 염두에 두고『고기』에 대한 언급을 다시 보면, 역사서에 대한 인종의 평가에는 세 가지의 주요 요소들이 고려되고 있었던 것을 발견할 수 있다.

요컨대 첫째는 유려하지 못한 문체의 문제이고, 둘째는 사실 정보의 결락, 즉 내용의 부실 문제이다. 그리고 셋째는 앞서 두 가지의 문제점으로 인한 결과로서, 역사서라면 마땅히 갖추고 있어야 할 권계(勸戒)의 자질 여부 문제였다. 반대로 말하자면, 당당하고 반듯한 역사서라면 유려한 문체와 충분한 정보를 구비해야 한다. 그래야 비로소 과거의 경험에서 오늘과 내일의 지침으로 삼을 만한 교훈을 독자에게 줄 수 있다는 것이다.

과연 우리는 역사책에서 무엇을 기대하는 것일까, 혹은 기대해야 마땅한 것일까? 앞에서 제기된 이 질문을 위해 분석한 고려 인종의 말이 온전하게 그 자신의 생각은 아닐지도 모른다. 다시 말하지만 인종의 이 발언은 은퇴한 관료였던 김부식이 작성한 「진삼국사기표」에 담겨 있었던 것이라, 인종의 말에 가탁(假託)한 김부식 자신의 안목으로 작문하였을 가능성이 오히려 크다. 다만 그렇게 정리된 내용은, 단정할 수는 없을지라도, 대체로 12세기 고려의 국왕과 관료들이 동의했을 만한 생각이라고 본다. 그렇다면 우리 고대를 매개하는 관찬(官撰) 정사인 『삼국사기』 편찬 즈음 고려의 식자들은, 후대 독자들이 과거의 역사에서 권장할 바와 경계할 바를 제대로 분별해 낼 수 있기를 희구했던 것이라고 말해도 좋을 것이다.

그런데 송나라의 지식인들도 당(唐)나라의 역사를 편찬하면서 송나라 황제 인종의 발언을 인용하여 편찬의 배경과 목표를 정리한 바 있다. 흥미롭게도 앞에서 분석한 고려 인종의 발언은 송나라 인종의 그것과 매우 흡사하다. 증공량(曾公亮)이 작성한 「진당서표(進唐書表)」에서 발췌한 송나라 인종의 말은 다음과 같다.

> 은(殷)나라와 주(周)나라 이래 나라를 이룸이 장구한 것은 오직
> 한나라와 당나라이나, 불행히도 오대(五代)에 이르러 말세의
> 선비들이 기력이 쇠약해지매 말은 조잡하고 생각은 비루하

여 본연의 문장을 일으킬 수 없었으니, 밝은 군주와 어진 신하의 걸출한 공적과 성대한 위업, 그리고 뭇 혼미하고 포학한 통치자와 난신적자의 화란의 뿌리와 죄악의 발단 따위에서 모두 그 선악을 드러내어 사람들의 이목을 격동케 할 수 없었던바, 진실로 후세에 권계를 드리워 오래도록 보일 만한 것이 못 되는지라 매우 애석한 일이로다.[10]

인용한 글에서 보이듯이, 송나라 인종이 이른바 "밝은 군주와 어진 신하의 걸출한 공적과 성대한 위업, 그리고 뭇 혼미하고 포학한 통치자와 난신적자의 화란의 뿌리와 죄악의 발단" 부분은 곧 고려 인종이 말한 "군후의 선악과 신하의 충사와 나라의 안위와 인민의 치란"과 호응한다. 고려 인종의 말은 송나라 인종의 설명적인 말을 포괄하면서도 본질과 핵심을 세련되게 압축하였다고 할 만하다.

이처럼 송나라 인종과 증공량, 그리고 고려의 인종과 김부식 등 전근대 지식인의 관점에서 말하자면, 역사책에는 '목민(牧民)'과 '치국(治國)'을 위한 지침들이 담겨 있어야 한다. 즉 과거의 역사는 오늘을 비춰 보는 거울이어야 한다. 일찍이 신라 진흥왕(眞興王, 재위: 540~576) 때 편찬했다고 전하는 『국사(國史)』 역시 그러한 기대에 부응하고자 했다고 한다. 즉 신라의 고위 관리였던 이사부(異斯夫)가 진흥왕에게 "나라의 역사라는 것은 임금과 신하의 잘잘못을 기록해, 그 포찬할 것과 폄절할 것을 후세 만대에 보이는 것"이라는 논리로 역사책의 편찬을 건의했다고 전한다.[11]

고려와 송나라의 사례에서 보았듯이, 전근대 왕조에서 편찬한 관찬 역사책에 대한 당대인들의 기대는 선악(善惡)과 시비(是非)와 충사(忠邪)와 안위(安危)와 포폄(褒貶) 등 현실적 효용성 여부에 집중되어 있었다. 그러므로 필시 역사책에 담긴 정보들도 그와 같은 효용에 기여하는 속성들을 제대로 지니고 있는가의 여부가 선택의 기준이 된 결과였던 것이다. 그러나 과거의 특정 국면마다 부상하거나 침몰했던 사람들의 구체적인 삶과 생각이란, 애초에 역사가들이 정리한 것처럼 선명하게 상충하는 가치의 쌍들만으로 포괄할 수 있는 것이 아니다. 전형적인 선악과 충사와 치란(治亂)이란, 그 가운데 극히 일부에 불과하다. 더구나 고대인들의 삶과 행위 역시 그러한 이분법적 윤리 기준으로 재단하기에는 너무나도 복잡한 것들이다.

고대인들의 낯선 설명

그럼에도 불구하고 고대를 매개하는 정보들에 담긴 더 큰 문제는 정작 다른 데 있다. 무엇보다도 고대인들이 겪고 기억하는 경험들 자체가 우리에게는 매우 낯설다. 고대인들은 감각으로 포착되는 현상 자체보다는 그 현상 너머에 오히려 더 관심을 집중하고 까닭을 탐색했다.

물론 그들의 시선이 현상 너머를 향하고 있다 하여 그 시선이 닿는 곳이 아예 현상과 무관한 것은 아니다. 즉 고대인들의 관심과 지적 욕구는 사실 구체적 일상의 현실과 경험에 뿌리를 내리고 있는 것들이다. 바꿔 말해 경험 너머에 대한 사유는 역으로 경험된 현실을 반영한다고나 할까. 그러므로 고대인들의 낯선 시선이 곧 우리를 고대의 현실로 안내하는 단서가 되는 경우가 적지 않다.

이 점을 음미하다 보면 문득 고려 후기, 즉 13세기 말에 편찬되었다고 알려진 『삼국유사』를 떠올리게 된다. 『삼국유사』에는 하나의 저술로서 구비해야 할 기본적인 요소들 가운데 아직 분명하게 밝혀지지 않은 부분들도 적지 않지만,[12] 『삼국사기』와 함께 우리 고대사회를 안내하는 핵심적인 문헌이라는 데는 이견이 없다. 『삼국유사』는 「왕력(王曆)」, 「기이(紀異)」, 「흥법(興法)」, 「탑상(塔像)」, 「의해(義解)」, 「신주(神呪)」, 「감통(感通)」, 「피은(避隱)」, 「효선(孝善)」의 9개 편목으로 구성되어 있다. 「흥법」 이하는 대체로 불교의 홍포(弘布)와 종교적 감동을 소재로 하거나 이를 목적으로 한 내용으로 채워져 있다. 다만 「기이」에는 단군의 고조선 이래 우리 고대 왕조의 전개와 왕들의 이야기가 정리되어 있어서 역사 자료로서도 큰 가치를 지니고 있다.[13]

그러나 찬술자로 알려진 일연(一然) 스님이 「기이」의 의의를 정리한 논리는 또 다른 이유에서 유의할 만하다. 사실 『삼국유사』 「기이」를 구성하는 내용들은, 전근대 지식인들이 『삼국사기』와 같은 관찬 역사책들을 향해 기대하는 현실적 효용성과는 그다지 공유할 영역이 없다고 해야 옳긴 하다. 「기이」 찬술자는 이렇게 말하였다.

그림 5 보각국사정조지탑(普覺國師靜照之塔), 인각사(麟角寺)

대저 옛 성인들께서는 예악(禮樂)으로 나라를 일으키고[興邦]
인의(仁義)로 가르침을 베풀었으니[設敎] '괴력난신(怪力亂神)'과
같은 것은 말하지 아니하였다. 그러나 제왕이 장차 일어날
때에는 부명(符命)에 응하여 도록(圖籙)을 받게 되니, 반드시 보
통 사람과는 다름이 있는지라, 그러한 다음에 크나큰 변화를
타고 대기(大器)를 잡아 대업(大業)을 이루는 것이다. 그러므로
하수(河水)에서 그림이 나오고 낙수(洛水)에서 글이 나와 성인
이 일어났다. 무지개가 신모(神母)의 몸을 두르더니 복희(伏羲)
가 탄생하였고, 용이 여등(女登)에게 감응하여 염제(炎帝)를 낳
았으며, 황아(皇娥)가 궁상(窮桑)의 들에서 놀 때 웬 신동(神童)이
스스로 백제(白帝)의 아들이라 일컫더니 그녀와 교통하여 소
호(小昊)를 낳았다. 간적(簡狄)은 알을 삼키고 계(契)를 낳았고,
강원(姜嫄)은 발자국을 밟고 기(弃)를 낳았다. 잉태한 지 14개월
만에 요(堯)를 낳았고, 용이 대택(大澤)에서 교접하여 패공(沛公)
을 낳았다. 이후의 일을 어찌 다 기록하랴. 그러므로 (우리나라
고대) 삼국의 시조가 모두 신이(神異)한 데서 나왔다는 것이 무
슨 괴이(怪異)할 게 있으랴![14]

얼른 읽다 보면 '중국의 제왕'들에 대응하는 '삼국의 시조'를 동
등한 위상에서 가늠하고자 한 것으로 보인다. 그러나 본질은 '신이'와
'괴이'는 다르다는 선언일 것이다. 그의 말처럼 신라의 시조 혁거세는
천마(天馬)가 안내한 알에서 태어났고, 그의 비가 되는 알영(閼英)은 용
의 오른쪽 옆구리에서 태어났다 한다. 고구려의 시조 주몽 역시 그의

어머니인 유화(柳花)가 햇빛에 감응하여 낳은 알에서 태어났다고 설명 되었다. 석탈해(昔脫解, 재위: 57~80)도, 그리고 김수로(金首露, 재위: 42~199) 를 비롯한 가야 제국(諸國)의 여러 시조 왕들도 모두 알에서 태어났다 한다.

그런가 하면 백제 무왕(武王, 재위: 600~641)은 지룡(池龍)이 여인과 교접하여 낳은 아들이었으며, 후백제(後百濟) 왕 견훤(甄萱, 재위: 892~935) 도 지렁이를 부계로 한 이물교접(異物交接)의 결과로 태어난 비천한 영 웅이었다. 세 나라를 일통(一統)하는 데 가장 크게 기여한 신라의 김유 신은 어머니의 태중에서 20개월 만에 태어났다. 「기이」의 첫머리에 밝혀 둔 찬자의 발언은, 이와 같이 비상한 이들의 신이한 탄생 맥락이 중국과 우리 고대 삼국 사이에서 다를 바가 없다는 점을 천명하는 데 본의가 있었던 것이다.

신이와 괴이의 분별 문제

따라서 남은 문제는 '신이(神異)'와 '괴이(怪異)'의 분별이 과연 가 능할 것인가에 있다. 「기이」 찬자는 '신이'란 옛 성인들이 경계한 '괴 력난신'[15], 다시 말해 '괴이'와는 다른 것이라고 하였으나, 그 분별 기 준을 드러내지는 않았다. 도대체 「기이」 찬자가 "삼국의 시조가 모두 신이한 데서 나왔다"라고 한 판단의 근거는 무엇인가?

이 질문은 곧 고대 중국과 우리 고대의 비상한 인물들의 비경 험적 탄생들이 왜 '괴이'가 아니라 '신이'인가에 대한 설명을 요구한 다. 어떠한 설명이 가능할 것인지 헤아리기는 어렵지만, 적어도 대상 자체에서 '괴이'와 '신이'의 가름을 발견할 단서는 없다고 여긴다. 반면에 그 비경험적 속성을 분별하는 문제는 정작 대상이 아니라 그 대상에 의미를 부여하거나 혹은 포착하는 주체에 달려 있을 가능성이 크다.

이와 같은 문제의식에서, 고려 후기 지식인 이규보(李奎報)의 말을 함께 들어 볼 필요가 있다. 이규보는 주몽의 탄생과 고구려의 건국을 노래한 작품 「동명왕편(東明王篇)」에서 이렇게 말하였다.

세상에서는 동명왕의 신이한 일이 많이들 이야기되고 있어서, 비록 어리석은 남녀조차도 자못 그 일을 말할 수 있을 정도이다. 나는 언젠가 그 이야기를 듣고 웃으며 "선사(先師) 중니(仲尼)께서는 '괴력난신'을 말씀하지 않으셨거니와, 이야말로 황당하고 기궤(奇詭)한 일인지라 우리들이 말할 바가 못 된다"라고 말한 적이 있다. 그 후 『위서(魏書)』와 『통전(通典)』을 읽다 보니 역시 그 일이 실려 있으나 내용이 소략하여 자세하지 않았으니 중국 내의 일은 자세히 하고 외국의 일은 간략히 한 뜻이었겠다. 다시 계축년 4월에 『구삼국사』를 얻어 「동명왕본기(東明王本紀)」를 보니 그 신이한 자취는 세상에서 얘기되는 정도보다 더하였다. 그러나 역시 처음에는 믿을 수 없어 귀환(鬼幻)스럽게 여겼는데, 다시 여러 번 탐미하여 차츰 그 근원을 밟아 가 보니 이는 '환(幻)'이 아니라 '성(聖)'이요 '귀(鬼)'가 아니라 '신(神)'이었다.[16]

이규보에 따르면, 12세기 당시 고려의 민중들은 고구려 동명왕의 일대기를 다들 알고 있었다고 한다. 고려 사회의 아이들은 흥미진진한 주몽의 탄생 이야기와, 그가 부여(扶餘)를 탈출하여 자신의 왕국을 건설한 영웅적 이야기를, 누군가의 무릎에 앉거나 팔을 베고 누워서 듣고 되새겼을 것이다. 천제(天帝)의 아들인 해모수(解慕漱)가 다섯 마리의 용이 끄는 수레를 타고 하늘로부터 내려와 하백(河伯)의 딸인 유화를 만나는 대목에서부터, 그들의 아들이자 고구려의 거룩한 시조인 동명왕 주몽이 마침내 세상을 떠나 그 자신의 본향인 하늘로 오르는 대목에 이르기까지, 찬탄과 감동이 끊이지 않았을 것이다. 그것은 글을 읽고 쓸 줄 모르는 문맹의 민중들 사이에서 연면(連綿)히 구연되고 공감되어 온 이야기이자 오히려 생생한 사실의 역사였다.

어린 이규보도 물론 그 저명한 이야기를 들었다. 그러나 그는 중니(仲尼), 즉 공자(孔子)가 이른 바와 같이 온통 '괴력난신'에 불과한 허황된 동명왕 이야기는, '우리들', 곧 공자를 선대의 스승으로 받드는 지식인들이 입에 담을 거리가 못 된다고 여겨 웃어넘겼다고 한다. 그러다가 『위서』와 『통전』을 보았다 한다. 그는 공자를 표상으로 한 문명의 중심지인 중국의 역사책들에도 문맹의 고려 민중들 사이에 유전하고 있는 저 허황되고 기궤한 동명왕 이야기의 대강이 실려 있는 것을 보고 적이 놀라게 된다. 이제 동명왕의 이야기는 공자 유학과 중국 문명을 기준으로 세계를 사유하는 젊은 지식인으로서 대수롭지 않게 웃어넘겨도 좋을 일이 아니었다.

그러나 여전히 주저하던 이규보는 1193년 4월, 이른바 『구삼국사』의 「동명왕본기」를 만나고 만다. 그는 중국의 역사책들에 실린 내용과는 비교할 수 없을 정도로 장대하고 정연한 동명왕의 사적을 접하고 충격에 휩싸였으며, 격렬한 지적 전환을 감당하지 않을 수 없게 되었다. 그리하여 마침내 그는 '귀환'스럽게 보이던 그 이야기가 '신성'한 역사이었음을 각성하였다. 그리고 이 극적인 깨달음이 그로 하여금 동명왕의 신성한 창국(創國)의 이야기를 서사시로 노래하게 만든 발단이었다고 고백하였다.

『삼국유사』「기이」의 초현실적 증언들이나 젊은 유학자 이규보를 격동시킨 동명왕의 행적이 과연 어떤 독법을 경유하여 '괴이'와 '신이'의 양단을 오가는 것인지는 의연히 독자 개개인의 감성과 판단에 달렸다고 해야 옳을 것이다. 다만 그 양단의 속성은 관찬 사서가 자부하려 한 선악, 충사, 시비, 포폄, 안위, 치란 등 건조하게 정돈되는 양단과는 확실히 다르다. 무엇보다도 현실 효용성의 기준에서 본다면 괴이든 신이든 그다지 유효할 바가 없을 것 같다.

그럼에도 불구하고 지금 이 책에서는 그와 같이 쉽사리 양단으로 귀일(歸一)시키기 어려운 정서적 복합 그 자체에 오히려 응시할 만한 지점이 깃들어 있다고 보고자 한다. 다시 말해 전근대 역사 편찬자들이나 지식 관료들이 기대해 온 효용성보다는, 비록 낯설지라도 고대의 경험 주체들의 일상에 담긴 복잡다단한 정서의 결들과 사유 방식에 한 발 더 가깝게 다가설 수 있는 갈피를 이 책에 담아 보고 싶다. 그들의 일상과 호흡을 만나기 위해서라면 지금 우리에게 익숙한 질문 방식은 잠시 보류해 두어도 좋다.

2) 고대를 매개하는 정보들

고대의 경험은 여러 형태로 기억되고 전승되어 후대인들의 고대 인식에 기여한다. 저명한 광개토왕비 작성자들은 고구려를 창국한 시조 추모(鄒牟, 주몽)왕이 알을 깨고 세상에 태어났다고 기록하였다. 그의 탄생, 혹은 출현이 보통사람들과 달랐던 것처럼, 그가 세상을 떠날 때도 역시 여느 왕들의 죽음과는 달랐다 한다. 그는 '불락세위(不樂世位)'하였다. 즉 세상의 지위를 즐거이 여기지 않았다 하니, 애초에 '천제의 아들'이었던 그가 돌아갈 곳은 '하늘'인 것이다. '하늘'은 그의 뜻에 부응하여 황룡을 내려 보내 그를 맞이했다고 한다. 광개토왕비가 건립되었던 5세기 초엽 고구려인들은 그들의 시조를 이렇게 기억하고 설명하였던 것이다.

물론 오늘의 독자들이 그러한 설명의 내용을 실제 일어난 사건으로 받아들일 리 없다. 그렇다고 하여 이 비현실적 설명에 접하는 독자들이 그다지 놀라워하는 것도 아니다. 은연중 우리 독자들은 고대인들의 비경험적 설명을 어느 정도 관대하게 마주할 준비가 되어 있기 때문이다. 엄밀히 말해 대부분의 경우 우리는 고대에 살았던 그들의 경험이 실제 어떠하였느냐가 아니라, 그들이 어떻게 여기고 있었느냐를 논의할 뿐이다. 그렇다면 고대를 구성하는 정보들, 정확하게 말해 우리에게 고대를 매개하는 정보들이란, 본질적으로 과거의 누군가가 그렇게 '여기고 있던 진실'에 불과한 셈이다.

문자 정보의 속성

오늘날 중국의 길림성(吉林省) 집안시(集安市)는 오랫동안 고구려의 왕성이었던 국내성(國內城)이 있던 곳이라, 고구려인들의 당대 인식이 담긴 벽화 고분이 밀집되어 있다. 그 가운데 6세기 초에 만들어진 것으로 헤아려지는 오회분(五盔墳) 4호묘에는 황룡을 타고 허공을 나는 신인(神人) 혹은 선인(仙人)의 모습이 있다. 황룡은 천제의 세계를 매개하거나 상징한다. 따라서 이는 필시 천제의 아들이 하늘로부터 하강하는 장면일 수도, 반대로 세상을 떠나 그의 본향으로 돌아가는 모습일 수도 있다. 고구려인들이 직접 남긴 설명은 그처럼 벽화의 도상으로 표상되어 천 수백 년 뒤까지 전하고 있다.

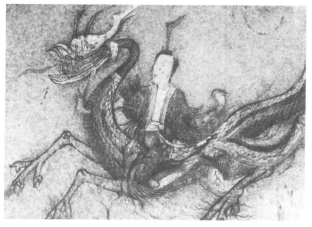

그림 6 오회분(五盔墳) 4호묘의 승룡도(乘龍圖), 중국 길림성 집안시

마찬가지로 고구려 시조에 관한 여러 설명들 가운데 유력한 것들은 고구려 당시의 비문이나 묘지명에 압축되어 담기기도 하였

다. 그런가 하면 정확하게 헤아리기 어려운 몇 단계를 거쳐 왕조 단위의 역사가 정리되는 가운데, 고려시대의『삼국사기』와『삼국유사』를 비롯한 국내외의 여러 문자 기록물로 정착하기도 하였다.

　　고구려 사람들이 생각하던바, 선조들의 경험이 어떻게 후대의 체계적인 역사 기록으로 남게 되었는가를 헤아려 보았지만, 그 노정의 복잡함을 다 짐작할 수는 없는 노릇이다. 말하자면 경험에서 기록에 이르기까지의 노정에는 수많은 변인들이 개입할 수 있다. 변인들의 속성과 갈래를 분별해 내는 것은 이른바 '사료 비판'의 영역으로서 역사학의 기본이라 하겠다.

　　다만 독자가 마주하게 되는 정보들이 과연 언제 그리고 어디에서 무슨 연유로 어떤 변인이 개입한 결과물인지를 판단하는 작업은 매우 어려운 일이다. 요컨대 문자 기록이란 그것이 기록되던 당시로서도 이미 누군가의 현재적 기록 행위의 소산에 불과한 것인 데다가, 오랜 기간을 지나면서 훼손과 변질이 누적되어 왔을 가능성이 크다. 그러므로 아무리 오래된 기록이라 하더라도 '오래되었다'는 사실 자체만으로는 어떤 객관적 자질도 검증하거나 진단하기에 충분하다고 할 수 없다.

　　한 예로 백제가 오늘날의 충남 공주시에 도읍을 정하고 있던 시기를 대상으로 한 중국인들의 기록물 하나를 거론해 본다. 중국의 남조(南朝) 양(梁)나라 무제(武帝) 대에 제작된 '직공도(職貢圖)'라는 화첩이 그것이다. 이것은 외국에서 온 사절단의 모습을 묘사하고 그 나라에 관한 간단한 내력을 적어 둔 것으로 '왕회도(王會圖)' 혹은 '조공도(朝貢圖)'라고도 한다. 그런데 북송 시대에 모사된 이 양나라의 직공도가

1960년대에 널리 알려지면서, 그 가운데 있는 백제 사신의 모습과 백제국의 내력이 여러 사람들의 흥미를 끌고 있다.[17]

그림 7 양직공도(모사본)의 백제국사, 국립공주박물관

우선 여기 보이는 백제 관련 정보는 대개 6세기 전반에 해당하는 무령왕 대의 교섭이 토대가 된 것으로 판단한다. 최초의 작성 시점이나 내용이 6세기 초 백제의 현상을 직접 반영한 자료이므로 그 사료적 가치가 매우 높다는 것이야 다시 말할 필요가 없다. 역설적으로 들리겠지만, 여기에 없는 정보는 '그것이 없다'는 이유로 백제사를 이해하는 데 기여할 수 있다. 한 예로 백제의 16등급의 관등 체계가 여기에 기록되어 있지 않다는 사실이 곧 그것이 완비된 시점을 6세기 중반 이후로 판정하는 주요 기준이 되기도 하는 것이다.[18] 이처럼 연

구자들은 고대를 매개하는 특정 사료가 없다는 사실을 그것이 있다는 것 못지않게 심중하게 취급한다. 지극히 사료가 부족한 고대사 분야의 특징이기도 하다.

그런데 이 양나라의 직공도에는 백제의 연원을 "百濟舊來夷 馬韓之屬 晉末駒麗旣署有遼東樂浪亦有遼西晉平縣"이라고 설명하였다. 즉 "백제는 옛날의 내이로서 마한의 부류이다. 진나라 말에 (고)구려가 요동을 경략하자 낙랑 역시 요서 진평현을 차지하였다"라는 것이다. 이 가운데 후반부 진술은 이른바 백제의 '대륙진출설' 혹은 '요서경략설'이라고 하는 견해와 관련하여 비상한 관심을 끌어온 대목이다. 다만 이보다 100여 년 뒤에 편찬된 『양서(梁書)』의 「동이전(東夷傳)」에는 "진나라 때 와서 고구려가 요동을 경략하자 백제 역시 요서·진평 2군의 땅을 점거하여 스스로 백제군(百濟郡)을 설치했다"라고 하여 차이를 보이고 있다.

더구나 양보다 앞선 왕조였던 송의 역사를 정리한 『송서(宋書)』「백제전(百濟傳)」에는 "고구려[高驪]가 요동을 경략해 차지하자 백제는 요서를 경략해 차지했으며[百濟略有遼西], 백제의 치소(治所)는 진평군(晉平郡) 진평현(晉平縣)이라고 한다"라고 하였다.[19] 요컨대 기록의 흐름에 비추어 볼 때, 직공도의 해당 대목에서 백제가 있어야 할 곳에 낙랑이 자리한 이유는 얼른 설명하기 어렵다. 따라서 직공도의 낙랑은 요동과 함께 고구려에 의해 경략된 대상인 한편, 정작 요서 진평현 등을 차지한 행위 주체로서 백제는 문장 가운데 생략된 것이 아닌가 하는 제법 설득력 있는 이견도 제기되었다.

그런가 하면 직공도의 첫 대목, 즉 백제를 '내이(來夷)'라 한 데 집착하여 한때 그 실체를 추정하고 백제와의 연관성을 추정하는 등 복잡한 논의가 번지기도 하였다. 즉 연구자들은 종종 이 '내이'를 고대 중국의 제후국 '내(萊)'에 연결하여 이해하였다. 그러나 그 후 직공도의 다른 전사본이 발굴되면서, '내이(來夷)'는 '동이(東夷)'의 단순한 오기였을 가능성이 매우 커졌다.[20]

　　이와 같이 의도하지 않았던 오기와 오류가 뜻밖의 논란과 오해로 이어지는 경우는 너무나 흔하여 일일이 열거하기 힘들 정도다. 아무리 오래된 당대 기록이라 해도 전하고 있는 여러 문자 자료 일반에 대해 엄정한 비판과 고증 작업이 얼마나 긴요한가를 각성할 필요가 있다. 직공도의 사례는 거듭된 전승의 과정에서 빚어진 오류에 해당하는 것이지만, 처음부터 어떤 편견과 선입견으로 정보가 오염된 경우들도 있다. 중국 진(晉)나라 진수(陳壽)가 찬술한 『삼국지(三國志)』를 들어 이 점을 짐작해 본다.

기록자의 편견

　　『삼국지』는 위(魏)·촉(蜀)·오(吳) 삼국의 역사를 다룬 단대사로서, 3세기 전반, 즉 220~265년 사이의 역사를 담고 있다. 그 가운데 「위서(魏書)」 부분에 「동이전」이 있다. 편찬 연대로 볼 때 중국 사서에 나타난 최초의 「동이전」이다. 사실 사마천의 『사기』이래 중국의 왕조 단위 정사들은 그 당시 중국인의 사유가 미치는 공간 범위를 포괄한다는 점을 환기할 필요가 있다. 물론 이것은 고대 중국의 유교적 제국주의가 발현되는 방식 가운데 하나라고 할 수 있다. 여하튼 그로 인해 역대 중국 사서에는 우리 고대의 역사 공간에 대한 일정한 정보가 배려되어 있는 것이다.

이미 말한 바와 같이, 『삼국지』「동이전」에는 처음으로 부여, 고구려, 예(濊), 옥저(沃沮), 한(韓) 등 우리 고대사의 주요 단위체들이 서술 대상으로 설정되어 있다. 따라서 『삼국지』의 정보들은 한국의 고대사회를 복원하는 데 크게 기여한다. 그러나 거기에는 또한 기록자의 편견과 선입견이 절제 없이 개입되어 있기도 하다. 즉 중국 중심적 세계 인식과 그로 인한 중화주의적 우월감이 기저를 이루고 있으며, 불철저한 견문에서 말미암은 당착과 모순들도 적지 않다. 서술 대상에 대한 기록 주체의 호오(好惡)의 편향이 곳곳에 노출되어 있기도 하다.

예를 들어 서술자는 부여 사람들을 "성품이 강직하고 용감하며 근후하여 침략하거나 약탈하지 않는다[性彊勇謹厚 不寇鈔]"라고 평가하였다. 그러나 고구려인들에 대해서는 "성품이 흉악하고 급하며, 침략과 약탈을 즐겨 한다[性凶急 喜寇鈔]"라고 하였다. 이 상반된 평가에는 아마 중국이 각각 부여와 고구려를 상대로 경험한 국가관계가 서로 달랐던 데서 말미암은 편향도 작용하였을 것이다.

구체적인 사례를 하나 들어 본다. 위나라의 유주자사(幽州刺史) 관구검(毌丘儉)이 고구려를 침입했을 때의 일이다. 부여에서는 최고위 지배층에 해당하는 대가(大加)로 하여금 관구검 휘하 현도태수(玄菟太守) 왕기(王頎)의 군대를 맞이하여 군량을 제공하였다. 왕기는 고구려 동천왕(東川王, 재위: 227~248)이 환도성(丸都城)을 잃고 옥저 방면으로 탈출할 때 그 뒤를 추격한 이였다. 이 사건이 일어났던 때가 240년대였으니, 고구려와 부여에 대한 중국 측 기록자의 편향이 비롯하게 된 배경을 짐작하는 일이 어렵지 않은 것이다.

또 다른 예로는 삼한을 설명하는 풍속 기사를 들 수 있다. 『삼국지』「동이전」찬자는 마한(馬韓)에는 '성곽(城郭)'이 없고 "소와 말을 탈 줄 모른다"라고 서술하였다. 반면에 진한(辰韓)에는 '성책(城柵)'이 있고 "소와 말을 타고 다닌다"라고 하였다. 인구 규모에서나 정치·사회적 발전 단계에서 마한이 우월하다고 하면서도, 정작 성곽과 같은 번듯한 방어 시설의 유무와 가축을 교통수단으로 이용할 수 있었느냐의 여부에서는 돌연 정반대의 평가를 하고 있는 것이다.

아마 여기에도 부여와 고구려 사람들의 품성에 대한 상반된 평가와 유사한 배경이 작용한 듯하다. 즉 마한은 그 즈음 동방에 대한 중국 측 거점이었던 대방군(帶方郡)을 선제공격하여 그 태수를 전사시키는 등 위나라의 군현 질서와 격렬하게 충돌하고 있었다. 반면에 진한은 그 주민들의 유래를 진(秦)나라로부터 이주해 온 중국인으로 간주하기도 했던 당시의 사정을 환기할 필요가 있다. 게다가 마한의 경우 앞부분에서 성곽이 없었다고 한 것과는 달리 뒷부분에서는 "성곽을 쌓을 때" 동원된 젊은이들의 형용을 묘사하고 있어,「동이전」서술자 스스로 당착을 범하고 있기도 하다.

한편 발굴을 통해 확보한 유물과 유적들도 훌륭한 사료로서 주목해야 한다. 특히 그것들은 제작되거나 사용되던 당시의 형상과 맥락을 손상 없이 간직하고 있는 점에서 문자 정보 못지않게 유력한 고대의 매개물이라고 할 만하다. 그리고 유물 정보는 종종 문자 정보의 진위를 가늠할 수 있는 척도가 되기도 한다. 예컨대 『삼국지』「동이전」의 서술처럼 실제로 마한과 진한이 가축을 교통수단으로 활용

하는 데서 현격한 차이를 보였다면, 두 지역에서 발굴된 유물의 현황
에 그러한 상위점이 반영되어 있을 것으로 기대할 수 있다.

　　문자 정보와 유물 정보 사이에 투사되는 그러한 기대나 추정
은 때때로 순조롭게 충족되기도 한다. 다만 매장된 유물을 발굴해 내
는 고고학의 성과와 그로부터 말미암는 고대의 정보란 늘 유동적일
수밖에 없다. 새로운 고고학 성과는 시간이 흐름에 따라 끊임없이 늘
어 갈 것이기 때문이다. 그 가운데는 고대에 대한 기존의 해석을 지지
하거나 강화하는 것들도 있겠지만, 반대로 종래의 이해를 큰 폭에서
수정하지 않으면 안 될 정도로 뜻밖의 정보가 있을지도 모른다. 어느
누구도 앞으로 추가될 유물 정보의 질과 양을 예단할 수는 없다.

　　따라서 이러한 우려가 짧은 기간에 검증되거나 해소될 수 있
으리라고 기대하지는 않는다. 그 이유를 가늠하기 위해 널리 알려진
사례 하나를 들어 본다. 국내의 여러 문헌들에는 백제를 건국한 주체
들이라 하는 비류와 온조를, 고구려의 건국자인 주몽의 아들들이라
고 하였다. 백제의 개로왕(蓋鹵王, 재위: 455~475)이 북위(北魏)에 보낸 5세
기의 외교 문서에도 자신들의 족적 연원을 고구려와 같이 부여라고

그림 8　석촌동 백제 고분군 제3호분, 서울시 송파구

말하였다. 이 경우, 백제의 초기 중심지였던 오늘의 서울 일원에 있는 고구려식 적석총(積石塚)의 존재는 백제 건국 집단의 출신에 관한 문헌 정보를 지지하는 고고학적 증거로 읽힐 수 있다. 그러나 동시에 지금의 송파구 석촌동 일대에서 확인되는 적석총의 축조 편년은 대체로 3세기 중엽 경 즈음까지 소급해 볼 수 있을 뿐이다. 그렇다면 온조 형제가 기원전 1세기 후엽에 고구려 왕실로부터 분지해 나왔다는 문헌의 연대 정보와는 격차가 자못 큰 것이다.

이처럼 백제의 초기 중심지에서 확보한 적석총의 고고학 정보 현황은 백제 건국에 관한 문자 정보를 일면 지지하는 한편 일면 회의하게 한다. 다만 현 단계의 고고학 발굴 정보란 우연히 확보한 결과에 불과할 뿐이며, 앞으로 새로운 정보가 얼마든지 더해질 수 있다는 점을 다시 환기할 필요가 있다. 물론 그와는 반대로 한 번 인멸된 고대의 유물과 유적은 영구히 멸실되었다는 점도 유념해야 한다.

유물 자료의 본질

석촌동 일원의 적석총 역시 천 수백 년 동안 부단히 파괴되고 또 사라져 갔을 것이다. 다 아는 것처럼 서울 일대는 우리 역사상 가장 오랜 기간 동안 인구 조밀 지역이었다. 경작과 건축 등이 반복되어 온 생활의 터전으로서, 서울 일원의 고대 유물과 유적은 치명적 손상을 피하지 못하였을 것이다. 따라서 서울시 일대에서 고대의 경험이 반영된 발굴 유물과 유적으로 복원할 수 있는 역사 정보는 이미 지극히 제한적일 수밖에 없다.

게다가 고고학 발굴 유물 역시 의연히 누군가의 해석을 기다려서야 비로소 역사적 맥락을 획득한다는 점에서는 문자 정보와 다르지 않은 한계를 지닌다. 예를 들어 수천 년 전에 매장된 생활 도구나 무기 따위를 발굴해 냈다 하자. 그 유물들 자체는 그것들이 만들어지고 사용되었으며 마침내 그곳에 묻히게 되었을 당시의 진실을 직접 매개한다. 그러나 그것들이 매개하는 진실이 과연 어떤 역사적 의미를 지니는가 하는 문제는 다시 해석자의 설명을 통해서만 비로소 구체화된다. 이것은 마치 외부 대상의 가치와 의미가 본래부터 특정되어 있는 것이 아니라, 그 대상을 인식하고 해석하는 주체의 지적 맥락(context)에 따라 의미가 부여되는 것은 물론, 쉽게 전변하고 마는 것과도 같다. 다시 말해 고대인들이 사용하였던 토기와 철검은 온전한 진실 덩어리이지만, 그 진실의 내용을 유물 스스로가 드러내거나 규정하지 못한다.

그림 9   고려 궁성 만월대 발굴 현장, 황해북도 개성시

이와 관련하여, 얼마간 극단적 설정이지만 다음과 같은 국면을 생각해 볼 수 있다. 고대 한국과 일본의 관계에 대한 설명 가운데 이른바 '임나일본부(任那日本府)'의 실체를 둘러싼 논란이 근대 이전부터 있어 왔다. 『일본서기(日本書紀)』의 기록을 중심 논거로 삼고 있는 임나일본부론은, 거칠게 말해 고대 일본의 정치·군사적 힘이 고대 한국의 특정 공간을 직접 장악하고서 상당 기간 동안 광범한 지역에 영향을 끼쳤다고 보는 학설이다. 그에 대한 다양한 비판과 수정론들은 헤아리기 어려울 정도로 복잡하게 전개되었으며 앞으로도 쉬이 그치지 않을 것이다.

그 가운데서도 특히 1960년대에 공표된 김석형(金錫亨)의 생각은 오랜 연원과 궤적을 보여 온 일본 학계의 임나일본부론과 정면으로 부딪친다. 그는 고대 한국의 주민들이 고대 일본 열도의 도처에서 특정 공간을 장악하여, 모국과 연계한 분국(分國)을 경영했다고 주장하였다. 그에 의하면, 5세기 말까지 일본 열도는 수십 개의 소국들로 이루어져 있었고, 그 가운데는 삼한·삼국의 분국이 상당수 존재하였으며, 일본 열도 내에 산재하는, 이른바 '조선식 산성'은 한반도 계통의 분국들이 정치·군사적 거점을 영위했던 유적들이라는 것이다.[21]

그런데 충돌하는 두 입장이 각각의 논거로 삼고 있는 역사 정보들은 『일본서기』를 비롯한 동아시아 왕조들이 남긴 여러 문자 정보들은 물론, 한국과 일본의 역사 공간에서 발굴되고 있는 각종 유물 정보에 이르기까지, 본질적으로 다를 바가 없다. 다시 말해 문자 정보를 둘러싼 해석과 의미 부여의 충돌 양상은, 고대의 무덤과 토기와 무기를 둘러싸고도 똑같이 빚어진다. 그러나 이 예리한 충돌을 일방의 진실과 다른 일방의 왜곡 혹은 거짓으로 단정해 버리는 것은 성급한 일이다. 모든 해석과 설명은 이미 어느 특정한 관점에 서 있는 것이며, 특히 주권을 달리하는 왕조나 국가들 사이의 관계에서 자기중심적 의미 부여란 객관과 실증의 영역을 넘어서 있는 경우가 많다.

가장 현저한 경우는 국가 간의 전쟁 관련 정보일 것이다. 고구려 제2대 왕인 유리명왕(瑠璃明王, 재위: 기원전 19~기원후 18) 때의 일이다. 신(新)나라의 왕망(王莽)이 고구려의 군사를 억지로 징발해서 흉노(匈奴)를 치게 하였다. 이를 달가워하지 않은 고구려 병사들이 강박을 피해 이탈하여 국경 일대에서 도둑의 무리가 되었다. 이들을 추격하던 중국의 요서군 대윤(大尹, 태수)이 오히려 고구려 병사들에게 피살되고 말았다. 이에 왕망은 신료들의 찬반 논란에도 불구하고 엄우(嚴尤)를 시켜 본격적으로 고구려를 치게 하였다.

얼마 후 이 격돌의 결말을 중국의 역사책들은, 엄우가 '구려후 (句麗侯) 추(騶)' 혹은 '구려후 도(騊)'를 유인하여 그의 목을 베었다고 기록하였다.[22] 그런데 『삼국사기』는 이 사건의 전말에 대해 거의 대부분 중국 역사책을 인용한 것처럼 무척 방불하게 쓰면서도, 오직 엄우에게 희생된 사람의 정보만은 '우리 장수 연비(延丕)'라고 다르게 기록하였다.[23]

중국 측의 기록에서 '구려후'라고 한 것은 이 사건 이후 왕망이 고구려의 왕을 '하구려(下句麗) 후'로 폄하하도록 지시한 일방적 조처에 따른 것이다. 그러므로 중국의 기록자들은 고구려 왕의 목을 베었다고 했던 것인 반면, 『삼국사기』가 의거하였을 국내의 전승 자료에서는 이 전쟁에서 엄우에게 희생된 이는 고구려 왕이 아니라 군사지휘관 연비였다는 것이다. 양립할 수 없는 두 정보 가운데 어느 하나가 옳은 것인지, 혹은 둘 다 진실이 아닌 것인지 가늠하기가 어렵다. 만약 어딘가에 일말이라도 실제 경험된 사실이 개입해 있을 경우를 염두에 둔다면, 애초에 고구려에 대한 군사행동을 반대했던 엄우가 사태를 미봉하기 위해 전과를 허위 보고하였을 가능성조차 배제할 수 없는 노릇이다.

　　요컨대 고대의 경험을 오늘의 우리에게 매개하는 사료들의 형성과 전승의 불철저함과 취약함에 대한 각성이 필요하다. 고구려를 건국한 주몽의 경험은, 그를 자기 왕조의 표상으로 존숭하고 기억하던 고구려 사람들의 설명을 바탕으로 그림과 조형물, 기념품, 노래와 이야기를 낳았을 것이다. 그들의 경험에 대한 서사는 전승과 공유의 과정에서 크고 작은 분지를 거듭하면서 변형과 첨삭이 무상하였을 것이다. 아마 몇 가지 서사는 고구려 당대에 비문이나 역사책의 형태로 정돈되기도 했겠지만, 의연히 이야기로 구연되면서 광범위하고도 다양한 파생 설명을 낳았다고 보아야 한다. 그 가운데 지극히 협소한 일부가 이천 년 후의 우리 앞에 빈약한 고대 관련 정보로 놓이게 되었다. 사정이 그러함에도 불구하고 그것들이 유의미한 정보로 간주되는 이유는, 무엇보다도 그것들을 배제할 수 있을 만큼 유력한 또 다른 대안이 현재의 우리에게는 없기 때문이라고 고백하지 않을 수 없다.

3) 고대사 문헌 정보의 속성

왕망의 군사들이 고구려 왕의 목을 베었다는 중국 역사책들의 설명과 고구려 장수 연비가 희생되었을 뿐이라는『삼국사기』의 충돌은, 문헌 자료의 본래적 속성에서 비롯한 것이라고 말할 수 있겠다. 다만 3세기에 작성된『삼국지』와 12세기에 편찬된『삼국사기』의 시간적 선후 문제는 이 상충의 분별을 위해 그다지 기여할 만한 요소가 아니다. 오히려 주목할 사항은『삼국사기』편찬자들, 즉「고구려본기(高句麗本紀)」를 서술한 사람들은 이 사건에서 연비가 살해되었다고 한 자료를 확보하고 있었다는 정황 자체일 것이다. 물론 그들 앞에는 정작 연비가 아니라 고구려 왕이 참수당하였다고 기록한 중국의 역사책들도 함께 놓여 있었다. 그렇다면 그들은 이처럼 서로 다른 여러 문헌 정보들 가운데 하나를 '선택'하였던 것이다. 그리고 그 선택이 곧 중국의 역사책이 아니라 고구려의 자료 혹은 그에 충실했을 고려의 자료였다는 점을, 오늘의 독자들은 주목해야 한다.

선택된 사료들

이와 같이 고대가 종식된 한참 뒤 누군가의 선택적 안목에 기대고 있다는 사실이야말로 문자 정보의 피할 수 없는 한계이자 속성이다. 모든 기록은 기록자의 현재적 조건을 벗어나지 못한다. 독자는 대부분 기록자의 선의를 '무력하게' 기대할 뿐이다. 물론『삼국사기』를 서술한 사람들도 많은 대목에서 머뭇거렸다.

시조는 성이 박씨(朴氏)이고 이름은 혁거세(赫居世)이다. 전한(前
漢) 효선제(孝宣帝) 오봉(五鳳) 원년 갑자 4월 병진일[정월 15일이라
고도 한다]에 즉위해, 왕호를 거서간(居西干)이라고 하였다. 이때
나이가 13세였으며, 국호를 '서나벌(徐那伐)'이라고 하였다.[24]

이것은 『삼국사기』에 맨 처음 나오는 기록으로서, 신라의 시조
박혁거세가 즉위한 사실을 전하는 대목이다. 그가 오봉 원년 갑자,
즉 기원전 57년 4월 병진일에 즉위하였다는 내용이다. 그런데 서술자
는 이와 같은 본문의 내용에 대해 신라 시조가 즉위한 날이 4월 병진
일이 아니라 "정월 15일이라고도 한다"라는 누군가의 이설을 덧붙여
두었다. 이처럼 본문의 정보와는 다른 정보를 소개하기 위해 덧붙인
짧은 메모를 '분주(分註)'라고 한다.

따라서 분주의 존재는 대상 사건에 대한 기억이나 설명이 단
일하지 않았다는 것을 의미한다. 「신라본기(新羅本紀)」 작성자는 그
가운데서 박혁거세가 4월 병진일에 즉위했다는 정보를 선택하였다.
또한 그는 다행히도 그 일이 정월 15일에 있었다고 한 정보를 버리지
않고 소개해 두었다. 또 다른 정보들이 얼마나 더 있었는지 알 수는
없다.

『삼국사기』에 있는 마지막 분주는 「견훤전(甄萱傳)」에 있다. 견
훤은 935년에 신검(神劍), 양검(良劍), 용검(龍劍) 등 그 자신의 아들들에
의해 지금의 전라북도 김제시에 있는 금산사(金山寺)에 유폐되었다가
고려의 태조 왕건(王建, 재위: 918~943)에게로 귀순한 터였다. 태조는 936
년 가을, 후백제군을 격파하고 마침내 새로운 일통에 성공하였다. 전

투에서 패배하여 항복한 견훤의 세 아들을 비롯한 후백제 지도부는
모두 고려의 왕도로 압송되었다. 그리고 이들에 대한 태조의 조치를
「견훤전」 찬자는 이렇게 서술하였다.

> 신검이 참람하게 (부왕의) 왕위를 빼앗은 것은 다른 사람의 협
> 박에서이지 그의 본심에서가 아니리라 여기고, 게다가 귀순
> 해 죄를 청하였다 하여 특별히 그의 죽을죄를 용서하였다[세
> 형제가 모두 죽임을 당하였다고도 한다].[25]

인용한 대목을 보면, 신검 형제들의 말로에 대해 적어도 두 가
지의 전승이 있었던 것을 알 수 있다. 둘 가운데 어느 것이 역사적 실
제였을지 확정하기는 역시 쉽지 않다. 둘 다 진실이 아닐지도 모른
다. 후백제는 이미 패멸당하였다. 그들의 운명은 승리자들의 손에서
결정되었다. 더구나 그 무렵의 사정에 대한 기록 역시 승리한 측이

그림 10 금산사(金山寺), 전라북도 김제시

남긴 것이다. 후백제 사람들은 자신들의 열망과 패망에 대해 스스로 설명하거나 변명할 기회를 영구히 잃었다. 여하튼 고려의 지식 관료들은 자기 왕조의 건국자이자 후삼국의 쟁패전에서 일통의 주인공이 된 태조 왕건이 관대하게도 견훤의 세 아들들을 용서해 주었다고 본문을 작성하였던 것이다.

『삼국사기』에는 이와 같은 분주가 모두 560개 있다.『삼국유사』의 상황도 마찬가지이다. 앞에서 소개한 바와 같이 단군이 즉위한 해에 대해서 요임금이 즉위한 지 50년째가 되는 경인년이라고 한 전승을 본문에 인용하면서도, 요임금 50년은 정사년이지 경인년이 아니므로 의심스럽다고 비판하는 분주가 작성되었던 것이다.

두 책에 있는 수백 개의 분주들은 고대의 특정 사건에 대해 풍부한 정보 원천인 동시에 문자 정보의 취약성을 각성하게 만들기도 한다. 그러한 각성은 오늘의 독자들뿐만 아니라 이미『삼국사기』편찬자 스스로가 심중하게 환기하던 바였다. 645년에 있었던 당의 태종(太宗)과 고구려의 전쟁에 대한 중국 측 기록들의 편향을 염두에 둔『삼국사기』찬자의 비판적 지적이 바로 그것이다. 안시성(安市城) 전투로 널리 알려져 있는 이 전쟁은 왕조의 역사는 물론 소설과 연극 등 여러 형태로 회자된 바 있다.

자국 중심의 필법

애초 당나라 초엽의 관료들과 백성들은, 수(隋)나라의 양제(煬帝)가 무리하게 고구려를 굴복시키려다 제풀에 자멸한 전례를 잘 알고 있었던 터라, 태종의 고구려 침공 욕망을 크게 우려하고 저지하였다. 그러다가 642년에 일어난 연개소문(淵蓋蘇文)의 정변을 계기로 태종은 고구려와의 전쟁을 반대하는 이들을 적극적으로 설득한 나머지, 마침내 644년 겨울, 병력을 출동시키는 데 성공하였다. 그는 직접 작성한 조서에서 설득력 있는 논리로 장차 이 전쟁에서 승리할 것임을 자부하며 사람들을 안심시켰다. 조서의 한 대목을 들어 본다.

> 옛날 수양제는 아랫사람에게 잔인하고 포학했지만, 고구려 왕은 자기 백성에게 어질었으며 그들을 사랑하였다. 이처럼 반란을 생각하고 있는 군사들을 가지고서 평안하고 화목한 이들을 쳤기 때문에 성공할 수 없었던 것이다. 지금 우리가 반드시 승리하게 될 이치 다섯 가지를 대략 말해 보자면, 첫째, 큰 것으로 작은 것을 치는 것이요, 둘째, 순리로 반역을 치는 것이요, 셋째, 정연한 다스림으로 어지러운 틈을 타는 것이요, 넷째, 편안한 군사로 피로한 군사를 대적하는 것이요, 다섯째, 기뻐하는 군사로 원망하는 군사에 맞서는 것이니, 어찌 이기지 못할 것을 근심하겠는가? 백성들에게 포고하노니 의심하거나 두려워하지 말라![26]

수양제와, 그에 맞섰던 고구려 영양왕(嬰陽王, 재위: 590~618)에 대한 태종의 평가가 실제 두 나라의 전쟁 결과에 얼마나 긴밀한 인과관계로 작용한 사실인지 여부는 논외로 해도 좋다. 여하튼 태종의 노력은 결실을 본 것이다. 이듬해 봄에 본격적으로 교전이 거듭되면서 고구려의 성들은 걷잡을 수 없이 무너졌다. 요하(遼河) 동쪽의 거점들이 유린되고 수많은 병력과 인명의 손실을 입었다. 그러나 자신만만하던 태종은 안시성 전투에서 고구려 군민의 치열한 저항에 막히고 병참과 기상 조건이 악화되면서 퇴각할 수밖에 없었다.

이 전쟁의 최종적인 승패를 간단하게 단정할 수는 없지만, 태종은 적어도 목적을 이루지 못했으며 전쟁 자체를 후회하였다. 물론 철군 이후 태종의 재침 의욕은 오히려 예리해 갔으며 고구려에 대한 겁박의 정도도 더해 갔다. 당연히 고구려의 피로감도 가중되어 갔다. 그러나 649년, 태종은 죽음을 앞두고 유조를 내려 고구려를 상대로 한 전쟁을 그치게 하였다. 이 대목에서『삼국사기』찬자는 이렇게 말하였다.

처음에 태종이 요동을 원정할 때 말리는 이가 하나가 아니었다. 또 안시성에서 철군한 후 스스로 성공하지 못한 점을 깊이 후회해 탄식하기를 "만약 위징(魏徵)이 있었더라면 내가 이 원정을 하지 못하게 했을 것이다"라고 하였다. 다시 고구려를 치고자 할 때 사공(司空) 방현령(房玄齡)이 병중에서 표문을 올려 간하기를 "노자(老子)는 '만족할 줄을 알면 욕되지 않고 그칠 줄을 알면 위태롭지 않다'라고 하였습니다. 폐하께서는 그 위명(威名)과 공덕이 이미 족하다 하겠고, 강역을 개척해 넓히는 것도 이제 역시 그칠 만하옵니다. 게다가 폐하께서 매번 중죄인 한 사람을 처결하실 때도 반드시 세 번 다시 살피고 다섯 번을 거듭 아뢰도록 하며, 보잘것없는 음식을 올리게 하고 풍류를 그치게 함은, 사람의 목숨을 소중하게 여기시는 바

이거늘, 이제 무고한 사졸들을 몰아다가 칼날 아래 내맡겨 비참하게 죽게 하는 것만은 어찌하여 불쌍하게 여기지 않으십니까? 지난날 가령 고구려가 신하의 법도를 어겼다면 처단함이 옳고, 우리 백성을 침노해 괴롭힌다면 패멸시킴이 옳으며, 뒷날 중국의 두통거리가 될 것 같으면 없애 버려도 좋을 것입니다. 그런데 지금은 이와 같은 세 가지 조건이 없는데도 공연히 중국을 번거롭게 하는 것이니, 안으로 전대의 치욕을 씻고 밖으로 신라의 원수를 갚는다 하나, 이 어찌 얻는 것은 작고 잃는 것은 큰 것이 아니겠습니까? 원컨대 폐하께서는 고구려가 스스로 새로워지도록 내버려 두시어 파도를 헤쳐 나갈 배를 불사르고 웅모한 무리를 흩어 버리신다면, 자연히 중화에는 경사요 오랑캐는 의지해 올 것이며, 원방은 삼가 공경하고 근방은 편안할 것입니다"라고 하였다. 양국공(梁國公)이 장차 죽으려 할 때의 말이 이같이 간곡했는데도, 황제는 듣지 않고 동방을 폐허로 만들어야만 속이 시원할 것으로 생각하더니 죽게 되어서야 그만두었다. 사론(史論)에 이르기를 "큰 것을 즐기고 공명을 좋아해 멀리까지 군사를 내몰았다"라고 한 것은 이것을 이른 말이 아니겠는가?

유공권(柳公權)의 『소설(小說)』에 이르기를 "주필산(駐蹕山) 전쟁에서 고구려와 말갈(靺鞨)의 연합군이 40리에 뻗치자 태종이 바라보고 두려워하는 기색이 있었다"라고 했으며, 또 "6군이 고구려에 제압되어 거의 움츠려 떨치지 못할 때 척후가 영공(英公)의 휘하 흑기(黑旗)가 포위되었다고 아뢰니 황제가 크게

두려워하였다"라고 하였다. 비록 끝내는 스스로 탈출해 나왔
으나 두려워함이 저와 같았거늘『신·구당서』와 사마광(司馬光)
의『자치통감(資治通鑑)』에는 이를 말하지 않았으니, 이는 어찌
자기 나라를 위해 꺼려 회피한 경우[國諱]가 아니겠는가?[27]

이 글은『삼국사기』찬자가 작성한 글로서, 역사책을 구성
하는 일반적인 사건 정보들과 구분하여 사론 혹은 논찬이라고 부른
다. 사론을 간명하게 말하자면, '역사가가 사서를 편찬할 때 사건 기
사의 내용과 구별하여 자신의 적극적인 가치 평가를 부여한 글'이라
고 할 수 있다.

위 논찬의 내용은 크게 두 가지 논점으로 구성되었다. 하나는
태종의 무모한 정복욕과 현시욕에 대한 비판이다. 다른 하나는 태종
의 패색을 곧이곧대로 쓰지 않은 중국 측의 필법에 대한 비판이다.
두 가지 사안은 결국 태종의 후회와 패퇴, 그리고 그러한 사실의 왜
곡과 은폐로 귀결한다. 더구나 그와 같은 논찬자의 의도는 다름 아닌
중국의 문헌 정보를 증거로 실현되고 있으니, 오히려 설득력을 갖추
었다고 말할 수 있다. 그러므로 태종의 패배는 더욱더 엄연한 사실이
되는 것이다.

우리는 특히 논찬자의 두 번째 논점, 즉 태종의 패색을 곧이곧
대로 기록하지 않은 중국 측의 필법에 대한 비판에 주목한다. 논찬자
는『당서』와『자치통감』등이 사태의 진실을 은폐했다고 하였다. 그리
고 그 증거로 유공권의『소설』을 거론하였다. 유공권은 당 헌종(憲宗)
대에 입사하여 함통(咸通) 6년(865)에 죽은 문인으로서,[28] 당 태종으로부

터 200여 년 뒤의 인물이다. 그의『소설』에 언급된 주필산은 태종이 안시성 공격을 위해 주둔했던 산을 가리킨다. 고구려군에게 포위당하였다고 한 영공은 이 전쟁에서 요동도행군대총관(遼東道行軍大總管)으로 참전한 이적(李勣)을 말하는데, 그는 뒷날 668년 9월에 평양성을 함락시켜 고구려의 공멸의 주역이 되었다.[29]

논찬자가 중국의 대표적인 역사책들이 태종의 패색을 은폐하였다고 비판한 근거 자료인 유공권의『소설』은 지금 전하지 않는다. 그러나 이 전쟁에서 태종이 실질적으로 패배했다는 것은 중국에서도 유공권 이전이나 이후에 쓰인 다른 문헌들에서 자주 언급되어 온 바였다. 그러므로『삼국사기』논찬을 작성한 이가『구당서』와『신당서』,『자치통감』등 중국 사서들의 필법을 "자기 나라를 위해 말하기를 꺼려 회피한 경우"라고 한 것은 지극히 타당한 판단이다. 그의 지적처럼 왕조 간 전쟁과 같은 경우의 문헌 정보들에는, 전장의 사소한 실상에서부터 전황의 대세나 성패의 판정에 이르기까지 다양한 왜곡과 변개가 저질러지곤 한다.

따라서 중국의 왕조들과 투쟁하는 가운데 부침하였던 고구려사의 경우, 중국과 우리의 문헌 정보 사이에 부딪치는 사례가 특히 많다. 이는 곧 중국의 문헌들과 마찬가지로 우리 측 전승에서도 자기중심적 편향이 있을 수 있다는 말이기도 하다. 아울러『삼국사기』와 같은 우리 역사 기록은 고대의 특정 사건으로부터 천 년도 더 뒤의 문헌이라는 점을 유념할 필요가 있다. 비록 명백히 서술자들의 의도적 왜곡이 아니라고 해도, 그들 앞에 놓인 전승 자료들의 부정확성과 문자 기록의 한계는 극복되기 어려웠기 때문이다.

마한 이해의 변수들

백제 왕조의 역사 전개 과정에서 중요한 요소가 되는 마한의 문제로 다시 한번 이 점을 짚어 본다. 사람들은 종종 백제의 성장 과정은 곧 마한의 소멸 과정이라고 말할 정도로, 백제와 마한의 관계 변화는 각별한 주의를 끄는 문제이기도 한다.

우선 『삼국사기』 「백제본기(百濟本紀)」에는 온조왕 10년(기원전 9)부터 온조왕 27년(기원후 9)에 걸쳐 일련의 마한 관련 기사가 있다. 그리고 그 마지막 기사 내용은 "마한이 마침내 멸망하였다"라는 것이다. 그 후 「백제본기」에서 마한은 더 이상 언급되지 않는다. 그러나 「신라본기」와 「고구려본기」에는 그 뒤에도 여전히 마한이 활동하고 있다.

(백제) 시조 온조왕 27년(9) 여름 4월. 원산(圓山)과 금현(錦峴)의 두 성이 항복해 그 주민들을 한산의 북쪽으로 옮기니, 마한이 마침내 멸망하였다.[30]

(신라) 탈해이사금 5년(61) 가을 8월. 마한의 장수 맹소(孟召)가 부암성(覆巖城)을 들어 항복하였다.[31]

(고구려) 태조대왕 70년(122). 왕이 마한·예맥(穢貊)과 함께 요동을 침공하자, 부여 왕이 군사를 보내 구원하고 우리를 격파하였다. [마한은 백제 온조왕 27년(9)에 멸망하였는데, 지금 고구려 왕과 함께 군사행동을 하고 있으니 혹시 멸망했다가 다시 일어난 것인가]?[32]

사실 삼국이 등장한 초기의 역사에서 모두 마한이 보인다는 것부터 설명이 쉽지 않은 일이기는 하다. 다시 말해 만약 많은 사람들이 지지하는 것처럼 마한의 역사 공간을 지금의 경기도, 충청도, 전라도 등 한반도 중부 이남 가운데 서쪽 반면이라고 여긴다면, 특히 고구려 군사와 함께 마한이 요동 지역을 침공하였다는 말을 얼른 수긍하기는 어려운 것이다.

그러한 당혹감은 『삼국사기』 편찬자들도 지녔을 것이다. 즉 그들은 고구려 태조대왕 대에 등장하는 마한에 대해 "혹시 멸망했다가 다시 일어난 것인가" 하며 의아해하였던 것이다. 그럼에도 불구하고 「백제본기」의 '마한 멸망' 기사는 적어도 『삼국사기』의 서술 체계에서 하나의 지표로 기능하였다. 그러므로 『삼국사기』만으로 마한의 시말을 옳게 정돈할 수 없다는 점은 너무도 자명하다.

> 『삼국사기』가 신라를 으뜸으로 삼은 것은, 신라가 가장 먼저 일어나 뒤에 고구려와 백제를 통합하였고 고려 또한 신라를 계승하여 (역사를) 찬술함에 있어서 모두 신라에서 넘어온 전적(典籍)에 근거하였기 때문이다. 이로 말미암아 신라에 대한 역사는 약간 다듬어졌지만 백제와 같은 경우에 이르러서는 겨우 세대만을 기록하고 탈루(脫漏)된 바가 많았던 것이니, 온조가 마한을 습격한 일 같은 경우 그 형세가 응당 일시에 (마한의) 여러 소국들을 다 아우른 것이 아님에도 불구하고 마치 한 번 거병하여 전혀 (다른) 일이 없었던 것처럼 하였다.[33]

이 글은 『동사강목(東史綱目)』의 찬자인 안정복(安鼎福)이 『삼국사기』「백제본기」의 마한 멸망 정보를 비판한 대목이다. 이제 막 건국의 첫발을 내딛은 온조왕 대의 백제가 마한을 다 아우를 수 있는 형세가 아니라는 말은 타당하다. 다만 그렇게 기록된 원인에 대해 안정복은 확보된 문자 자료가 미비했기 때문일 것이라고 짐작하였다. 즉 고구려와 백제에 관한 『삼국사기』의 기록이, 전쟁에서 승리하여 두 나라를 아우른 신라를 거쳐 온 자료에 의존하다 보니 제대로 정돈되지 못한 결과라는 것이다. 대단히 온건한 추론이지만, 마한의 추이를 복원하는 데는 도움이 되지 못한다.

　한편 중국인들이 작성한 역사서들에는 몇 백 년 뒤까지도 마한으로 불린 정치 세력의 활동이 기록되어 있다. 만약 그와 같은 중국 역사책들의 정보를 고려한다면 『삼국사기』의 마한 멸망 기사는 도무지 수긍할 수 없는 것이다. 19세기 초반에 간행된 『해동역사(海東繹史)』에서도 이에 대한 의문 제기는 반복되었다.

> 내가 삼가 백제의 역사를 살펴보니 마한이 망한 것이 이미 온조왕 때라 하나 서진(西晉) 때 마한의 20여 나라가 오히려 각각 (진나라에) 조헌(朝獻)해 왔으니 온조왕이 멸망시킨 것은 마한에서 총왕(總王) 노릇하던 나라에 지나지 않고 그에 소속된 여러 나라들은 미처 통일에 이르지 못했던 것을 알 수 있겠다. 한나라와 위나라 역사에 모두 "마한은 54국인데 백제는 바로 그 가운데 한 나라이다"라고 하였으니, 범엽과 진수가 역사를 편찬할 때 백제는 여전히 아직 통일을 달성하지 못했던 것이다.[34]

서진 시대에 마한의 20여 나라가 조헌해 왔다는 말은 진나라의 역사를 정리한 『진서(晉書)』 가운데 「무제본기(武帝本紀)」와 「열전」의 「장화전(張華傳)」을 근거로 한 것이다. 그에 의하면 3세기 말경까지도 마한의 여러 '국'들은 빈번하게 중국과 교섭하고 있었던 것으로 나타난다. 하물며 진나라보다 앞서는 시기의 역사책인 범엽(范曄)의 『후한서(後漢書)』와 진수의 『삼국지』 단계에서 백제가 마한 전역을 아우르지 못했을 것이라는 판단은 너무나 당연하였다. 다만 어떤 문헌 정보의 한계적 속성이란 또 다른 문자 정보들의 경우도 본질적으로는 다르지 않은 것이라, 많은 문헌들을 아우른다고 해도 문제점이 완전하게 해소될 수 없는 경우가 많다. 때로는 오히려 더 큰 혼란에 빠질 수도 있다.

이 점에서 고고학의 성과는 지극히 심중한 지표가 될 수 있다. 예컨대 오늘날 영산강 유역에서 5세기 말까지 조영된 거대한 옹관고분군은 백제의 적석총이나 석실분 계통과는 다른 마한 사회의 대표적 문화 요소로 중시되고 있다. 특히 옹관고분에서 출토되는 금동관

그림 11　나주 신촌리 금동관, 국립중앙박물관

(金銅冠)을 비롯한 위세품들을 둘러싼 해석에 따라, 백제 중앙 권력이 이 지역의 독자적 정치 운동력을 장악해 간 시기와 강도와 성격이 여러 가지로 달라질 수밖에 없는 형편이다.

게다가 영산강 유역의 고대 역사 공간에서는 옹관묘와 석실분뿐 아니라 고대 일본의 전형적인 묘제로 알

려진 이른바 전방후원(前方後圓)형 고분들도 확인되고 있다. 이러한 정황은 곧 문헌 정보의 한계와 착종에 고고학 정보가 기여할 수 있는 규정력을 주목하게 한다. 그러나 그와 함께, 고고학 정보들 사이의 정합적인 해석을 만나기까지 극복해야 할 난점들과 복잡성 또한 문자 정보들의 그것과 다르지 않음을 각성해야 한다는 점은 두말할 나위가 없다.

4) 고대 관련 정보의 다층적 함의

고대사회에 대한 정보 원천으로서 『삼국사기』는 국내 문헌으로는 가장 오래된 역사책이다. 그러나 『삼국사기』가 삼국의 역사를 아울러 정리한 최초의 역사책은 아니다. 널리 알려진 바와 같이 『삼국사기』 이전에도 삼국에 관한 역사책이 있었다. 앞에서 말했듯이 이규보는 그것을 '구삼국사'라고 불렀다. 따라서 『삼국사기』 이전에 있었던 정보들이 『삼국사기』에 얼마나 충실하게 담겼을 것인지, 아니면 여러 이유에서 얼마나 탈락되거나 변형이 되었을 것인지 궁금할 수밖에 없다. 안타깝게도 이 문제를 충분히 헤아릴 방법은 없다.

사학사적으로 볼 때, 『구삼국사』와 『삼국사기』의 관계는 중국의 『구당서』와 『신당서』의 관계에 비의(比擬)하는 것이 적절하다. 그러나 중국의 경우 당나라 역사를 정리한 두 책의 내용을 지금도 비교해볼 수 있는 반면, 우리의 경우 『구삼국사』는 이미 '영구히' 인멸되었다. 그 편린이 오직 이규보의 서사시 「동명왕편」 가운데 군데군데 분주 형태로 인용되어 있을 뿐이다. 그러나 그것들조차 지극히 미세한 일부에 불과한 데다가, 그 일부나마 과연 『구삼국사』의 원형을 가감 없이 보여 주고 있는 것인지 확신하기 어려운 형편이다.

물론 아무리 미세한 편린이라 할지라도 고대를 매개하는 유력한 단서로 활용할 수 있는가 없는가의 여부는 연구자들의 세련된 안목 여하에 달린 문제이겠다. 어떤 단서들은 옷가지의 실밥으로 비유할 만하다. 면사로 직조된 옷이 있다고 하자. 면사를 직조한 순서와 방법에 따라 옷의 형태가 완성되었다고 말할 수 있다면, 그 가운데 하나의 실밥을 단서 삼아 역으로 추적하여 옷을 구성하는 여러 요소를 분석하고 그 본래의 질료를 추정해 낼 수 있을 지도 모른다. 적어도 사고 실험 가운데서 보자면, 한 올의 실은 지어진 옷의 처음 출발일 수 있다. 즉 고대를 매개하는 정보에 대한 하나의 문제제기는 한 가지 단서의 설정이며, 그로 말미암은 하나의 추론이나 설명은 우리가 이해하는 고대의 한 단면이 된다고 생각한다.

황조가와 비운의 왕자들

그러므로 하나의 정보가 서로 다른 복수의 단서를 낳지 못할 이유는 없다. 오히려 서로 다른 단서의 설정은 우리로 하여금 고대의 여러 단면을 조우할 기회를 만들어 준다. 특히 고대적 정보들이란 번번이 그처럼 다양한 단서의 가능성을 함축하고 있는 것들이다. 물론 더 중요한 것은 서로 다른 단서를 발견하거나 설정해 내는 우리들의 시선과 시각일 것이다. 고구려 유리명왕이 지었다고 하는 시 「황조가 (黃鳥歌)」에서 이 문제를 생각해 본다.

고구려 제2대 왕인 유리명왕은 건국 시조인 주몽의 아들이다. 그는 왕이 된 이듬해 7월에 송양(松讓)의 딸을 왕비로 맞이하였다. 송양은 고구려 건국 초기 동명성왕 주몽에게 굴복하였던 비류국(沸流國)의 왕이다. 그러나 불행히도 다음 해 10월에 왕비 송씨가 죽었다. 유리명왕은 두 여인을 계실(繼室)로 맞았다. 한 여인은 화희(禾姬)라고 하는데 골천(鶻川) 사람의 딸, 곧 고구려 영역 출신이었고, 또 한 여자는 치희(雉姬)라 하는데 한인(漢人)의 딸이었다. 두 여자가 총애를 다투어 서로 화목하지 못하자 왕은 두 개의 궁궐을 지어 각각 따로 머물게 하였다.

그 뒤 왕이 사냥을 나간 사이에 두 여인이 싸우게 되었다. 화희가 "너는 한인 집안의 종년 주제에 어찌하여 그토록 무례하냐?"라고 하니, 치희가 수치스럽고도 한스러워 떠나 버렸다. 뒤늦게 돌아온 왕이 말을 달려 치희를 뒤쫓았으나 그녀는 노여워하며 끝내 돌아오지 않았다. 그리고 어느 날, 왕이 나무 아래에서 쉬다가 꾀꼬리가 날아 모이는 것을 보고 자신의 느낌을 담아 노래하였다 한다. 그 노래가 바로 한역시(漢譯詩) 형태로 전하는 「황조가」이다.

翩翩黃鳥 雌雄相依
念我之獨 誰其與歸

날아드는 저 꾀꼬리도 암수가 서로 의지하거늘,
나의 외로움 생각하니 그 누구와 더불어 돌아갈까?[35]

　　과연 이 노래의 작자와 작시의 배경에 대한 이해를『삼국사기』의 설명대로 받아들여도 좋은 것인가? 아니면 어떤 다른 시대적 상황이나 맥락이 은유되어 있는 것인가? 벼 화(禾)자와 꿩 치(雉)자를 쓴 화희와 치희라는 두 여인의 이름이 의미하는 바가 혹시 각 집단의 생업 전략이나 생태조건을 반영하고 있는 것은 아닌가? 혹은 시적 화자가 그리워하고 있는 대상이 함께 돌아가기를 거부한 치희인가, 아니면 왕으로 하여금 이처럼 혼곤한 외로움에 들게 한, 먼저 가신 송씨 부인인가? 짧은 이야기지만 질문은 그치지 않는다.

　　그런가 하면 이와는 전혀 다른 궁리의 영역도 있다. 누군가는 이 이야기에서 혼인을 매개로 다수의 동맹관계를 결성하려 한 초기 고구려 왕권의 지향을 읽어 낼 수 있다. 그와는 반대로 이 이야기는 분노한 배우자를 처족으로부터 되돌려 오지 못하는 건국기 고구려 왕권의 한계를 감지하는 발단이 될 수도 있다.

　　저와 같은 질문과 추론들도 이루 헤아리기 어려운 폭의 논의를 예비하고 있는 것이지만, 단서는 훨씬 더 복잡하게 파생한다. 왕이 두 여인을 동시에 계실로 맞이한 것은 고구려 사회에서 다처제(多妻制)가 행해지고 있었다는 증거로 간주해도 좋은 것인가? 그러나 두 여인이 서로 질시하여 파탄이 날 지경에서 다처제가 과연 보편적 제도로서 제대로 운용될 수 있었을까? 왕권이 치희를 되돌려 오지 못할 정도의 현실적 위력을 지닌 '한인'의 실체를 어떤 것으로 가늠할 것인가? 부여에서는 여인이 투기하다가 죽임을 당하기도 했다는데, 이 파탄의 직접 원인이 된 화희의 투기 행위는 과연 어떤 단죄의 대상이 되었을까? 유리명왕에게 더 이상 새로운 계실의 충원은 없었던 것인가?

더 나아가 왕의 아들들은 과연 누구의 소생인가?

　　이 마지막 질문은 유리명왕을 이어 즉위한 대무신왕(大武神王, 재위: 18~44)이 셋째 아들인 데다가 그의 어머니가 송양의 딸 송씨 부인이라고 한 데서 비상하게 확산하게 된다. 애초에 송씨 부인이 유리명왕과 혼인 생활을 유지한 기간이 일 년 남짓이었으므로 아들을 생산하였을 수는 있다. 그러나 그 아들이 셋째 아들이라면 그 이전에 두 명의 아들을 낳은 다른 여인이 있었던 것인가? 더군다나 대무신왕은 유리명왕이 왕위에 있은 지 33년째가 되는 갑술년에 태자가 되었는데, 그때 나이가 열한 살이었다고 한다. 그렇다면 유리명왕이 즉위한 이듬해에 맞이한 송씨 부인이 대무신왕의 어머니일 수는 없다. 유리명왕은 송양의 다른 딸을, 즉 먼저 죽은 송씨 부인의 다른 자매를 다시 왕비로 맞이하였던 것일까? 그와 같은 혼인이 가능하였다면 고구려 사회에서는 아내의 자매와 결혼하는 자매역연혼(姉妹逆緣婚, sororate)이 보편혼의 한 형태로 허용되었던 것인가?[36]

　　번지는 궁금증은 쉽게 가라앉지 않는다.「고구려본기」에 따르면, 대무신왕 이외에 유리명왕의 다른 세 아들이 대무신왕의 즉위 전에 차례로 죽었다고 한다. 그 가운데 둘은 대무신왕의 형이었다. 유리명왕 재위 14년(기원전 6)에 부여에서 고구려에 볼모의 교환을 요구하였다. 왕은 태자 도절(都切)을 보내려 했으나 도절이 부여에 가는 것을 두려워하였다. 그로 인해 분노한 부여 측에서는 고구려에 대규모 군사 침공을 감행하였다. 그로부터 6년 뒤 도절이 죽었다.[37]

　　도절의 죽음과 관련하여 그 구체적 전말과 이유를 잘 알 수는 없다. 다만 그에 이어 다시 희생되는 새로운 태자, 즉 도절의 아우의 죽음이 어느 정도 설명의 단서가 될 수 있다.

유리명왕 재위 23년(4)에 왕자 해명(解明)이 새롭게 태자가 되었다. 그 일 년 전에 왕은 위나암성(尉那巖城)을 쌓고 왕도를 졸본(卒本)에서 새로 축성한 국내(國內) 지역으로 옮겼다. 그리고 옛 도읍지에는 태자를 남겨 두었다. 왕조의 두 중심부를 부왕과 태자가 각각 분담하여 장악하려는 의도로 보인다. 그로부터 4년 뒤, 황룡국(黃龍國)의 왕이 해명에게 사신을 보내 강력한 활을 선물하였다. 혈기 넘치는 젊은 해명은 사신의 면전에서 필요 이상으로 활을 잡아당겨 부러뜨리고 호언하였다.

"내가 힘이 센 것이 아니라 이 활 자체가 강하지 못한 탓이다."[38]

해명이 의도했던 것처럼 황룡국은 모욕을 당하였다. 치희의 본족이라 한 '한인'의 실체와 마찬가지로 '황룡'으로 표상된 정치 세력의 구체적인 실체를 확정할 수는 없다. 그러나 유리명왕은 이 경우에서도 문득 해명의 희생으로 황룡국에 대한 외교적 무례 사건을 무마하고자 하였다. 역시 초기 고구려 왕권의 한계로 읽힌다.

결국 불행한 사태가 발생한 일 년 뒤, 우여곡절 끝에 왕은 해명에게 칼을 내려 자결을 명하였다. 자결을 허락한 것은 왕자의 죽음임을 고려한 예우일 것이다. 왕의 질책은 해명이 이웃 나라와 원한을 맺었다는 것이었다. 그러나 애초에 황룡국에서 강력한 활을 보내온 것은 고구려를 얕잡아 보는 그들의 거오한 속내를 내비친 것으로 해명은 여겼다. 이에 고구려의 태자로서 해명은 일부러 활을 힘껏 당겨 부러뜨려서 그들을 경고한 것이었다.

그렇게 보면 자결은 억울한 처분이었지만 부왕의 명이므로 어쩔 수 없다. 해명은 창을 땅에 꽂아 두고 말을 달리다가 그 창에 몸을 던져 죽었다. 유리명왕은 태자의 예로 아들을 장사 지내고 사당을 세웠다 하므로, 필시 건국 초기의 취약한 왕권과 국세가, 혈기방장한 후계자를 무고하게 희생시킨 것이다. 이로 미루어 본다면, 도절의 죽음도 아마 부여와의 관계가 걷잡을 수 없이 경색되면서 불가피하게 선택한 극단적 해소책이었던 것 같다.

낙랑국의 패망

두 차례의 비극 이후 태자가 되어 유리명왕을 계승한 이가 대무신왕이다. 그리고 그의 아들이 유명한 호동(好童)이다. 호동왕자와 낙랑공주(樂浪公主)의 이야기를 들어 본 사람들이 적지 않을 것이다. 오직 『삼국사기』에만 보이는 이 기록에서 파생되는 논의의 양상 또한 고대적 정보의 두터운 함축성을 잘 드러낸다. 우선 두 젊은이의 비련을 짚어 보아야겠다.

왕자 호동이 옥저 방면에 나가 있을 때, 낙랑(樂浪) 왕 최리(崔理)가 지나다가 그를 보게 되었다. 최리는 호동이 고구려 대무신왕의 아들이라는 점을 알아차리고는 그를 동반해서 본국으로 돌아왔다. 그 당시 고구려는 오랜 숙적이었던 부여와 전면전을 벌여 부여 왕 대소(帶素)를 죽이면서 크게 승리하였을 뿐 아니라, 개마국(蓋馬國)과 구다국(句茶國) 등 인근의 정치 세력들을 속속 복속시키고 있었다. 또한 대무신왕은 한나라 요동태수(遼東太守)의 군사에 맞서 물리력과 외교력을 적절하게 구사하면서 자존의 역량을 발휘하였으며, 국내 정치에서도 제도의 정비와 신료의 장악에 효율과 위엄을 잃지 않고 있었다. 낙랑

왕 최리 입장에서는 강력한 신흥 왕국의 예봉이 바야흐로 자신을 겨누게 될 즈음에 호동을 만났으니, 국익을 위해 놓칠 수 없는 절호의 기회로 여겼음 직하다.

과연 최리는 호동과 자기 딸의 혼인을 주선하였다. 그 뒤 호동은 고구려에 돌아와서 몰래 사람을 보내 최씨의 딸에게 낙랑국의 무기고에 있는 북과 나팔을 찢고 부숴야만 예를 갖추어 맞이하겠다고 말하였다. 즉 낙랑국에는 적병이 오게 되면 저절로 울리는 북과 뿔피리가 있었는데, 이를 무력화시키라는 요구였다.

그림 12 조선시대의 용고(龍鼓). 국립중앙박물관

그녀가 얼마나 번민하였는지는 알 수 없지만, 결국 날카로운 칼을 가지고 무기고 속에 들어가 북의 가죽과 뿔피리의 서[複簧]를 파괴하고 호동에게 알렸다. 호동은 곧 부왕에게 권하여 낙랑을 습격하였다. 최리는 북과 뿔피리가 울리지 않았기 때문에 대비하지 못하다가 고구려 군사가 성 아래까지 덮쳐 온 다음에야 북과 뿔피리가 모두 부서진 것을 알았다. 분노한 그는 마침내 자기 딸을 죽이고 나와 항복하였다. 이로써 낙랑의 왕 최리는 딸과 나라를 잃었다. 낙랑공주 역시 연인의 말을 좇았으나 아버지와 조국을 잃었으며, 안타깝게도 그녀 자신마저 목숨을 잃고 말았다.[39]

호동은 물론 승리의 주역이 되었다. 고구려의 남방 경략에 결정적인 공을 세웠으며, 그런 만큼 정치·군사적 힘을 획득하였을 것이다. 그것은 궁극적으로 차기 왕위 승계의 유력한 바탕이 될 것이었다. 고구려 왕자로서 전쟁의 승리에 필요한 군사 지휘와 전략의 역량이 인상적으로 입증되었기 때문이다. 그러나 그도 낙랑공주를 잃었다. 물론 그가 정말 낙랑공주를 연인으로, 그리고 아내로 열망했는지 아닌지는 섣불리 대답하기 어렵다.

「고구려본기」를 서술하던 이는 이 대목과 관련하여 주의할 만한 분주를 달아 놓긴 하였다. "혹은 낙랑을 멸망시키기 위해 청혼해서 그 딸을 데려다 아들의 아내로 삼은 다음에 그녀를 본국에 돌려보내 그 병기를 부수게 했다고도 한다"라는 것이었다. 그런 관점에서는, 일련의 사태란 오직 대무신왕의 전략일 뿐이요, 호동에게는 어떠한 주체적 행위나 낙랑공주와 연관된 정서가 비롯할 여지조차 없게 된다.

그러나 그와 같은 분주의 속화(俗化)된 견해는 이 사건의 흐름에 부합하지 못함은 물론, 고구려 사회의 전체 맥락에도 어긋난다. 게다가 장구한 기간 동안 이야기의 전승을 감당해 온 민중들이 그와 같은 기만의 서사에 공감할 리 만무하다. 무엇보다도 대무신왕의 전략으로 설명하는 관점은 뒤이어 전개되는 호동의 비극적 최후와도 부합하지 않는다. 그해 겨울, 호동은 자살하고 말았던 것이다.

호동은 대무신왕의 '차비(次妃)' 소생이었다. 호동의 어머니는 부여 왕실 출신 갈사왕(曷思王)의 손녀였다. 호동의 역할에 힘입어 낙랑을 쉽게 장악한 터라 호동의 정치적 위상은 현저하게 신장되었을 것이다. 호동은 국가의 영토적 지향을 성공적으로 실현하였다. 왕자의 자질을 거의 검증받은 셈이다. 이에 대무신왕의 원비(元妃)는 불안하였다. 자신의 소생을 제치고 호동이 왕위 승계권자인 태자가 될 수도 있는 상황이었다. 욕망과 절망의 혼돈에 휩싸인 왕비는 급기야 호동을 모함하기에 이르렀다. 호동이 그녀를 음행하려 한다는 것이다. 그러나 왕은 참소의 배면을 직설적으로 거론하였다.

"당신은 호동이 다른 사람 소생이라 하여 미워하는가?"

왕비는 왕이 자기 말을 믿지 않는 것을 알고 더욱 다급해졌다.

"청컨대 대왕께서는 몰래 지켜보소서. 만약 그와 같은 일이 없다면 제 스스로 그 죄에 대한 처벌을 받겠습니다."

이제 왕비와 호동 가운데 어느 한 쪽은 치명상을 입어야 할 형국이 되고 말았다. 국내의 지역 기반이 취약한 부여 출신 차비의 소생으로서는 이기기 힘든 전선이 형성된 셈이다. 결국 호동은 난감한 부왕의 건조한 태도와 그에 따라 점점 조여 오는 압박감을 떨쳐내지 못하고 자결하고 말았다.

요컨대 호동이 주도한 전략의 성과가 오히려 감당하기 힘들 정도로 급격하게 그 자신의 위상을 높였던 것이나, 그로 말미암아 호동은 연인을 잃은 데 이어 부모의 신뢰마저 상실하였다. 물론 대무신왕 역시 그의 두 형이 태자의 지위에서 비명에 희생되었던 것을 경험한 터에, 이제 자신의 아들을 자결로 몰아넣은 장본인이 되고 말았다. 두 젊은이들의 결합이 아연 모든 관련자들의 비탄으로 귀결되고만 사정이 참으로 공교로울 뿐이다. 이 극적인 사건을 기록한 사람 역시 지나치지 못하고 자신의 소회를 피력하였다.

즉 『삼국사기』의 논찬자는 이렇게 말하였다. 우선 대무신왕이 왕비의 참소를 믿어 사랑하는 아들을 허물도 없이 죽게 했으니 매우 어질지 못하였다고 말한다. 이어, 그렇다고 하여 호동에게 죄가 없는 것은 아니었다 한다. 아버지는 아들을 옳게 훈육해야 하고, 아들은 부모를 오직 효로써 받들어야 하기 때문이다. 다시 말해 대무신왕이 비록 어리석었다 해도 호동 또한 자기 할 바를 다한 것은 아니었다. 아버지와 아들의 관계에 대해 『효경(孝經)』에는 이렇게 말하였다.

> 아버지에게 간쟁하는 아들이 있으면 (그 아버지는) 불의에 빠지
> 지 않게 된다. 그러므로 의롭지 못한 일을 당하여 아들은 아
> 버지에게 간쟁하지 않으면 안 되고, 신하는 임금에게 간쟁하
> 지 않으면 안 되는 것이다.[40]

그러므로 호동은 부왕의 그릇된 판단에 대해 부단히 간쟁해야 옳았다. 당연히 그로부터 말미암은 부왕의 분노와 질책은 스스로 감당해야 한다. 다만 사태가 뻔히 치명적 위험으로 치닫는 데도 불구하고 부모의 꾸지람과 명령이라 하여 온전히 받아들임으로써 부모가 더 큰 허물과 불의에 빠지게 해서는 안 된다. 그런데 호동은 자결하고 말아 부왕으로 하여금 '무고한 아들을 죽게 한 혼군(昏君)'이라는 오명을 천추만대토록 씻을 수 없게 만들었던 것이다. 따지고 보면 그의 불효가 막심하다고 할 수 있다.

이처럼 전근대 지식인의 논찬은 대무신왕과 호동 부자의 행위를 수용하는 데 시종일관 유교적 가족 윤리를 기준으로 하고 있다. 그 자체야 오늘의 독자에게도 일말의 울림이 없지는 않을지 모른다. 그러나 이 사건 정보에 함축되어 있는, 한국 고대의 주요 국면들을 은

유하거나 지시하는 단서들의 무수한 파생은 한두 가지가 아니다. 그리고 그것들은 각각 만만치 않은 함량의 연구과제들이기도 하다. 그 가운데서도 현저한 사례 하나를 음미해 보기로 한다.

호동의 죽음이 던지는 단서들

우선 장성한 왕자의 죽음에서 읽어 내야 할 요소들은, 호동의 경우와 그의 백부들이었던 도절과 해명의 경우가 다르지 않을 것이다. 태자였던 도절과 해명이 비운의 생을 마감한 다음 그들의 동생인 대무신왕이 즉위하였다. 자질을 갖춘 아들 호동을 잃은 대무신왕의 왕위는 다시 '국인(國人)'들에 의해 대무신왕의 아우에게로 이어졌다. 이가 민중왕(閔中王, 재위: 44~48)이다. 그러므로 민중왕의 왕위 계승은 이른바 형제상속이 된다. 국내의 문헌들에 의하면, 고구려의 6대 태조대왕(太祖大王, 재위: 53~146)부터 7대 차대왕(次大王, 재위: 146~165)과 8대 신대왕(新大王, 재위: 165~179) 등 세 왕은 모두 형제로 설정되어 있다. 그들과 마찬가지로 4대 민중왕의 왕위 승계도 지위와 재산이 형에서 아우로 전해지는 고구려 초기 형제상속의 한 실례로 이해되고 있다.

그러나 형제상속이 특별한 저항 없이 실현되던 때였다 하더라도 그것이 부자상속에 우선한다고 말할 수는 없는 일이다. 부자상속의 타당한 조건이 결여되었을 때 형제상속이 받아들여졌다고 보아야 옳을 듯하다. 또한 태자를 확정한다는 것은 차기 왕위 승계를 염두에 둔 행위이다. 도절과 해명은 모두 태자로서 희생되었고, 그들의 아우로서 대무신왕이 된 무휼(無恤) 역시 형들의 죽음 이후 태자가 되었다가 왕위를 승계하였다. 즉 대무신왕은 열한 살 때 태자가 되었다. 그런데 낙랑공주와 혼인관계를 맺은 호동은 아직 태자가 아니었다. 조만간 태자가 될 수도 있었던 호동이 자결하자, 바로 다음 달에 원비의 아들인 해우(解憂)가 태자에 임명되었다.

그러나 해우는 그로부터 12년 뒤에 대무신왕이 죽었을 때, 뜻밖에도 나이가 어리다는 이유로 왕위 승계가 보류되었다. 그래서 숙부가 먼저 민중왕으로 즉위하였다. 해우는 불과 4년 뒤에 민중왕의 뒤를 이어 모본왕(慕本王, 재위: 48~53)으로 즉위하자마자, 서둘러 아들을 태자로 확정하였다. 그러나 5년 뒤 모본왕은 포악한 행태로 인해 '백성의 원수'로 전락하여 측근에게 피살되고 말았다.[41] 그의 태자도 왕위 계승을 하지 못한 것은 두말할 필요가 없다. '국인'들은 유리명왕의 아들인 재사(再思), 즉 대무신왕의 또 다른 동생이었던 재사의 아들 궁(宮)을 왕으로 추대하였다. 이 이가 태조대왕이다. 즉위 시 그의 나이 불과 7살이었으므로, 부여 출신 어머니가 섭정을 하였다 한다.

대무신왕의 태자로 하여금 부왕의 지위를 곧바로 승계하지 못하게 하고 민중왕을 추대한 이들과, 모본왕의 태자로 하여금 왕위 계승을 못하게 하였을 뿐만 아니라 민중왕이 추대될 때의 모본왕보다도 훨씬 더 어린 궁을 왕으로 추대한 주체는 모두 '국인'이었다. 그들은 국가 구성원 일반을 이르는 '국민', 즉 '백성'과는 구분되는바, 일단 특정 지위 이상의 통치층에 속하는 이들이라고 짐작한다. 그러나 그 범주를 명확하게 규정하기는 어렵고, 사안에 따라 어느 정도 달라질 수 있었다고 생각한다. 신라에서도 왕의 폐위와 추대 과정에서 국인들은 의결이나 행위의 주체였다.

얼마간 우회한 논의의 갈피를 정리해 본다. 첫째, 국가 간 혼인의 의미를 생각해 본다. 최리는 고구려와 국혼관계를 맺게 된다면 대무신왕의 칼끝을 피할 수 있으리라고 여겼다. 집단 간 혼인이 두 집단의 유대를 강화하여 외부로부터의 압력 요인에 효과적으로 대응하게 함으로써 집단들의 생존가치를 높인다는 점을 환기시켜 주는 요소이다. 신라와 백제의 왕실 간 혼인이나 신라와 가야 사이의 혼인도 유의미한 비교 대상이 된다. 이 점에서도 고구려가 처음부터 낙랑국을 멸망시키기 위해 정략적으로 낙랑과 혼인을 주도하였다는 분주의 언급은 지나치게 반고대적이며 탈맥락적인 낭설로 보인다.

둘째, 혼인에 대한 동의의 주체 문제를 짚어 본다. 두 젊은이의 결혼은 일단 여성의 아버지에 의해 주도되었다. 젊은 당사자들의 의사는 확인되지 않지만 여성의 경우는 확실히 이 결혼관계를 지키고 싶었다. 호동 역시 적어도 자기 의사에 반해 이 결혼을 강요당하지 않았다. 그에 따라 기간을 확정할 수는 없지만 한동안 그들의 혼인 생활은 최리의 낙랑국 공간에서 이루어졌다. 안정적이던 관계는 본국으로 돌아간 호동의 뜻밖의 요구로 반전되고 만다. 국가 비상시에 스스로 울리는 북과 피리를 파괴하라는 호동의 요구는 필시 그 자신이 아니라 부왕의 의지를 매개하는 것일 가능성이 크다. 결국 고구려 사회의 혼인의 결정력은 여성뿐 아니라 남성의 경우에서도 당사자보다는 부모의 권능에 기댔던 것이다.

셋째, 혼인관계를 확정하기 위한 조건의 문제가 있다. 남성 측에서 파괴하기를 요구한 낙랑국의 북과 피리는 여성 측이 보유하고 있는 가장 결정적 자위 수단이자 집단의 보물을 상징한다. 근대 이전의 많은 사회에서는 혼인관계의 공고한 확립을 위해 재화(財貨)의 수수가 개입한다. 고구려를 비롯한 우리 고대사회에서는 대개 남성 측에서 여성 측에 의례의 과정으로서 재화를 공여하였다. 최리는 고구려 대무신왕의 군사적 지향이 낙랑국을 향하지 않게 되는 것, 바로 그것을 그가 향유할 혼인 예물의 본질로 삼고자 하였을 것이다. 그러나 도리어 고구려는 낙랑국 최고의 재화를 요구하였다. 고구려가 원한 것은 그것의 습득이 아니라 파괴였지만, 어떤 경우든 낙랑국은 그것을 상실하는 것이다. 이는 명백히 당대 사회의 혼인 의례의 본의를 정면으로 부정하는 폭력적인 태도이다.

넷째, 왕위 계승에 개입해 있는 모계(母系)의 문제이다. 원비와 차비의 적확한 개념을 분별하기는 어렵지만, 호동의 어머니가 부여에서 망명해 온 집단인 갈사국 출신이라는 점은 호동의 왕위 승계 가능성에 영향을 미친 요인이었을 것이다. 유리명왕의 두 계실 가운데 가까운 토착 기반을 지니고 있던 화희가 한인 출신 치희를 타매하여 쫓아 버린 사태를 기억할 일이다. 실제 호동이 아내의 비극적 죽음을 대가로 획득한 명망이 아니었던들, 아예 원비의 경계심을 살 만한 처지 자체가 될 수 없었을지도 모른다. 물론 반대로 그와 같은 처지가 군사 전략의 자질과 실질적 성과로 극복될 수도 있었다는 점에서 모계의 조건이 절대적이지는 않았을 것이다. 아울러 유리명왕이 치희 출신 집단의 힘 앞에서 발길을 돌렸듯이, 대무신왕은 원비 출신 집단의 힘을 인정하지 않을 수 없었을 것이다.

다섯째, 위의 연장으로서 권력의 혈족적 기반 문제이다. 부여계 모계를 둔 호동의 극적인 부상과 그보다 더 극적인 좌절은, 곧 해우의 태자 책봉으로 귀결되었다. 대무신왕의 의중이 명시적으로 드러난 부분은 없지만 호동의 존재만으로도 해우의 태자 책봉은 난망하였던 것 같다. 해우가 모본왕이 되자 가장 먼저 아들의 태자 책봉부터 서두른 데에는 필시 해우의 모계 혈족 집단의 욕망이 투사되었을 것이리라고 본다. 반대로 해우의 즉위를 한때 차단하였으며, 마침내 그를 시해하고 그가 책봉한 태자마저 배척한 측은 또 다른 집단의 의지를 업고 있는 듯하다. 그들이 추대한 태조대왕 궁(宮)은 호동과 같이 부여계 집단 출신 어머니를 두고 있다. 왕비를 배출한 혈족 집단의 정치력이 왕위 계승의 국면에서 줄곧 작용하는 긴장을 읽게 된다.

이러한 음미는 이 전승에서 발단하는 결이 다른 단서들의 일면에 불과하다. 사실 고구려 남쪽에 자리한 정치 집단의 실체를 '낙랑군'이 아니라 '낙랑국'이라 한 데서부터 논란이 될 만한 일이긴 하다. 이른바 한사군(漢四郡)의 존재와 그 가운데 낙랑군의 위치 문제는 우리 고대사 인식 전반에 막대한 규정력을 지닌다고 할 수 있다. 게다가 『삼국사기』에는 낙랑 왕 최리가 딸을 죽이고 나와 항복한 5년 뒤, 즉 대무신왕 재위 20년(37)에 "왕이 낙랑을 습격해 멸망시켰다"라고 하였다. 따라서 5년 전과 후의 낙랑(國)의 실체를 서로 분별하거나 반대로 동일시하기가 모두 쉽지 않은 문제이다.

또한 그로부터 몇 년 뒤에는 다시 "가을 9월에 한의 광무제(光武帝)가 군사를 보내 바다를 건너와 낙랑을 치고 그 땅을 빼앗아 군현을 만드니, 살수(薩水) 이남이 한에 속하게 되었다"라고 하였다.[42] 살수는 지금의 청천강(淸川江)을 이른다. 그렇다면 대무신왕이 장악한 낙랑과 광무제가 탈취한 낙랑은 과연 그 실체가 같은가 다른가? 혹시 살수를 포함한 남북 일대가 모두 낙랑이라는 지역 명칭으로 불렸던 것인가?

그림 13　평양 석암리 출토 낙랑의 도장, 국립중앙박물관

그림 14　평양 석암리 출토 낙랑의 봉니, 국립중앙박물관

숙제는 범람한다. 그러나 여기서는 낙랑을 비롯한 한 군현의 실제와 변천의 문제는 일단 논외로 하고, 호동을 중심에 둔 완결된 서사에 함축된 여러 단서들을 진단해 보는 데서 그치려 한다.

2 고대를 구성하는 풍경

1) 자연현상에 대한 설명

『삼국사기』와 『삼국유사』는 고대인들의 경험과 그에 대한 기억을 후대의 독자에게 매개하는 일차적 문헌이다. 그 가운데는 고대인들의 행위와 의지보다는 자연현상에 대한 관찰과 설명이 뜻밖에도 많은 분량을 차지하고 있다. 물론 지식의 발단 자체가 주변 세계에 대한 설명에서 비롯하는 것이고, 그를 위해 반복적인 경험 정보가 전승되고 누적되는 것임을 환기할 필요가 있다. 특히 농경을 바탕으로 정착 집단의 정치적 조직력을 키워 가던 단계에 일단 진입한 이상, 주요 생업 활동에 영향을 주는 자연 요소들에 대해 예민한 관심을 집중하는 것은 자연스러운 경향이기도 하였다.

태양의 상징성

자연의 여러 요소 가운데 가장 비중이 큰 것은 당연히 태양 자체일 것이다. 그리고 태양의 규칙적 움직임이 펼쳐지는 '하늘'의 공간에서 출몰하는 여러 현상들일 것이다. 선사시대의 암각화나 고대인들이 남긴 여러 도상에서도 태양을 상징하는 문양의 비중을 짐작하기 어렵지 않다. 고령의 양전동(良田洞) 암각화의 경우 금호강(琴湖江) 유역의 농경문화 유적과 유관한 것으로 추정되는데, 겹겹의 동심원(同心圓)들은 바로 태양을 연상케 하기에 충분하다.[43] 울산의 천전리서석(川前里書石) 상단에도 동심원이 보이며, 고구려의 여러 고분 벽화에서도 마찬가지이다.

그림 15 　장기리 알터마을 암각화, 경상북도 고령군

우리 고대사회에서 왕국들이 출현하게 된 이후에는 정치적 이념과 지향과 관련하여 이른바 천변(天變)은 더욱 주목의 대상이었다.

물론 『삼국사기』처럼 중세 지식인들이 편찬한 기록물들에는 기본적으로 고대의 중국에서 배태된 천문관이 주류를 형성하고 있다. 그러나 그 가운데는 삼국 각각의 독자적 관찰과 고유한 해석의 사례가 드물지 않다.[44] 한때 연구자들은 『삼국사기』의 일식(日蝕) 관련 정보들이 일괄 중국의 사서에서 옮겨 온 것으로 보기도 하였으나, 그것은 옳은 판단이 아니었다. 다만 상당한 관찰 정보와 그에 대한 보편적 해석들이 고대의 중국과 우리 고대인들 사이에 공유되어 있었을 뿐이다.

특히 태양이 곧 임금을 상징하는 것으로 받아들여지던 여러 사회에서는, 일식 현상에 대해 예민하게 관찰하고 기록을 남겼다. 한 예로 신라의 시조가 재위하던 기간 동안 일식을 비롯한 천변 관련 정보의 비중을 헤아려 본다.

4년(기원전 54) 여름 4월 초하루 신축에 일식이 있었다.

9년 봄 3월에 혜성이 왕량성(王良星) 자리에 나타났다.

14년 여름 4월에 혜성이 삼성(參星) 자리에 나타났다.

24년 여름 6월 그믐 임신에 일식이 있었다.

30년 여름 4월 그믐 기해에 일식이 있었다.

32년 가을 8월 그믐 을묘에 일식이 있었다.

43년 봄 2월 그믐 을유에 일식이 있었다.

54년 봄 2월 기유에 혜성이 하고성(河鼓星) 자리에 나타났다.

56년 봄 정월 초하루 신축에 일식이 있었다.

59년(2) 가을 9월 그믐 무신에 일식이 있었다.[45]

혁거세거서간은 기원전 57년에 즉위하여 재위 61년(4)까지 왕위에 있었다. 그 사이에 어떤 정보든 기록이 남아 있는 햇수는 21개였다. 그러므로 위에 인용한 10개, 즉 10년에 달하는 천변 기록은 정보의 개수로만 본다면 거의 절반에 근접하는 것이다. 물론 위에 예거된 사례가 60년 동안에 관찰된 모든 일식 및 천변 기록일 리는 없다. 마찬가지로 위에 예로 들지 않은 몇몇 해의 경우에는 인용한 정보들과 비교할 수 없을 정도로 많은 분량의 상세한 사건 정보들이 있기도 하다. 그러나 여하튼 일곱 차례의 일식 기사와 세 차례의 혜성 기사는 고대사회에서 차지하는 태양 혹은 천변에 대한 지대한 관심을 반영한다고 보아도 무방하다.

혜성이 출현한 왕량성, 삼성, 하고성 자리는 각각 동방, 서방, 북방을 상징하는 구역에 안배된 별자리 이름이다. 고대 중국에서는 하늘의 별들을 28개의 구역으로 구분하여 대표적인 별을 이른바 28수(宿)라고 불렀다. 그러므로 이들 별자리는 변하지 않는 것이나, 혜성은 이 정연한 질서의 배치에 문득 개입한 것이라 관찰자들의 주의를 끈다. 사람들은 28수의 유래와 분별에는 백도(白道, 천구상에 달이 그리는 공전궤도)를 따라 움직이는 달의 운동과 연관이 있을 것이라고 추측하듯이, 달의 운행 주기는 시간은 물론 하늘의 공간을 인식하는 데 중심적인 기준이 되었을 것이다. 특히 달의 운행 주기는 그 규칙적인 형태의 변화 가운데 법칙성과 운동성을 함께 포괄하는 것이었다.

달의 형상과 운행주기

그로 인해 고대인들은 달의 형태 및 그 변화의 방향과 관련하여 보편적인 의미를 공유할 수 있게 된다. 가장 저명한 사례는 아마 백제가 멸망하던 즈음의 한 대목일 것이다. 백제의 마지막 왕이었던 의자왕 말년의 일이다. 2월에 왕도 사비성(泗沘城)의 우물물이 핏빛이 되었는가 하면, 왕도를 끼고 흐르는 사비하(泗沘河, 백마강)의 물도 핏빛처럼 붉었다. 또한 사비하가 들어서는 서해 바다에서는 작은 물고기 떼가 물 밖으로 나와 죽었다. 죽음도 불사하고 뭍으로 몸을 드러내는 바다 생령들은 마치 서쪽에서부터 그들을 겁박하는 힘에 떠밀려 나오는 것처럼 비쳤음 직하다.

마침내 6월에는 왕흥사(王興寺)의 여러 승려들 모두가 마치 웬 배 돛대 같은 것이 큰물을 따라 절 문으로 들어오는 것을 보았으며, 들사슴처럼 생긴 개 한 마리가 서쪽에서부터 사비하 기슭으로 와서 왕궁을 향해 짖어 대더니 금세 사라져 버렸다. 백제의 왕흥사는 금강을 사이에 두고 부소산성(扶蘇山城)을 마주보는 강안(江岸)에 있었으므로 서해로부터 대규모의 선단이 사비하를 거슬러 왕도를 향해 밀려드는 환영은 조만간 당의 소정방(蘇定方)이 이끄는 대군의 공세를 명시적으로 예조하는 것이었다.

이처럼 시간이 흐를수록 불길하고도 혐오스러운 조짐들은 점차 더욱 노골적으로 왕조의 패멸을 지시하였다. 실제로 그 즈음 당의 선단은 13만 군사를 태우고 서해안을 따라 움직이고 있었으며, 신라의 선단 역시 21일에 덕물도(德物島), 즉 지금의 인천광역시 옹진군의 덕적도(德積島)에서 당(唐)군과 회동하여 사비성 공함의 전략을 논의하고 있었다. 마침내 백제의 궁성 안에서는 웬 귀신 하나가 출현하여 왕조의 패망을 직접 부르짖기에 이르렀다.

"백제가 망한다! 백제가 망한다!"

해석이 필요 없는 저주요, 경고다. 왕은 귀신이 사라져 들어간 곳의 땅을 파 보게 하였다. 깊이 3척쯤 되는 곳에 웬 거북 한 마리가 있었는데, 그 등에 "백제는 둥근 달과 같고 신라는 초승달과 같다"라고 쓰여 있었다. 왕이 무당에게 그 의미를 헤아리게 하자, 무당은 대답하였다.

> "둥근 달과 같다는 것은 가득 찬 것이니 가득 차면 이지러지
> 는 것이요, 초승달과 같다는 것은 아직 차지 않은 것이니 아
> 직 차지 않은 것이라면 점점 차게 되는 것입니다."[46]

이 또한 일상에서 누구나 경험한 바로서 의심의 여지가 없는 상식에 불과하다. 다시 말해 달의 주기적 형태 변화란 각별한 해석이 요구되지 않는 것이다. 정색하고 말하지 못하였을 뿐, 둥근 달로 비유된 백제는 이제 이지러질 일만 남은 것이고, 초승달로 대비된 신라는 바야흐로 점점 차오르게 될 것이었다. 과연 7월 9일 계백(階伯)이 이끄는 결사대가 황산(黃山)에서 김유신의 군사를 막아섰으나 사태를 수습하지 못하였다. 백제는 '둥근 달' 즉 이미 만월이었던 것이다. 마침내 7월 18일, 의자왕은 항복하였다.[47]

매우 유사한 논리가 고구려의 멸망 과정에서도 보인다. 『삼국 유사』에 인용된 『고려고기(高麗古記)』에는 이런 대목이 있다.

당 태종이 숙달(叔達) 등 도사 여덟 명을 보내 주었다. 왕은 기

뻐하여 절을 도관(道館)으로 만들고, 도사를 높여 유사(儒士)의 위에 앉게 하였다. 도사들은 국내의 유명한 산천을 돌아다니며 진압시켰다. 옛 평양성은 땅의 형세가 신월성(新月城)이므로 도사들이 주문으로 남하(南河)의 용에게 성을 더 쌓게 하여 만월성(滿月城)으로 만들고, 이로 인해 성 이름을 용언성(龍堰城)이라 하고 비결을 지어 용언도(龍堰堵) 또는 천년보장도(千年寶藏堵)라고 하였다. 혹은 영석(靈石)을 파서 깨뜨리기도 하였다.[48]

당나라의 도사들은 자신들을 파견한 태종의 본의에 부응하기 위해 적국 고구려에서 행동할 것이었다. 안타깝게도 이를 깨닫지 못하고 기뻐한 고구려 왕이 몽매할 뿐이었다. 이리하여 고구려의 산천들은 당나라 도사들의 방술로 일일이 억압되었으며, 본래의 위엄을 잃게 되었다. 특히 당의 도사들은 용을 부려서 본래 '신월'의 형세였던 평양성을 '만월'의 형세로 바꾸게 하였다. 신월과 만월의 차이란 백제의 멸망을 적시한 거북의 등에 선명하였던 초승달과 둥근 달의 맥락과 똑같은 것이다. 본래의 '신월'이 점차 밝음을 더해 갈 시작이라면, '만월'은 이제 이지러질 일만 남은 상태다. 이것은 천체의 운행 주기에 따라 피할 수 없는 운명적 귀결이다.

말하자면 적들은 고구려의 도성을 힘차게 차오를 신월성(초승달)에서 ─그것은 이를 축조한 고구려인들의 관념과 여망(輿望)을 담은 것이었다─ 오갈 데 없이 이지러지고야 말 만월성(보름달)으로 변질시켜 버렸다. 그리고 바로 그 때문에 고구려는 멸망하였다. 적어도『고려고기』의 문맥과 그에 담긴 고구려 멸망 당대의 사람들은 그렇게 여기고 설명하고 또 이를 수긍했던 것이다.

　물론 그로 인해 고구려가 멸망하였다는 설명은 오늘의 우리에게 설득력을 지니지 못한다. 더구나 고구려는 양원왕 8년(552)부터 새로운 도시 건설에 착수하여 평원왕 28년(586)에 장안성(長安城)으로 왕도를 옮긴 바 있지만, 그 이전의 대성산성(大城山城)과 안학궁(安鶴宮)으로 구성된 이른바 평양성의 체제는 신월의 형상과는 거리가 멀었다. 다만 새로 계획 건설한 장안성은 고구려의 왕도를 구성하는 전통적인 두 요소, 즉 평지성과 산성을 하나의 공간 구획에 아울렀으며, 대동강과 보통강을 끼고 축조된 견고한 나성(羅城)을 포함한 형태는 자못 신월의 형상에 가깝다고 이를 만하였다. 이 때문에 장안성의 최후를 설명하는 이들은 신월과 만월의 상징성을 동원하여 설득력을 갖추려 하였을 것이다.

　흥미롭게도 신라에도 신월성과 만월성이 있었다. 즉 신라에서는 혁거세거서간 21년(기원전 37)에 처음 궁성을 쌓아 금성(金城)이라

그림 16　월성 항공사진, 경상북도 경주시

고 하였다. 그 뒤 파사왕 22년(101)에는 금성의 동남쪽에 성을 쌓아 월성(月城) 혹은 재성(在城)이라고 불렸는데, 둘레는 1천 23보였다. 그리고 이 신월성 북쪽에 만월성이 있는데 둘레는 1천 8백 38보였다. 또한 신월성의 동쪽에는 명활성(明活城)이 있는데 둘레는 1천 9백 6보였다 한다. 신월성 남쪽에는 다시 남산성(南山城)이 있는데 둘레는 2천 8백 4보였다. 그런데 왕들은 시조 혁거세거서간 이래로 금성에 거처하다가 후세에 와서는 주로 신월성과 만월성에 거처하였다 한다.[49]

이처럼 신월성을 중심으로 시계 방향을 따라 만월성－명활성－남산성－금성이 옹위하고 있는 형국이니, 신라인들은 신월의 왕성 형태에 국운의 창성을 담고자 하였을 것이다. 다만 왕들은 어떤 경우에는 신월성이 아니라 만월성에 거처하였다. 왕들이 두 성에서 거처하고자 한 판단과 그 구체적 방식에는, 필시 신월과 만월에 담긴 상징이 고려되었을 게 틀림없다. 사실 달이 차고 이울어 가는 순환은 계절이 갈마드는 것과도 같아서, 신월과 만월은 이미 일상생활 가운데 하나의 기호가 되어 있었을 것이다.[50]

크게 보면 고대를 설명하는 천변 혹은 지변에 대한 세밀한 관찰과 그에 대한 의미의 부여란 천문과 지상의 정치 윤리를 연관하여 사유하는 유가적 세계관에서 비롯한 것이었다.[51] 『삼국사기』에 저처럼 큰 비중으로 해와 달과 별자리에 나타나는 비일상적 변화들이 기록되고, 또 반복적 관찰과 경험에 근거한 보편적 해석이나 의미 부여가 관류(貫流)하는 이유가 여기에 있다고 여긴다.

요컨대 중국 "춘추시대의 사관들은 천체의 운행은 신의(神意)의 표현이며, 개인의 운명과 국가의 흥망을 예고한다고 믿었다" 하며,

"그들의 천문 기록은 자연사가 아니라 인간 역사의 불가분한 일부였다. 그러나 이 천도(天道)는 신의 계시나 영감으로 획득된 것은 아니었으며, 실제 풍부한 경험과 선례에 대한 폭넓은 지식을 통하여 형성되기도 하였다"라고[52] 한 설명을 유념하는 것이다.

별이 떨어진 곳에는 유혈이 있다

그러므로 고대인들은 점차 자연현상에서 읽어 낸 천의(天意)에 능동적으로 대응할 수 있다고 여기게 되었다. 즉 천의는 인간의 행위와 의지를 요구하는 것일 수 있다. 김유신이 개입한 사례를 하나 본다.

신라 선덕왕(善德王, 재위: 632~647) 말년에 최상층 귀족인 상대등(上大等) 비담(毗曇)을 비롯한 유력 귀족들이 왕의 폐위를 목표로 대규모의 반란을 일으켰다. 월성의 왕군(王軍)과 명활성에 주둔한 반란군 사이에 열흘 넘게 시가전이 벌어졌으나 결말이 나지 않았다. 이때 하필 큰 별 하나가 왕성에 떨어졌다. 깊은 밤 자정 무렵 밤하늘에 선명하게 궤적을 긋는 낙성을 보고 비담이 사졸들에게 말하였다.

"내가 듣건대 별이 떨어진 아래에는 반드시 유혈이 있다 한다. 이는 아마 여왕이 패망할 조짐일 것이다."

이에 반란군의 사기는 충천하였다. "별이 떨어진 아래에는 반드시 유혈이 있다"라는 비담의 해석은 필시 그 당시 사람들 사이에 널리 공유되어 있는 인식이었을 것이다. 이와 관련하여 중국의 선례를 하나 들어 본다.

238년 봄, 위(魏)의 명제(明帝)는 사마의(司馬懿)를 파견하여 요동을 장악하고 있던 군웅 공손연(公孫淵)을 토멸케 하였다. 위나라 군사가 6월에 요동에 이른 뒤, 공손연의 형세는 날로 위태로워 갔다. 군량은 다하여 인육을 먹기에 이르렀고, 사상자와 투항자가 연이었다. 마침내 8월 들어 꼬리가 수십 장(丈)이나 되는 유성이 양평성(襄平城) 동남방에 떨어졌다. 그로부터 보름 뒤 공손연 부자는 더 이상의 수성을 포기하고 수백의 기병만을 수습하여 탈주를 감행하였다. 그러나 그들은 유성이 떨어진 바로 그곳에 이르러 위군의 공격을 받아 목을 베이고 말았다.[53]

여하튼 승리를 확신한 비담의 사졸들이 환호하는 소리가 땅을 뒤흔들었다. 반면에 반군의 함성 소리를 들은 왕은 어찌할 바를 몰랐다. 왕군을 지휘하던 김유신은 왕을 먼저 안도시키려 하였다.

91

2
고대를 구성하는 풍경

> "길함과 흉함은 정해진 것이 아니옵고 오직 사람이 불러들이는 바에 달려 있는 것이옵니다. 그러므로 은(殷)나라 주왕(紂王)은 봉황이 나타났음에도 망하였고, 노(魯)나라는 기린을 잡은 뒤에 쇠망하였으며, 은나라 고종(高宗)은 꿩이 울었음에도 흥하였고, 정(鄭)나라는 용들이 서로 싸웠음에도 창성하였던 것입니다. 그러므로 덕이 요망함을 이기는 것을 알 수 있으니, 별자리의 변괴 따위는 두려워할 것이 못 되옵니다. 왕께서는 근심하지 마소서."

김유신의 논변이 왕을 안도시켰는지 확실히 알 수는 없다. 그는 길함과 흉함의 나뉨이란 오직 사람이 불러들이는 바에 달려 있는 것이라고 주장하였다. 그렇게 보면, 그의 말은 천의로부터 독립된 인간중심적 사고로 읽힌다. 그러나 천의와 인간의 행위가 완전히 절연된 것은 아니다. 즉 봉황이 출현하는 것은 당연히 상서(祥瑞)겠지만, 은나라 말에 나타난 봉황은 은의 주왕을 위한 것이 아니라 주(周)의 문왕(文王)을 위한 것이었다. 마찬가지로 기린도 성인의 왕도(王道)를 예중하는 동물이긴 하나, 노의 애공(哀公) 14년에 출현한 기린은, 공자가 '획린(獲麟)'을 끝으로 그의 저술『춘추(春秋)』를 종결한 것처럼, 노나라의 현실과는 부합하지 않는다.

그와는 반대로 제사를 지내는 날 종묘의 솥에 올라앉아 우는 꿩은 불길하다. 은 고종이 성탕(成湯)에게 제사를 지내는 날에 꿩이 날아와 종묘의 솥귀에 올라앉아 울자, 불길하게 여겨 두려워하였다. 그러나 대신 조기(祖己)가 훈계하여 백성을 위해 진력하는 것이 하늘의 뜻을 이어받는 것이라고 진언하였다. 이에 고종은 정사를 바로잡고 어진 정치를 베풀어서 만백성이 기뻐하고 은의 정치가 다시 중흥되었다 한다.[54]

홍수가 나고 용들이 쟁투하는 현상도 공포와 위기를 고조시킨다. 춘추시대 정(鄭)나라 정공(定公) 때 나라에 홍수가 나고 용들이 도성의 시문(時門) 밖 유연(洧淵)에서 싸우자, 정나라 사람들이 액땜 굿을 하자고 청하였다. 그러나 자산(子産)은 이를 허락하지 않고 인간의 질서와 용의 그것이 무관하다는 점을 지적해 그만두게 하였다. 그리고 종래에 귀복(龜卜)이나 무사(巫師)를 통해 하늘의 의사를 받아 정치적 결정을 하던 것에서 탈피해 성문법을 근본으로 삼아서 합리주의적으로 국가를 통치하였다 한다.[55] 그러므로 은의 고종과 정의 정공은 혐오스럽고 불길한 흉조를 오히려 현실을 성찰하는 계기로 삼아 흥륭

(興隆)을 이루었다는 것이다.

요컨대 상서와 흉조 자체야 각각 천의를 반영한다. 다만 그에 대한 해석과 대응은 인간의 영역이라는 사고이다. 김유신은 왕을 안도시킨 다음, 허수아비를 만들고 불을 안겨서 연에 실어 날려 보냈다. 밤하늘에 떠오른 그 모습은 마치 별이 하늘로 올라가는 듯하였다. 다음 날 김유신은 사람들을 시켜 거리에서 소문을 내기를 "지난밤 떨어졌던 별이 다시 하늘로 올라갔다"라고 하였다. 적군들은 당연히 의구심을 품지 않을 수 없었다.

물론 더 큰 숙제이자 기대는 추락한 왕군의 사기 진작이었을 것이다. 두말할 필요 없이, 사건의 진상을 모른 채로 추락한 별이 다시 승천했다는 소문을 접하였을 경우라면, 전날 비담의 반란군들이 그러했던 것 못지않게, 아마 김유신 휘하 군사들도 격정적으로 환호하였을 것이다. 낙성은 이미 반복적으로 경험한 천체의 일탈 현상이지만, 떨어진 별이 다시 승천해 올라가는 일이란 누구라도 미처 상상하기 어려운 사태였을 것이기 때문이다. 이어 김유신은 흰 말을 잡아 별이 떨어진 곳에서 제사를 올리고 축문을 지어 축원하였다.

> "하늘의 도리로 말하자면 양은 굳세고 음은 유약하며, 사람의 도리로 말하자면 인군은 존귀하고 신하는 비천하나니, 진실로 이것이 뒤바뀐다면 크나큰 혼란일 것입니다. 지금 비담 등은 신하로서 인군을 모해하며 아랫사람으로서 윗사람을 침범하고 있으니, 이것은 이른바 난신적자(亂臣賊子)이오라 사람과 귀신이 함께 미워할 바요, 하늘과 땅이 용납하지 못할 바

이거늘, 이제 하늘이 마치 여기에 아무런 의지가 없는 듯하여 도리어 별의 괴변을 왕성에 나타내 보이시니, 이야말로 신이 의혹을 가져 깨닫지 못할 일이옵니다. 바라옵건대 하늘의 위엄으로써 사람의 행동거지에 따라 착한 이를 좋게 대하고 악한 이를 미워하시어, 신명의 부끄러움을 짓지 마소서."[56]

이윽고 김유신은 장군들과 병사들을 독려하여 비담의 반군을 공격하였다. 전날 밤의 낙성보다 더 각별한 '하늘의 뜻'이 이미 분명해진 이상, 승리를 확신한 국왕 측 군사 앞에 반군은 무력하게 궤멸되고 말았다. 일찍이 백제의 아신왕(阿莘王, 재위: 392~405)도 한산 방면에 출병하여 고구려를 치려다가 "큰 별이 군영 가운데 소리를 내면서 떨어지자 왕이 매우 언짢게 여겨 그만 중지하였다"라고 한다.[57] 요컨대 전장에서 조우하게 되는 낙성에 담긴 의미는 이처럼 이미 삼국의 주민들 사이에 충분히 보편적이었다.

이렇게 하여 신라 최대의 반란 사태는 마무리되었다. 낙성의 천변을 김유신은 천도(天道)의 논리를 들어 무화시킨 셈이다. 물론 낙성이 다시 하늘로 복귀할 길은 없다. 그러나 김유신은 낙성의 현상을 목격한 사람들이 파악한 천의가 마땅히 천도에 합당하도록 그가 할 수 있는 바를 다하였다. 김유신은 낙성이 당대인들에게 지시하는 바의 보편적 맥락을 반대하지 않으면서도, 그것을 그 자신의 지향과 의지에 부합시키는 데 탁월하였던 것이다.

2) 생태조건과 세계 인식

당연한 말이지만, 어떤 주민 집단이 처한 생태적 조건은 그들의 생업 전략에 직접적인 영향을 끼친다. 또한 그로 말미암아 이루어지게 되는 주요한 생업 활동은 그들의 일상을 규정하며 문화적 특질을 형성하기도 한다. 예를 들어 『삼국지』에서는 부여의 관명이 마가(馬加), 우가(牛加), 저가(猪加), 구가(狗加) 등 6축(六畜)의 이름에서 비롯하였다고 설명하였다. 이로부터 사람들은 부여의 경제 분야에서 차지하는 목축의 비중이 얼마나 컸는지 큰 어려움 없이 읽어 낼 수 있다. 또한 같은 책에서 고구려의 생태에 대해서는 이렇게 설명하였다.

> 큰 산과 깊은 계곡이 많고 벌판과 소택(沼澤)이 없어, 산골짜기를 따라 살면서 계곡 물을 마신다. 좋은 밭이 없어 비록 힘써 농사를 지어도 입과 배를 채우기에도 부족하였다. … 그 사람들은 성품이 흉급하였으며 노략질을 잘 하였다.[58]

저와 같은 설명은 아마 고구려의 중심지 환경에 대한 관찰에 근거하였을 것이다. 이 글이 작성된 3세기 중엽 이전 고구려의 왕도는 졸본성과 국내성으로서, 지금의 요녕성(遼寧省) 환인현(桓仁縣)과 길림성 집안시 일대였다. 오늘날 두 곳의 자연 환경을 떠올려 보면 어렵지 않게 글쓴이의 설명을 수긍할 수 있다. 더 나아가 가장 중요한 정보는, 고구려의 생태적 환경이 농업에 적합하지 않았다는 것이다. 입과 배를 채울 수조차 없는 생산력으로는 국가 조직이 건강하게 유지될 수 없는 노릇이다. 그로부터 말미암은바 주변 사회에 대한 노략 행위는 생존을 위한 필연적 귀결이었을 것이다.

많은 사람들이 동의하는 생각이지만, 한 국가의 중심지라면 두 가지 조건, 즉 군사적 방어의 측면과 경제적 생산성의 측면에서 유리한 조건을 갖추고 있어야만 한다. 이와 관련하여 생각해 보자면, 고구려가 지금의 환인현에 자리한 졸본성[오녀산성(五女山城)]으로부터 국내성으로 왕도를 옮긴 배경 또한 곧 그와 같은 두 가지 조건을 염두에 둔 것이었다.

돼지 사육과 양택(陽宅) 관념

유리명왕이 국내성으로 도읍을 옮기기 전 해의 일이다. 봄 3월에 교사(郊祀)에 쓸 돼지가 달아난 사건이 있었다. 교사란 본래 천자가 교외에서 천지의 신에게 드리는 제사를 말한다. 동지에는 남쪽 교외에서 하늘에 제사하고, 하지에는 북쪽 교외에서 땅에 제사한다. 그러나 고구려는 『삼국사기』에 보이듯이 봄 3월에도 교사를 지냈던 것 같다. 이 점은 뒤에 이야기하겠지만, 온달이 참여하여 뛰어난 역량을 입증하게 된 계기가 제천을 위한 사냥 행사였던 사실을 환기하게 한다. 즉 『고기』의 기록에 의하면, "고구려에서는 늘 3월 3일에 낙랑의 언덕에 모여 사냥해서 돼지와 사슴을 잡아 하늘과 산천에 제사를 지냈다" 한다.[59] 그러므로 교사를 앞두고 달아난 돼지란 이 봄날의 행사에서 마련된 희생물이었을 가능성이 크다.

여하튼 왕은 달아난 돼지를 잡아 오기 위해 희생을 관장하는 설지(薛支)로 하여금 달아난 돼지를 쫓게 하였다. 설지는 국내(國內) 지역의 위나암(尉那巖)이라는 곳까지 가서야 돼지를 붙잡았다 한다. 오늘날의 환인현과 집안시는 직선거리로는 100킬로미터 남짓 떨어져 있지만, 험준한 산지를 피해 우회하는 자동차 도로로 세 시간여 걸리는 거리에 있다. 설지가 돌아와 왕에게 보고하였다.

그림 17　환도산성(위나암성), 중국 길림성 집안시

"제가 돼지를 쫓아 국내 위나암에 이르렀는데, 그 산과 물이 깊고 험한 데다 토양은 오곡을 경작하기에 알맞고, 게다가 고라니와 사슴과 물고기와 자라 등 산물이 많은 것을 보았습니다. 왕께서 만약 그곳으로 도읍을 옮기신다면 백성들의 복리가 끝없을 뿐만 아니라, 또한 전쟁의 환란을 면할 수 있을 것입니다."[60]

설지는 위나암 지역이 지형과 지세로 보아 전쟁의 환란을 극복하기에 유리하다는 점과, 오곡을 경작하기에 알맞은 토질을 갖추었다는 점을 강조하여 보고하였다. 전자는 군사적 측면이요, 후자는 경제적 요소이다. 그런데 설지는 경제적 측면을 거론하면서 오곡의 경작을 들어 수월한 토지 생산성을 환기하는 동시에 "고라니와 사슴과 물고기와 자라 등"의 산물이 풍부하다는 점을 강조하였다. 이것은 고구려의 생업 경제에서 토지 생산력 이외에 수렵과 어로가 차지하는 비중을 웅변한다. 다시 말해 고구려 중심부의 토지 생산력이 열악한 한편, 그런 만큼 수렵과 어로의 경제적 비중 또한 적지 않았음을 반영하는 것이다. 그리하여 유리명왕은 1년의 준비 끝에 국내 일대로 도읍을 옮기게 하고 위나암성을 쌓기에 이른다.

결과적으로 말하자면, 장차 400여 년 동안 고구려의 수도로 번성할 장소를 돼지가 매개하였다. 여기에는 오랫동안 축적된 돼지 사육의 경험에서 비롯한 최적의 생태조건 선정의 관념이 투사되어 있다. 돼지 사육을 위해 고려해야 할 서식지 조건들은 소나 말의 경우보다 인간의 주거 환경 조건과 공유할 요소가 한결 더 많다. 돼지가 섭취하는 음식물의 형태와 범위 역시 다른 동물들보다 사람들의 식량 자원과 차이가 적은 편이다. 다시 말해 돼지가 살기 좋은, 돼지 사육에 적합한 곳은 사람이 살기에도 맞춤인 곳이다.

『고려사(高麗史)』에 인용된 김관의(金寬毅)의 『편년통록(編年通錄)』에 의하면 태조 왕건의 조부모는 작제건(作帝建)과 서해 용왕의 딸인 용녀(龍女)였다. 용왕은 신혼의 그들에게 칠보(七寶)보다 더 귀한 돼지를 주었다. 이 돼지가 작제건 부부로 하여금 송악(松岳)의 남쪽 기슭에 집을 짓도록 안내하였다. 즉 돼지는 장차 삼한을 일통할 왕건과 그의 아버지 용건의 출생을 위해 최적의 양택(陽宅) 자리를 가려 주었다는 논리이다.[61] 이는 고구려 이래로 거듭된 돼지 사육의 경험에서 자연스럽게 파생된 관념일 것이다. 돼지 서식의 최적지는 곧 사람의 주거로서도 필요한 요소들을 구비한 곳이었던 까닭이다.

목축, 수렵, 어로

사슴과 돼지를 비롯한 사냥물들은 물론이지만, 부여를 탈출하는 주몽을 보위해 낸 수중 생물들 또한 광개토왕비와 후대의 여러 문자 정보들 사이에서 다름없이 확인되는 인상적 존재들이다. 그런 만큼 수렵과 어로는 고구려 초기의 생업 경제에서 간과할 수 없는 비중을 차지하였을 것이다. 주몽의 일대기를 그린 「동명왕편」에도 초기 고구려 사회의 생태 환경과 그로 말미암은 생업 조건을 암시하는 서사가 눈길을 끈다.

즉 천제의 아들 해모수가 중매와 혼인 의례를 갖추지 않은 채로 하백의 딸인 유화를 취한 사건이 발생하였을 때다. 분노한 하백의 질책을 받은 해모수는 일단 혼인 요청을 빙자하였다. 하백은 사위될 이의 자질을 시험하기 위해 해모수로 하여금 하늘의 아들임을 입증할 것을 요구하였다. 이 대목의 분분한 변신의 대결을 이규보는 이렇게 노래하였다.

漣漪碧波中 넘실기리는 푸른 물걸 속에
河伯化作鯉 하백이 변화하여 잉어가 되니
王尋變爲獺 왕이 변화하여 수달이 되어
立捕不待跬 몇 걸음 못 가서 곧 잡았다

又復生兩翼 또 다시 두 날개가 나서
翩然化爲雉 꿩이 되어 훌쩍 날아가니
王又化神鷹 왕이 또 신령한 매가 되어
搏擊何大鷙 쫓아가 치는 것이 어찌 그리 날랜고
彼爲鹿而走 저편이 사슴이 되어 달아나면
我爲豺而趣 이편은 승냥이가 되어 쫓았다
河伯知有神 하백은 신통한 재주 있음 알고
置酒相燕喜 술자리 벌이고 서로 기뻐하였다[62]

하백과 해모수는 각각 잉어와 수달, 꿩과 매, 사슴과 승냥이로 현란하게 변신하면서 겨루었다. 신성성의 우열을 가늠하기 위한 겨룸의 맥락과는 별도로, 잉어와 꿩과 사슴은 필연적으로 고구려인들의 일상적 생업에 긴요한 식량 자원을 대변한다고 보아도 무방할 것이다.

우여곡절 끝에 해모수는 뒤늦게나마 혼인 의례를 갖추었음에도 불구하고 끝내 유화를 지상에 남겨 두고 하늘로 귀환하고 말았다. 치욕을 당한 하백은 딸을 추방하였다. 유화는 부여 왕 금와(金蛙)에게 거두어져 별궁에 유폐되었다. 얼마 후 왼편 겨드랑이로 알 하나를 낳았는데 크기가 닷 되[五升]들이 만하였다. 신라인들이 시조 박혁거세와 함께 두 성인으로 받들었던 왕비 알영 역시 용의 오른편 옆구리에서 태어났던 것을 기억한다.

금와왕은 유화가 분만한 알을 혐오스럽게 여겨 마구간에 버렸으나 말들이 밟지 않았다. 깊은 산에 버렸더니 모든 짐승이 보위하였으며, 구름 끼고 음침한 날에도 알 위에 항상 햇빛이 서려 있었다. 주몽의 탄생 관련 전승의 원형이라 할 수 있는 부여의 동명 전승에서도 돼지우리에 버려진 갓난아이에게 돼지들이 입김을 불어 주었으며, 마구간에 버렸더니 말들 역시 입김을 불어 죽지 않게 했다고 한다.

이로부터 태어난 주몽에게 금와는 말을 기르게 하였다. 장성한 주몽은 울울하였다. 아들의 욕망을 확인한 어머니 유화부인은 아들의 앞날을 위하여 비상한 통찰력을 발휘하였다. 고구려 창국의 발단은 아래와 같은 모자의 대화였다.

"저는 천제의 손자인데 남의 말이나 기르고 있으니 사는 것이 죽는 것만 못합니다. 남쪽 땅에 가서 나라를 세우려 하나 어머니가 계셔서 마음대로 못합니다."

"이야말로 내가 밤낮으로 부심하던 일이로다. 내가 들으니 먼 길을 가려는 이에게는 반드시 준마가 있어야 한다고 하거니와, 내가 말을 고를 수 있다."

유화부인은 곧 목마장으로 가서 긴 채찍으로 어지럽게 때렸다. 여러 말이 모두 놀라 달아나는데 한 마리 붉은 말이 두 길이나 되는 난간을 뛰어넘었다. 주몽은 이 말이 준마임을 알고 ―아마 어머니의 지시에 따라― 가만히 바늘을 혀 밑에 꽂아 놓았다. 그 말은 혀가 아파서 물과 풀을 먹지 못하여 매우 야위었다. 왕이 목마장을 둘러보다가 여러 말이 모두 살찐 것을 보고 크게 기뻐하면서 야윈 말을 주몽에게 주었다. 주몽이 이 말을 얻고 나서 꽂아 두었던 바늘을 뽑고 다시 먹였다고 한다. 이 말이 본래의 뛰어난 자질을 회복하여 뒷날 부여를 탈출하는 주몽의 발이 되었다. 요컨대 유화부인은 장차 아들의 대업을 위해 그녀의 말에 대한 통찰력을 발휘하였던 것이다.

강의 주인으로서 수중 생물들을 장악하는 하백의 딸이 목마의 영역에 대한 경험적 지혜를 구비하고 있었다는 것은 얼른 납득하기 어려운 점이 있기는 하다. 그러나 수렵과 어로의 경제적 비중이 적지 않은 사회에서 여성의 노동력이 목축의 영역에 개입하는 것은 어쩌면 자연스러운 현상이라고 할 수 있겠다. 남성들이 식량 자원의 획득과 집단의 보위를 위해 떠나 있는 동안, 여성들은 주거공간에서 가축들을 포함한 자산의 관리와 일상의 영위를 장악해야 하였다.

목마(牧馬)의 영역과 여성

훨씬 후대의 전승 가운데 여성과 목마, 혹은 말에 대한 여성의 통찰력을 증언하는 사례가 또 있다. 저 유명한 평강공주(平岡公主)와 바보 온달(溫達)의 이야기가 그것이다. 그 이야기에는 바보로 소문난 온달을 뛰어난 장군으로 조련한 평강공주를 중심으로 서사의 계기들이 작동하고 있다. 이야기는 고구려 평강왕(平岡王), 즉 6세기 후반의 평원왕(平原王, 재위: 559~590) 때를 배경으로 한다. 널리 알려져 있듯이 왕은 걸핏하면 울어 대는 어린 공주를 희롱하였다.

"네가 늘 울어 대서 내 귀를 시끄럽게 하니 자라면 반드시 사대부의 아내가 되지 못하고 마땅히 바보 온달에게나 시집가리라."

그 후 공주 나이 열여섯이 되어 상부(上部)의 고씨(高氏)에게 시집보내고자 하였다. 왕실의 혼인은 그 자체가 정치 행위의 연장이기 십상이다. 예컨대 중천왕(中川王, 재위: 248~270)이 공주를 연나부(椽那部) 소속의 명림홀도(明臨笏覩)와 혼인시킨 것은 당시 최고의 정치력을 발휘하고 있던 연나부의 위상을 고려한 것이다.

그런데 평원왕의 딸은 이를 완강하게 거부하였다.

"대왕께서 늘 말씀하시기를 '너는 반드시 바보 온달의 아내가 될 것이다'라고 하시더니, 이제 무슨 까닭으로 이전의 말씀을 바꾸십니까? 필부도 오히려 식언(食言)하지 않으려 하거늘 하물며 지극히 존귀한 왕께서야 더 말할 나위가 있겠습니까? 그러므로 '임금에게는 농담이 없다'라고 하였습니다. 지금 대왕의 명령은 잘못된 것이므로 저는 감히 받들어 따르지 못하겠나이다."

당돌한 공주의 태도에 왕은 당황하였고 곧 격분하였다. 비슷한 전례로, 중국의 주나라 성왕(成王)이 오동잎을 어린 동생에게 주면서 장난으로 "이것으로 너를 후(侯)에 봉하리라"라고 했다는 고사를 환기한다. 이때 마침 성왕의 숙부인 주공(周公)이 들어와 그 책봉을 치하하자 당황한 성왕이 "장난이었다"라고 변명하였다. 그러나 주공은 "천자는 농담을 할 수 없다"라고 하여, 끝내 어린 아우를 당(唐)에 봉해주었다고 한다.[63]

공주가 당돌하게도 주공의 태세로 부왕과 맞서는 이 대목을 전근대의 많은 구연자들과 청자들은 뜨겁게 사랑하였을 것이다. 그것이 곧 6세기를 배경으로 한 이 이야기가 수백 년 동안 확산되고 전승되면서 마침내 『삼국사기』에 정착하게 된 동력이었다. 절대적 권위의, 그러나 궁색해진 왕에게 선택의 여지는 너무 좁았다.

"네가 내 가르침을 따르지 않으니 진정 내 딸이 될 수 없도다. 어찌 함께 살겠느냐? 마땅히 너 갈 대로 가거라."

가족 구성원의 지위를 박탈하는 파문이다. 유화부인 역시 아버지 하백으로부터 친족 구성원의 자격을 박탈당한 바 있다. 고집스러운 공주는 보석 팔찌 수십 매를 챙겨 궁궐을 나섰다. 그리고 우여곡절 끝에 극빈 상태의 온달을 만나 당차게 혼인 생활을 영위하였다. 그 후 온달은 3월 3일 낙랑 지역에서 거행된 국가적 수렵 행사에서 탁월한 기마술로 왕의 눈에 띠게 되었다. 집단 사냥 행위 자체가 일종의 군사훈련의 일환이었던 것처럼, 말을 능숙하게 탄다는 것은 뛰어난 전투 능력을 증명하는 것이다. 마침내 후주(後周, 북주) 무제(武帝)의 군사를 물리치는 데 혁혁한 공을 세운 온달을 두고, 왕은 "이야말로 내 사위로다!" 하며 기꺼워하였다 한다.[64]

이처럼 온달이 정식 부마도위가 될 수 있었던 직접 계기는 그의 탁월한 기마 능력이었다. 다만 거기에는 온달의 기마술과 함께 그가 타는 말의 탁월한 자질이 반드시 구비되었어야 한다. 그런데 그의 말은 공주의 판단으로 선택되었다. 온달을 시켜 말을 구입하게 할 때 공주는 이렇게 당부하였다.

"삼가 시장 사람의 말을 사지 마시고, 모름지기 국마(國馬) 가운데 병들고 파리해져 내쳐진 말을 골라 사십시오."

온달이 그 말을 따랐다. 게다가 이렇게 구입한 말을 부지런히 길러서 늠름한 준마로 만든 것도 공주였다. 그러므로 온달을 온달이게 한 것은 공주의 재력과, 특히 말의 자질을 알아보는 그녀의 통찰력이었다. 일찍이 유화가 그녀의 아들 주몽의 앞길을 위해 준마를 야위게 하였다가 회복시켰던 일을 환기한다. 더구나 평강왕의 어린 공주는 어떻게 "국마 가운데 병들고 파리해져 내쳐진 말"이 있을 것을 알았던 것일까?

국마란 필시 왕실을 위해 특별히 가려지고 관리되던 준마를 가리키는 것이라고 생각한다. 그러므로 그들 가운데 기량이 미치지 못하거나 쇠미해진 말들은 주기적으로 폐기되어 궁 밖의 시장 거래로 방출되는 체제가 작동되었을 것이다. 추론을 좀 더 과감하게 밀어가자면, 궁을 떠나기로 작정한 공주는 국마들 가운데 눈여겨 둔 말에게 어떤 은밀한 조치를 해 두었을지도 모른다. 그 경우 공주는 그와 같은 목마의 영역에 충분히 익숙했을 것이며, 그것은 유화가 그러하였듯이, 부여와 고구려의 생업 경제에서 가축의 사육과 관련한 여성의 역할에서 비롯한 것이었다고 여긴다.

요컨대 문자 기록에 의할 경우, 부여와 고구려의 두 여성은 모두 말에 대해 비상한 준별 능력을 지니고 있었다. 유화부인은 장차 아들의 장도(壯途)를 예비하여 준마를 가려내 일부러 야위게 만드는 계략을 솔선하였다. 평강공주 역시 이른바 국마의 관리 방식과 처리 과정을 숙지하여 온달의 입신에 결정적으로 기여하게 되는 말을 구입하고 길러 냈다.[65]

이러한 서사들은 물론 전승자들의 상투적인 설화 모티프일 수도 있다.[66] 혹은 여성보다는 주인공 남성의 기마 능력과 관련 직분을 암시하는 것일 수도 있다.[67] 그러나 여하튼 그것들은 일단 고구려의 일상 속에서 차지하는 목마의 비중이 컸다는 사실을 반영한다. 다만 유화부인의 판단은 아들 주몽을 위해 기여한 반면, 평강공주의 통찰력은 남편 온달을 위해 동원되었다. 이 차이의 맥락은 생산 경제 토대의 변화와 친족 집단 단위의 분화, 특히 직계 가부장 중심의 생업 활동과 가족 윤리의 강화 방향과도 부합하는 것이라 충분히 주의할

2
고대를 구성하는 풍경

만하다.

　신라 진평왕 시절을 배경으로 한 설씨(薛氏) 여인과 왕도의 사량부(沙梁部) 출신 청년 가실(嘉實)의 혼인 이야기에서도 주의를 끄는 요소가 보인다. 설씨는 대개 신라의 육두품에 속하는 성씨로 알려져 있으나, 『삼국사기』「열전」에 소개된 설씨 여인은 지극히 집이 가난하였다 한다. 그녀의 아버지가 군역에 동원되었는데, 설씨를 연모하던 가실이 대신 복무하기로 한 덕에 설씨 여인과 혼약을 맺게 되었다. 이 혼인관계의 약정은, 역시 가난하기 짝이 없는 가실이 여성 측에 자신의 노역을 제공한 대가처럼 보인다. 그러나 가실은 장인의 군역을 대신 감당하기 위해 떠나면서 다시 말 한 필을 약혼자에게 주었다.

　"이 말은 천하에 좋은 말인데 뒤에 반드시 쓰임이 있을 것입니다. 지금 나는 걸어서 떠나는 터라 말을 길러 줄 사람이 없으니, 여기 남겨 두어 부리기를 바랄 뿐입니다."[68]

　가실의 경제력을 의심할 필요는 없을지 모르나, 그가 실질적인 혼인관계의 완결에 앞서 말을 여성 측에 제공하였다는 점 역시 주의해야 옳겠다. 뒤에 더 자세하게 생각해 보겠지만, 이 말은 부여나 고구려에서 그러했던 것처럼 일종의 혼인 재화일 수도 있다.

　어쨌든 3년을 기약하고 떠난 가실이 6년을 채우고도 돌아오지 않자 여인의 아버지는 딸을 다른 이에게 시집보내려 하였다. 여인은 가실과의 신의를 들어 아버지의 결정을 완강하게 거절하였다. 특히 그녀가 마구간에 가서 가실이 남겨 두고 간 말을 보고 크게 탄식하면서 눈물을 흘렸다는 서사를 주목한다. 이 경우 말은 가실과 설씨 여성의 실질적 혼약의 증거이다. 아울러 설씨는 그 말을 양육하는 주체였을 것이다. 따라서 이 또한, 명백한 반증이 없는 한, 목마의 영역과 여성의 역할을 연계해 볼 만한 사례로 여길 수 있겠다고 생각한다.

3) 고대국가 신화의 서사

문헌 정보들에 담긴 서사적 계기들에 고대인들의 주변 인식과 일상 경험이 작용하고 있다는 것은 고대국가들의 건국과 관련한 신화적 전승에서도 확인할 수 있는 사항이다. 앞에서 주몽의 탄생과 성장에 이르는 과정에서 유화의 통찰력과 함께 목축의 비중 따위를 헤아려 보았듯이, 주몽의 고구려 건국 전승의 몇 국면을 먼저 분석해 보기로 한다.

하늘의 아들, 하백의 외손

사실 주몽이 천제의 아들 해모수와 하백의 딸 유화 사이에서 태어났다는 것 자체가 이미 고대인들의 세계 인식을 정확하게 반영하는 것이다. 천제란 일월성신(日月星辰)이 자리하여 법칙적 운행을 하는 가운데 여러 방식의 변전을 통해 농경과 그 풍흉을 비롯하여 고대인의 일상에 직접 개입하기도 하는 이른바 천문(天文)의 주재자이다. 광개토왕비에서는 주몽을 '황천지자(皇天之子)'라고 하였으며, 역시 5세기 고구려의 귀족인 모두루(牟頭婁)의 묘지(墓誌)에서는 '일월지자(日月之子)'라고 하였다. 중국의 『위서』에서도 주몽은 스스로 '일자(日子)'를 자부하였다.[69]

그런가 하면 하백은 강, 특히 황하를 주재하는 신이다. 『장자(莊子)』에는 넓고도 큰 가을철 황하의 물줄기를 설명하기 위해 강 이편에서 저편에 있는 것이 소인지 말인지 분간할 수 없을 정도라고 하였다.[70] 이 말은 물론 바다에 이르러 자기 정체성을 지키지 못하고 만 하백의 협착함을 이르기 위한 역설이긴 하지만, 그와 함께 반복적으로 땅 위를 휩쓸어 버리는 황하의 위력에 대한 경험적 토로이기도 하다. 따라서 주몽은 하늘과 지상의 가장 큰 위엄과 위력이 응결해 낳은 존재가 되는 것이다.

고구려인들은 이처럼 자신들의 위대한 시조의 존엄과 거룩함을 일상의 구체적 경험을 바탕으로 설명하였다. 다만 시조를 '황천' 혹은 '일월'의 아들이라 한 것은 기본적으로 고구려 사회의 부계 출자 인식에서 비롯한 표현들이다. 그러나 구체적 일상이란 하늘의 법칙보다는 한결 더 지상의 논리에 의해 규정되는 법이다. 주몽이 부여의 추격군을 벗어나는 대목을 들어 이 점을 생각해 본다.

어머니 유화가 예비해 준 준마를 타고 남쪽으로 탈출하는 도중에, 주몽 일행은 큰 강을 만났다. 건널 방도가 없다. 광개토왕비에는 위기에 처한 주몽이 이렇게 말하였다고 전한다.

"나는 바로 황천의 아들이요 어머니는 하백의 따님이신 추모왕(鄒牟王)이다, 나를 위해 갈대를 잇고 거북을 띄워 올려라!"

저와 같은 말이 떨어지자마자 갈대가 이어지고 거북이 물 위에 떠올라 주몽 일행은 강을 건널 수 있었다. 같은 대목을 『삼국사기』 편찬자들은 이렇게 기록하였다.

"나는 천제의 아들이요 하백의 외손자이다, 오늘 도망하는 길인데 뒤쫓는 이들이 거의 닥쳐오니 어찌하면 좋겠는가?"

　　이에 물고기와 자라가 떠올라 다리를 만들어 주어 주몽 일행이 건널 수 있었으며, 이내 물고기와 자라가 흩어져 버려 쫓아오던 기병들은 건너지 못하였다. 「동명왕편」에서도 주몽이 활로 물을 치자 물고기와 자라가 떠올라 다리를 이루어 주었다고 한다.

　　이처럼 어느 경우든 주몽의 위기를 구해 준 것은 수중 생물이었던 것으로 묘사되었다. 수중 생명체들은 하백의 권능하에 있다. 하백은 "물을 나라로 삼고 물고기와 자라를 백성으로 삼는" 존재로 알려져 있다.[71] 천제나 햇빛으로 상징되는 하늘의 영역은 주몽을 잉태하게 한 연원이었긴 하지만, 그의 장도를 준비하고 위기를 도운 것은 하백의 권속들이었던 것이다. 그 이유는 아마 인간의 구체적 일상이 영위되는 지상의 경험은 당연히 지상의 논리로 설명할 수밖에 없기 때문일지도 모른다.

　　그렇지만 물고기와 자라 및 거북 등이 수면 위에 떠올라 서로 몸을 잇고 강안의 물풀들이 엉겨 맺어지면서 다리를 이루었다는 것은, 그리고 주몽 일행이 그렇게 만들어진 다리를 밟고 강을 건넜다는 것은, 두말할 필요도 없이 지극히 비현실적이며 자연법칙에 반하는 것

그림 18　광개토왕비, 중국 길림성 집안시

이다. 그러나 고구려인들과 그들의 설명을 공유하고 전승해 온 이들은, 그와 같은 서사를 고구려 건국 주체 집단이 실제로 경험한 바라고 말한다. 그리고 그렇게 믿었다. 그들은 위대한 시조 주몽이 하백의 외손이기 때문에 그러한 이적이 가능하였다고 여겼던 것이다. 다시 말해 수중 생명체들의 비경험적 양태는 당연히 하백이 자신의 외손자를 위해 권능을 발휘했기 때문이었다. 오늘날 우리들에게 낯선 이 설명은, 고대인들에게는 비교적 명료한 인과관계로 받아들여졌을 것이다.

주의할 것은 물고기와 자라, 거북 따위가 다리를 이루어 그들을 밟고 강을 건널 수 있었다는 설명이 지니는 설득력의 문제이다. 이 신화적 상상력의 근거는 실제의 관찰과 경험일 것이다. 바다거북이나 연어를 비롯한 특정 어족의 경우, 산란을 위해 민물의 상류로 혹은 뭍으로 회귀하는 습성을 지니고 있다. 북미 대륙의 콜로라도강을 역류해 상류로 회귀하는 붉은 연어(sockeye salmon) 떼가 강폭을 핏빛으로 물들이는 광경은 널리 알려져 있다. 마찬가지로 산란과 부화를 전후한 시기에 모래사장을 까맣게 뒤덮는 바다거북의 인상적인 행렬도 떠올려 볼 일이다.

요컨대 큰 강을 끼고 문명을 일구어 왔던 고구려인들은 수중 생명체들의 생태와 주기적 행동을 반복적으로 관찰하는 가운데, 운집한 저들을 밟고 강을 건널 수도 있겠다는 상상을 하였을 것이다. 강안에 빽빽이 엉키고 우거진 수초들의 경우는 실제로 움푹움푹 밟으며 몇 걸음을 떼기에 어렵지 않은 것을 경험할 수 있다. 하물며 천제와 하백이 보위해 주는 시조의 신성함을 위한 예증으로는 오히려 당연한 서사일 뿐이다. 의심할 만한 여지가 없어 보인다. 그러므로 이 비합리적 이야기야말로 고대인들의 일상 경험과 그에 기초한 세계 인식을 가감 없이 반영하고 있는 것이다.

아버지의 결여 혹은 모호함

한편 사람들은 주몽의 부(父)로서 해모수의 존재는 원래의 건국신화에는 없었다가 후대에 덧붙여진 것이 아닐까 생각하기도 한다. 그 이유로는, 우선 하늘의 영역을 구체적 일상 가운데 개입시켜 설명하기가 쉽지 않았기 때문이었던 듯하다. 그와 함께 실제 고대인들의 일상에서 부성, 즉 부계의 비중과 역할이 어떠하였는지도 생각해 보아야 할 일이다. 이미 말한 바와 같이 주몽의 성장과 건국에 해모수가 기여한 바는 없다.

주몽의 아들로 설정된 유리 역시 주몽과 마찬가지로 오직 홀로 남은 어머니와의 유대 속에서 장성하였다. 주몽은 부여를 떠나면서 아내 예씨(禮氏) 부인을 통해 태중의 아이가 해결해야 할 숙제를 남겼다.

"내가 일곱 고개, 일곱 골짜기 돌 위 소나무에 물건을 감추어 둔 것이 있으니 이것을 찾아낼 수 있는 이라야 내 아들이다."

뒷날 장성한 유리가 깨달았다.

"일곱 고개, 일곱 골짜기라는 것은 일곱 모서리이고, 돌 위 소나무라는 것은 기둥이다!"

그러나 유리가 막상 주몽이 자기 아들의 신표로 여기겠다고 약속한 부러진 칼 한 조각을 찾아 고구려에 찾아왔을 때의 장면은 그

의미가 간단치 않다. 어쩌면 이들을 부자관계로 헤아리기에는 지나치게 긴장되고도 함축적인 흐름이 감추어져 있는 듯하다. 우선 만남의 첫 장면에서, 유리가 가져온 칼 조각을 주몽이 지니고 있던 칼 조각과 합하자 칼에 피가 흐르면서 양편이 이어졌다. 그 자체로는 두 사람이 혈육의 관계에 있음을 상징하는 것이겠다.

그러나 주몽은 애초에 그가 부여를 떠나면서 남긴 약속과는 달리 피가 흐르는 칼을 확인하고도 유리에게 다른 증거 능력, 즉 자기 아들이라면 마땅히 지니고 있어야 할 또 다른 신성(神聖)의 자질을 요구하였다. 이에 유리는 몸을 공중에 솟구쳐 들창 너머 태양에 가까이 이르는 이적을 보이고서야 주몽의 인정을 받았다. 더구나 이들이 이렇게 상봉한 것이 4월인데, 그해 9월에 주몽이 죽고 말았다. 그리하여 유리가 왕위에 올랐다. 이 불친절한 기록에는 어딘지 두 사람의 갈등이 잠복해 있는 듯하다. 다른 무엇보다도 주목할 사항은 주몽이 고구려를 건국한 이후 19년 동안, 유리와 그의 어머니는 주몽의 관심과 보호로부터 유리되어 있었다는 사실이다.

유리의 등장은 다시 주몽의 다른 아들들인 비류와 온조 형제의 이탈을 초래하였다. 온조를 시조로 설정한 백제 건국의 전승에 의하면, 이들 형제는 주몽의 친아들들이다. 『삼국유사』왕력에는 이를 염두에 두어 온조를 "주몽의 셋째 아들"이라고 한 바 있다. 이와는 달리 비류를 시조로 설정한 전승에서는, 주몽이 왕비로 맞이한 소서노(召西奴)가 전남편 우태(優台)와의 혼인관계에서 낳은 아들들이었다. 그러나 이 전승에서도 주몽은 이들을 자기 아들인 양하였다고 한다. 다만 『삼국사기』를 비롯한 여러 문헌들은 온조를 중심으로 한 백제사

인식을 중심으로 삼고 있다.

매우 작위적인 설정이긴 하지만, 여하튼 여러 기록들에 의하면, 유리의 등장으로 인하여 비류와 온조 형제는 고구려를 떠나 그들의 새로운 왕국을 건설하였다는 것이다. 이 공교로운 혈연관계의 진위 여부에 대한 판단은 보류하더라도, 유리의 즉위에서와 마찬가지로 비류와 온조 형제 역시 어머니를 모시고 주저함 없이 아버지의 나라를 떠났다. 다시 말해 백제의 건국에 그들 형제의 부계가 기여한 바는 어디에서도 발견할 수 없는 것이다.

고구려와 백제의 건국 과정에는 그나마 지상의 논리가 일상의 경험을 토대로 분석의 단서를 남기고 있지만, 신라의 경우는 부성과 모성이 모두 불투명하다. 예컨대 시조 혁거세거서간은 말이 보호하거나 안내한 알로부터 태어났다.

> 고허촌장(高墟村長) 소벌공(蘇伐公)이 양산(楊山)의 기슭을 바라보니 나정(蘿井) 옆의 숲 사이에 웬 말이 꿇어 앉아 울고 있는 것이었다. 다가가서 보자 (말이) 홀연히 사라져 보이지 않고 큰 알만 하나 있었다. 알을 가르자 그 속에서 한 어린아이가 나오므로 거두어 길렀다. 나이 10여 세가 되자 뛰어나게 숙성하였다. 6부의 사람들은 그의 출생이 신이하다 하여 받들어 높이더니, 이때 와서 그를 옹립해 임금으로 삼았다. 진한(辰韓) 사람들은 '호(瓠)'를 '박(朴)'이라고 하는데, 처음 그가 나온 큰 알이 박과 같은 모양이었기 때문에 성을 박씨로 하였다. 거서간이란 진한 말로 왕을 이른다.[72]

탈해는 비록 사람의 소생이긴 하지만 역시 알에서 태어나 버려져서 바다를 표류하다가 신라의 해안에서 건져졌다고 하였다. 김씨 왕실의 시조로 간주되는 알지(閼智)는 흰 닭이 우는 곳 나뭇가지에 걸려 있는 금빛 궤에 담겨서 발견되었다. 수로왕을 비롯하여 6가야의 왕들이 되는 이들도 하늘로부터 구지봉(龜旨峰)에 내려온 황금색 알 여섯 개에서 출생하였다.[73] 이들 모두의 출생 또한 경험적 설명 영역의 밖에 있는 것이다.

그림 19 구지봉, 경상남도 김해시

물론 이들은 모두 어떤 형태로든 하늘의 권위와 연결되어 등장하고 있다. 대개 추상의 하늘은 스스로의 의지를 명시적으로 드러내지 않을 뿐이다. 마치 하늘은 부계 권위의 근원으로서 하나의 작위적 장치에 지나지 않은 것처럼 보인다. 그에 비해 탈권위적 모성은 얼마간 일상 경험의 정서를 반영하고 있다. 예컨대 큰 알을 낳은 탈해의 어머니는 이를 버리라는 왕의 말에도 불구하고 차마 버리지 못하고 보물과 함께 궤에 담아 바다에 띄워 보냈다. 이를 끌어내 부화한 아이를 거두어 기른 이는 신라 아진포(阿珍浦)의 노파였다. 일상적 정서의 영역에 있는 두 여성의 역할과는 달리 탈해의 부성은 모호하기 짝이 없다. 신성성의 근원으로서 부성은 출생 과정의 난관과 일탈로 암시될 뿐이었다.

문제는 그와 같은 불명료한 서사가 얼마만한 설득력을 지닐 것인가에 있다. 추상의 하늘만으로는 그것이 비록 신성성의 근원이라 하나 서사를 향유하고 전승하는 주체로서 당대인들의 공감을 기대하기 어렵다. 시간이 흐르면서 오히려 모성의 신성성이 점차 비중을 더해 가는 경향을 보이는 것은 아마 그와 같은 '설득력의 한계'에서 발단한 것인지도 모른다. 반대로 고려에 들어온 이후 주몽의 어머니가 '하백의 딸'이 아니라 '유화'라는 이름으로 명시되는 것은[74] 오히려 설명의 구체성에 기여하는 것이다.

모성의 신성성

모성의 신성성에 대한 또 다른 사례를 들어 본다. 김관의의 『편년통록』에 소개된 고려 왕실의 선대세계(先代世系) 정보에는 지난 삼국시대의 신화적 서사와 비경험적 설화 모티브가 절제 없이 재연되었다. 특히 왕실의 신성함을 예증하기 위한 선조들의 출생담에는 모성의 비중과 역할이 현저하게 두드러져 있다. 태조 왕건의 소급 가능한 선조들의 계보는 7대조 호경(虎景)이라는 인물로부터 시작한다.

호경은 활을 잘 쏘았다[善射]. 그의 후손이자 왕건의 조부가 되는 작제건 역시 활을 쏘면 백발백중이라 세상 사람들이 그를 '신궁(神弓)'이라고 했다 한다. 이러한 설정은 일찍이 어린 주몽이 스스로 활과 화살을 만들어 쏘자 백발백중이라, 부여 사람들이 활을 잘 쏘는 것[善射]을 '주몽'이라고 하였기 때문에 그것으로 이름을 삼았다고 한 전승을 환기시킨다.

여하튼 왕건의 선조 호경은 오늘날 개성 인근의 평나산(平那山)에서 사냥을 일삼았는데, 평나산의 산신인 호랑이가 그를 배우자로 선택하여 부부를 이루었다고 한다. 마찬가지로 작제건은 서해 용왕의 딸을 아내로 맞이하였는데, 그녀는 본디 황룡이었다 한다.[75] 한편 후백제를 창국한 견훤 또한 왕건의 선조들과 시대 배경이 중첩되는데, 그가 강보에 싸인 아기였을 때 호랑이가 찾아와 젖을 먹였다고 한다.[76]

이러한 설명에서는, 신라 하대에 새로운 정치 질서를 모색한 영웅들의 비범성과 신성성의 근원에 여성이 결정적 역할을 감당하고 있는 것이다. 시선을 달리 해 보면, 단군신화에서 인간의 몸을 얻고자 한 호랑이와 곰도 비록 성패는 갈릴지라도 결국은 여인으로 전화할 처지에 있었다.

고려 예종 11년(1116)에 김부식은 이자량(李資諒)을 따라 사신단의 일원으로 송나라에 갔다가 흥미로운 경험을 한다. 그는 우신관(佑神館)이라는 건물의 한 사당에 선녀의 화상이 걸려 있는 것을 보았다. 고려의 사절을 접대하던 왕보(王黼)라는 이가 그 선녀의 화상을 가리켜 "이것은 귀국의 신인데 공들께서 아시는지요?" 묻더니, 이렇게 설명하였다.

"옛날 어느 제왕가의 딸이 남편 없이 임신하여 사람들의 의심을 받게 되자, 곧 바다를 건너 진한에 도착해 아들을 낳아 그가 해동의 첫 임금이 되었으며, 그녀는 지선(地仙)이 되어 오랫동안 선도산(仙桃山)에서 살았는데 이것이 그녀의 화상입니다."[77]

한편 그보다 앞서 예종 5년(1110)에 고려에 온 송의 사신 왕양(王襄)은 「제동신성모문(祭東神聖母文)」이라는 글 가운데 "어진 이를 잉태하여 나라를 창건하시다"라는 구절을 담았다고 한다. 그런가 하면 1123년에 고려를 방문했던 송의 서긍(徐兢)은 개경의 선인문(宣仁門) 안에 있는 동신사(東神祠)를 그의 책『고려도경(高麗圖經)』에서 묘사한 바 있다. 그에 따르면 '동신성모지당(東神聖母之堂)'에는 나무를 깎아 만든 여인의 신상이 모셔져 있는데, 주몽을 낳은 하신(河神)의 딸이라 한다는 설명을 들었다고 한다.[78]

그렇다면 그 여신은 유화일 것이다. 이와 관련하여『북사(北史)』의 설명을 본다.

고구려는 항상 10월에 하늘에 제사를 지내며, 부정한 귀신을 모시는 사당이 많다. 신묘(神廟)는 두 군데가 있는데, 하나는 부여신(夫餘神)이라 하여 나무를 깎아 부인의 형상을 만들어 두고, 다른 하나는 고등신(高登神)이라 하는데 이가 시조인 부여신의 아들이라 한다. 이들에는 모두 관아를 두고 사람을 파견해 수호하는데, 대개 하백의 딸과 주몽을 말하는 것이다.[79]

그러므로 서긍이 견문한 '동신성모'와 송의 왕보가 소개한 '선도산 선녀'의 속성은 다르다고 보아야 한다. 그러나 왕보의 설명을 직접 듣고 또 왕양의 제문을 기억하고 있던 김부식은 "여기 '동신성모'가 곧 '선도산의 지선'인 것은 알겠으나, 그의 아들이 어느 때에 왕 노릇하였는지는 모르겠다"라고 하였다. 만약 그가 서긍의 기억처럼 동신사의 여신을 유화라고 여겼다면 그녀의 아들이 어떤 왕인지를 모를 리 없다. 그렇다면 혹시 고려의 동신사에는 고구려 시조의 어머니인 유화와 신라 시조의 어머니로 간주된 선도산 성모가 함께 봉안되어 있었을지도 모르겠다. 사실 서긍은 '동신성모지당' 안에 모셔져 있는 여신의 형상을 직접 보지는 못하였다. 당의 내부를 장막으로 가려 사람들이 신상을 보지 못하게 만들어 두었기 때문이다.

고려는 고구려의 계승국을 자처하였다. 동시에 고려 왕조가 신라의 태내에서 성장하여 신라의 인민과 영토와 제도를 바탕으로 삼았다는 것도 부정할 수 없는 사실이다. 적어도 태조 왕건은 유서가 장구한 신라의 전통과 권위를 존중하였으며 그 자신이 온전히 승습(承襲)하기를 열망하였다. 따라서 고구려의 국모와 신라의 국모로 간주되어 온 여신들을 함께 숭앙하지 못할 이유가 없다고 생각한다. 즉 "동신성모라 함은 특정 나라를 떠나 예부터 전래되어 온 국모신을 지칭하는 것이 아닐까 한다."[80]

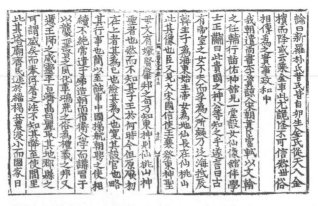

그림 20　신라본기의 선도산 성모 이야기

여하튼 여신, 즉 신성성의 구체성이 국모의 관념으로 정착되어 갔던 것을 짐작할 수 있다. 『삼국유사』 서술자는 『삼국사기』의 경우에 비해 좀 더 확신을 가지고 이 문제를 받아들였다. 즉 신라 시조 혁거세의 탄생에 대해 "이는 서술성모(西述聖母)가 낳은 바니, 그러므로 중국 사람들이 선도성모(仙桃聖母)를 찬양한 말에 '어진 이를 잉태하여 나라를 창건하시다'라는 구절이 있었던 것이다"라고 하였다.[81] 더나아가 "신모가 처음 진한에 와서 성자(聖子)를 낳아 동국의 첫 임금이 되었으니, 아마 혁거세왕과 알영의 두 성인께서 그로부터 비롯했을 것이다"라고 생각하기에 이르렀던 것이다.[82]

가야의 왕들이 하늘로부터 내려온 여섯 개의 알들에서 태어났다는 설명에도, 신라와 비슷한 방향으로 여성을 중심에 두는 일상적 구체성이 점차 줄거리를 장악해 갔던 것 같다. 즉 신라 하대의 최치원(崔致遠)이 지었다고 하는 승전(僧傳)에 의하면 가야산신(伽倻山神) 정견모주(正見母主)와 천신 이비가지(夷毗訶之) 사이에서 대가야왕(大伽倻王) 뇌질주일(惱窒朱日)과 금관국왕(金官國王) 뇌질청예(惱窒青裔)가 태어났다 한다. 또 뇌질주일은 이진아시왕(伊珍阿豉王)의 별칭이 되었고 뇌질청예는 수로왕의 별칭이 되었다고 한다. 게다가 최치원의 또 다른 승전에서는 대가야국(大伽倻國)의 월광태자(月光太子)는 정견모주의 10세손이라고 설명하였다.[83] 다시 말해 한 개인의 계보를 여성을 기준으로 파악하고 있다는 점을 주목하는 것이다.

4) 재이(災異)와 의례의 관념

하백이 지상의 논리를 대변하는 것처럼, 그의 딸 유화에게는 지모신(地母神)의 역할이 기대되었다. 이를 이해하기 위해 「동명왕편」에 전하는 한 대목을 소개한다. 유화부인은 부여를 떠나는 아들 주몽의 앞날을 위해 5곡의 씨앗을 싸서 주었다. 주몽은 이별하는 마음이 애절한 나머지 그만 보리 종자를 잊고 왔다. 그가 큰 나무 밑에서 쉬고 있을 때 비둘기 한 쌍이 날아왔다. 주몽은 "아마도 신모(神母)께서 보리 종자를 보내신 것이리라" 여기고, 활을 쏘아 비둘기를 떨어뜨린 다음 목을 벌려 보리 종자를 수습하였다. 그리고 물을 뿜으니 비둘기가 다시 살아나서 날아갔다.

오곡의 종자와 물로 다시 살아나는 비둘기는 농업 생산 및 출산 보육의 영역을 상징한다. 따라서 유화는 농업신이자 곡물의 신이었다. 환웅이 태백산(太伯山) 마루에 강림할 때 거느리고 온 풍백(風伯), 운사(雲師), 우사(雨師)의 존재 역시 비와 바람과 구름을 주관함으로써 농경 생업을 상징하는 신령들이다. 고대국가의 가장 중요한 통치 기반은 농업 생산력에 있다. 그것은 국가 형성의 지표를 헤아리는 논의에서 일찍부터 주목되어 온 지표였다. 무엇보다도 '물' 자체는 동식물의 생장에 가장 중요한 요소로 중시되었다.

국가의 재해 관리

특히 농업 조건 가운데 인위적 조절과 개선이 가능한 영역은 '지상의 물'에 대한 관리와 이용일 것이다. 물은 풍요의 원천이지만,

인간의 관리 능력을 벗어나는 물은 빈번히 가혹한 재해로 이어진다. 통제하지 못하는 큰물은 수해(水害)를 낳고, 농업사회의 항상적 물 수요에 부응하지 못하는 경우 그것은 한해(旱害)를 초래한다. 이로 인해 물에 대한 관리와 이용은 고대국가의 형성 과정과 발달의 여러 국면마다 주요 과제로 설정되었다. 또한 그로부터 파생되는 물질적 대안과 기술적 개선에는 당대 사회 구성원들의 관념이 투영되게 마련이다. 그리고 그것은 각양의 관념과 의례로 귀결될 것이다.[84]

고대 삼국의 축제(築堤) 및 수리 시설의 확충 노력에도 불구하고, 물 관련 재난은 용이하게 통제될 수 없었다. 그 가운데서도 가뭄과 홍수의 재난은 가장 직접적으로 삶의 공간과 생활 물자를 유린하는 재해로서 각별한 관심으로 기록되었다. 『삼국사기』에 보이는 삼국의 수해와 한해의 발생 빈도를 정리하면 다음과 같다.[85]

[단위: 회]

	신라	고구려	백제	계
수해	30	6	6	42
한해	65	12	31	108
계	95	18	37	150

신라는 7세기에 소멸된 고구려와 백제에 비해 왕조 존속 기간이 길었으므로 기록 자체가 많았던 데다가, 당시의 기록이 상대적으로 충실히 전승된 측면도 감안해야 하겠다. 한편 비슷한 기간 병존했던 왕조들이지만 백제의 관련 기록이 고구려에 비해 월등히 많은 이

유는 백제의 기본 경제 전략이 훨씬 더 농경 의존적이었음에 반해, 고구려는 수렵과 목축의 경제활동 비중도 적지 않았던 데 기인한다. 또한 삼국 공히 홍수로 인한 피해보다 가뭄 피해가 두 배 이상 기록되어 있는 것도 하나의 특징이라고 하겠다. 그 이유는 아마 농작물의 생육과 수확에 미치는 영향으로는 아무래도 홍수보다 가뭄이 더 직접적이었기 때문인 듯하다.

그림 21 청제(菁堤)의 배수문, 경상북도 영천시

왕들은 홍수와 가뭄을 당하여 비축 곡물을 풀어 기민을 구휼하거나 그해의 조세를 면제해 주는 등 여러 실질적인 대처를 강구하였다. 그와 함께 천변재이(天變災異)를 위정자에 대한 '하늘의 뜻'이 표출된 것으로 받아들여, 억울한 이들의 원한을 풀어 준다는 의미에서 극악한 경우를 제외한 죄수들의 사면 조치를 빈번하게 시행하기도 하였다. '이(異)'는 군주의 실정에 대한 하늘의 경고이며, '재(災)'는 이변에 반응하여 각성하지 못하는 군주에 대한 징계인 까닭이다.

하늘의 의지는 군주를 매개로 발현된다. 따라서 천손 의식을 공유하고 있던 삼국의 왕들에게는 자연히 수해와 가뭄 등을 예견하는 능력이 기대되기도 하였다. 예컨대 신라 벌휴이사금(伐休尼師今, 재위: 184~196)은 바람과 구름을 점쳐 홍수나 가뭄 및 그해의 풍흉을 미리 알았으므로 당대인들이 성인으로 여겼다 한다.[86] 신라의 통일기 이후에는 넓은 의미의 물 관리에 대한 과학적 이해도 성숙하였을 것이다. 즉 경덕왕(景德王, 재위: 742~765) 때에 천문박사(天文博士)와 누각박사(漏刻博士)를 두었다고 한다.[87] 그 가운데 사천박사(司天博士)라고도 한 천문박사는 당시 생업 경제의 주요 전략일 수밖에 없는 농경 관련 기후를 판단하는 데 더욱 유념했을 것이다.

삼국에는 모두 이른바 '일관(日官)'이라는 존재가 일찍부터 보이는데, 이는 고대 중국에서 역수(曆數)와 간지(干支)를 관장하는 천문의 관리를 말한다. 그러나 우리 고대사회의 일관은 점성(占星)과 점복(占卜)을 담당한 이른바 '기후 샤먼(weather shaman)'의 성격을 더 보이고 있다. 이들이 통일기 이후 천문박사로 발전하였을 것이다. 또한 누각박사의 임무 역시 측우(測雨)의 원리를 전제로 하는 것이다. 게다가 물을 이용한 시계는 이미 이보다 앞서 성덕왕(聖德王, 재위: 702~737) 대에 만들어진 바 있다.[88]

예컨대 천문박사와 누각박사의 신설은 경덕왕 즉위 초기에 빈번하게 발생한 혹심한 재해들, 즉 곡물의 생장을 저해하는 농사철의 가뭄, 곡물의 파종을 대비한 저수를 위협하는 겨울철의 가뭄, 그에 따른 흉년과 전염병의 창궐 따위를 배경으로 한 것이다. 대개의 신설 관부나 관직이 그 당시의 현실적 필요나 수요를 대변하듯이, 물 관련 자연재해에 대한 예측과 관리 및 재난 구조를 용이하게 하기 위한 목적에서 천문과 기상을 전담하는 전문 부서가 출현하였던 것이라고 판단한다.

　　한편 천문의 이변을 길흉의 예조(豫兆)로 해석하는 천인상관(天人相關)의 관념에서 보면, 가뭄은 왕에 대한 하늘의 견책(譴責)이라고 할 수 있다. 그러므로 가뭄을 해소하기 위해서는 왕 자신의 근신이 요청되기도 하였다. 예컨대 진평왕은 봄철 가뭄이 들자 일상의 왕정을 펼쳐야 할 정전(正殿)에 자리하지 않고 평상시보다 음식의 가짓수를 줄였으며, 남당(南堂)에 나가 친히 죄수들을 다시 조사해 주었다고 한다. 선덕왕이 즉위 원년(632) 10월 "사신을 보내 나라 안의 홀아비, 과부, 고아, 자식 없는 늙은이와 제힘으로 살 수 없는 이들을 위문하고 구휼하였다"라거나, 성덕왕이 재위 4년(705) 8월 "늙은이들에게 술과 음식을 내려 주었다"라고 한 조치도, 모두 가뭄으로 피해를 입은 후 민심의 수습을 위한 왕조 측 대안의 하나였다.

왕과 치수의 권능

　　따라서 물을 통제할 수 있는 능력이란 곧 지배자의 신성한 권능이기도 하였다. 사람들은 고구려 동명왕이 홍수를 유발하고 또 통제할 수 있었다고 여겼다. 「동명왕편」의 한 대목을 본다.

　　동명왕은 흰 사슴을 거꾸로 매달아 놓고 하늘에 폭우를 호소하게 하였다. 사슴이 슬피 우는 소리가 하늘에 사무치니 장맛비가 이

레를 퍼부어 비류국 송양의 도읍이 물에 잠기고 말았다. 그러나 범람하던 물은 동명왕이 채찍으로 한 번 긋자 곧 줄어들었다. 송양은 항복할 수밖에 없었다.[89] 필시 홍수와 범람의 위력 앞에 무력할 수밖에 없었던 고대인들의 반복된 경험이 이러한 설화의 줄거리로 형상화되었을 것이다.

　　동명 신앙을 공유하였던 백제의 지배계층도 가뭄을 만나면 동명묘(東明廟)에 치제(致祭)하였다. 마찬가지로 신라 왕들은 그들의 시조묘(始祖廟)에 가서 강우를 기구하였다. 삼국의 지배계층들은 한결같이 그들의 건국 시조에게 물을 통제하는 권능을 기대하였으며, 그렇게 의미를 부여하였던 것이다.

　　신라의 시조 혁거세가 나정(蘿井)에서 발견된 알을 깨고 나왔을 때의 일이다. 6부의 촌장들이 그를 동천(東泉)에서 목욕시키자 몸에서 광채가 나고 새와 짐승이 따라 춤추며 천지가 진동하고 해와 달이 청명해졌다. 이 일로 인하여 그를 '혁거세왕'이라고 이름하였다 한다.[90]

그림 22　오녀산성에서 내려다본 혼강(渾江), 중국 요녕성 본계시

이 또한 건국 시조와 물의 권능을 연계한 설화인 셈이다. 동천은 아마 동쪽 방위에 있는 샘물일 것이다. 고구려 역시 동쪽의 물, 즉 당시 수도였던 국내성 동쪽을 흐르는 압록강에서 유화부인 혹은 농업의 신을 상징하는 것으로 보이는 수신(隧神)에게 제사를 지냈다.[91]

혁거세의 비 알영이 태어났을 때의 일이다. 그의 입술이 닭의 부리와 같았으므로 월성(月城)의 북천(北川)에 가서 목욕시키니 부리가 떨어졌다[撥落]. 이 일로 인해 그 내를 '발천(撥川)'이라고 불렀다는 것이다.[92] 마치 주몽의 어머니 유화가 우발수(優渤水)에서 건져진 후 늘어진 입술을 잘라 낸 다음에 비로소 말을 하게 되었다는 설화와 거의 비슷하다. 혁거세의 비 알영이 물의 신성성을 구현한 인물인 것처럼, 혁거세의 아들인 남해차차웅(南解次次雄, 재위: 4~24)의 비 운제부인(雲帝夫人) 역시 뒷날 운제성모(雲帝聖母)로 추앙되었다. 사람들이 가뭄에 당하여 운제성모에게 기구하면 응험함이 있었다고 한다.[93]

석씨 왕계의 시조로 추숭(追崇)된 탈해와 관련해서도 물의 신성성을, 그리고 그러한 물의 신성성을 장악하고 있는 탈해의 권능을 강조하는 설화가 전하고 있다.

어느 날 토해(吐解)가 동악(東岳)에 올라갔다가, 돌아오는 길에 하인을 시켜 물을 구해 오라 하였다. 하인이 물을 떠 가지고 오다가 길에서 먼저 마시고 탈해에게 드리려 하였다. 그러나 물그릇이 입에 붙어서 떨어지지 않았다. 탈해가 이로 인해 꾸짖으니 하인이 "이후에는 가까운 곳이든지 먼 곳이든지 감히 먼저 물을 마시지 않겠습니다"라고 맹세하였다. 그제야 물그

룻이 입에서 떨어졌다. 이후 하인은 탈해를 두려워하여 감히 속이지 못하였다. 지금 동악 가운데 우물 하나가 있으며 세간에서 요내정(瑤乃井)이라고 하는데, 이것이 그 우물이다.[94]

유사한 논리에서 우물에 생기는 변고는 왕과 국가에 불길한 예조로 해석되었다. 물론 우물이 제 기능을 상실하는 이유는 현실적으로 극한적인 가뭄에서 비롯한다. 우물과 샘이 마르는 지경의 가뭄이란 백성의 생업은 물론 그에 기반을 둔 통치 권력의 위기를 의미한다. 우물의 변고가 범상치 않은 흉조로 기록된 이유가 여기에 있다. 혹은 우물물이 비정상적으로 넘치는 것은 지하의 수맥에 격심한 변화가 발생한 때문이고, 그러한 변화는 지각의 불안정에 기인하는 것이다. 그러므로 그 자체가 지진이나 화산활동과 같은 재난의 전조이기도 하였다.

그러나 고대인들은 이와 같은 자연현상을 당대 정치 현상과 연계하여 수용하곤 하였다. 예컨대 실성이사금 15년(416)에 있었던 토함산(吐含山)의 붕괴와 우물물이 3장이나 치솟은 현상은, 문득 이어지는 왕의 죽음을 안내한 조짐으로 해석되었다. 이와 같이 고대의 물 관련 기록들은 대개 어떤 형태의 정치 현상을 암시하거나 그 귀결인 것처럼 보인다. 그럴듯한 사례 하나를 더 본다.

진평왕 53년(631)에 흰 무지개가 궁궐 우물물을 머금고 토성이 달을 범하더니, 그 이듬해에 왕이 죽었다. 『사기』「천관서(天官書)」에 따르면, 토성은 5방 중 중앙에 속하므로 "덕을 관장하며, 왕후의 성상(星象)이다"라고 하였다. 그리고 이어서 "마땅히 머무르지 않아야 하는

데에 머물거나, 이미 지났는데 다시 역행해 되돌아와 머물면, 그 나라
는 영토를 얻거나 그렇지 않으면 부녀(婦女)를 얻는다"라고 하였다. 따
라서 진평왕 대 토성의 이상 현상은 진평왕의 딸이자 진평왕을 이어
즉위한 최초의 여왕인 선덕왕의 등장을 암시하는 것이다. 반면에 진
평왕 자신의 죽음은 토성의 이변에 앞서 관찰된 우물물의 이변이 예
고한 것이었다.

태종 무열왕(武烈王, 재위: 654~661)의 죽음을 알리는 기록도 우물
관련 사고의 전형을 보여 준다.

"대관사(大官寺)의 우물물이 피가 되고, 금마군(金馬郡)에서는 땅
에서 피가 흘러 너비가 5보나 되더니, 왕이 죽었다."[95]

불교와 용 신앙

한편 삼국이 불교라는 고등 신앙 체계를 수용하면서 재래의
천손 이데올로기로 분식된 왕실의 권능은 그 위력이 점차 퇴색되기
에 이른다. 반면에 부처의 힘이 물의 권능을 제압하는 설화가 양산되
었다. 불교를 적극적으로 권장한 군주로 저명한 백제 법왕(法王, 재위:
599~600)의 경우, 나라가 가뭄에 시달리자 직접 칠악사(漆岳寺)에 찾아가
서 비를 내려 주기를 빌었다.[96] 이제 수해와 한해의 통제는 왕 자신의
신성성이 아니라 불력의 위력에 의존한다는 사유가 점차 확산되었던
것이다.

경덕왕 천보(天寶) 12년 계사년(753) 여름에 크게 가물어 대현
(大賢)을 내전으로 불러들여 『금광(명)경(金光明經)』을 강설케하

고 단비를 빌었다. 하루는 재를 지내는데 바리를 벌여 놓고 오랫동안 정수를 올리는 일이 지체되자 감독하는 관리가 힐난했더니, 공양하는 이가 말하기를 "궁궐 우물이 말라 멀리서 물을 길어 오느라 이리 늦게 된 것입니다"라고 하였다. 대현이 말하기를 "왜 일찍 말하지 않았는가?" 하더니, 낮에 강경할 때 묵묵히 향로를 받들고 있는데 잠깐 사이에 우물물이 솟구쳐 7장이나 되어 절의 당(幢)과 나란히 되었다. … 다음 해 갑오년(754) 여름에 왕이 또 대덕 법해(法海)를 황룡사에 초청해 『화엄경(華嚴經)』을 강경케 하고 친히 나서서 행향(行香)하다가 조용히 말하기를 "지난해 여름 대현법사께서 『금광(명)경』을 강경하실 때 우물물이 7장이나 솟구쳤습니다. 이분의 법도는 어떠한 것인가요?" 하니, 법해가 말하기를 "지극히 작은 일을 가지고 무슨 칭송할 만한 것이겠습니까? 곧바로 창해를 기울여 동악(東岳)을 잠기게 하고 수도를 떠내려가게 하는 일도 어렵지 않습니다"라고 하였다. 왕이 믿지 못하고 장난하는 말일 뿐이라고 여겼다. 한낮에 강경할 때 향로를 잡고 잠잠히 있자니 잠시 후 궁궐에서 갑자기 곡성이 나고 궁궐 관리가 달려와 보고하기를 "동쪽 못이 이미 넘쳐 내전 50여 칸이 물에 떠내려갔습니다"라고 하였다. 왕이 망연자실해하자 법해가 웃으며 말하기를 "동해가 기울어지려고 수맥이 먼저 불어난 것일 뿐입니다"라고 하였다. 왕이 자기도 모르는 사이에 일어나 배례하였다. 다음 날 감은사(感恩寺)에서 아뢰기를 "어제 오시(午時)에 바닷물이 넘쳐 불당의 계단 앞까지 찼다가 저녁때에야

물러갔습니다"라고 하니, 왕은 더욱 그를 믿고 공경하였다.[97]

『삼국사기』에도 위 사건의 배경이 된 경덕왕 12년(753)을 전후하여 심각한 가뭄이 신라를 엄습한 기록들이 있다. 유가종(瑜伽宗)의 대덕 대현의 불력(佛力)은 가뭄으로 고갈된 우물에서 물이 솟구치게 할 정도였다. 이듬해 화엄종의 대덕 법해는 아예 동해의 바닷물을 제어하는 능력을 발휘하였다. 그러므로 문맥의 본의는 화엄종의 위력을 강조한 것이지만, 고승들이 우물과 연못과 바다 등 일련의 물에 대한 통어 능력을 발현하고 있다는 점을 주목한다. 즉 여기에는 가뭄이라는 일상적 재해에 대해 불교 이념이 위력을 발휘하던 당시 사람들의 대응 방식 혹은 사유 형태가 반영되어 있는 것이다.

한편 고대의 물 관련 사유 가운데 주목할 또 하나는 용에 대한 이해일 것이다. 주몽의 아버지로 관념된 해모수가 다섯 마리의 용이 끄는 수레를 타고 강림한다거나, 주몽 자신은 황룡을 타고 승천했다는 생각, 그리고 박혁거세의 비 알영이 용의 갈빗대에서 탄생했다는 설명은 용과 최고 통치자의 관련성을 상징한다. 그런가 하면 용과 강우의 상관관계를 의미하는 사례들은 고대의 기록에 허다하였다. 어쩌면 용을 매개로 하여 통치자와 물은 의미관계를 지니게 되는 것인지도 모른다.

일단 용의 출현 자체가 곧 강우의 예조이다. 혁거세거서간 60년(3), "가을 9월에 두 마리의 용이 금성의 우물에 나타나더니 심하게 우레가 치고 비가 쏟아졌으며, 성의 남문에 벼락이 쳤다" 하였고 유리이사금 33년(56), "여름 4월에 용이 금성의 우물에 나타났는데, 조금 있다가 서북쪽에서 폭우가 몰려왔다"라고 하였다. 그 밖에도 신라에서 용들은 금성의 우물, 추라정(鄒羅井), 양산(楊山)의 우물 등 주로 우물에서 등장하거나 궁궐의 동쪽 연못에서 빈출하였다. 이처럼 용이 강우의 예조로 간주되었기 때문에, 진평왕의 경우 가뭄에 당하여 용을 그려서 비가 오기를 빌기도 하였다.[98]

　　이러한 관념은 통일기 신라에서도 의연하였다. 즉 감은사는 신문왕(神文王, 재위: 681~692)이 부왕인 문무왕(文武王, 재위: 661~681)을 위해 창건한 절이었는데, 문무왕은 죽어 동해의 용이 되었기 때문에 감은사 금당 계단 아래에 동쪽으로 구멍을 내 용이 된 문무왕이 교통할 수 있게 했다는 것이다. 완연히 왕은 곧 용이라는 인식이다. 게다가 신문왕은 동해의 한 섬에 가서 용이 바치는 옥대(玉帶)를 얻었는데, 옥대의 알 장식[窠] 하나를 떼어 시냇물에 넣으니 곧 용이 되어 하늘로 올라가고 그 땅은 못이 되었다 한다. 용과 물이 일체의 속성을 지니고 있다는 관념의 소산이다.

　　역시 신문왕이 용의 헌의를 받아 제작하게 한 만파식적(萬波息笛)의 경우도 다르지 않다. 이를 불면 곧 전란이 종식되고 질병이 치유되었다. 또 가뭄에는 비가 내리고 장마에는 쾌청해졌으며, 바람이 멎고 파도가 잦아들었다고 한다.[99] 최고의 호국 신물은 이렇듯 용에 의해 출현하였고, 그 호국의 맥락 가운데에는 순조로운 강우, 즉 한해와 수해를 이긴다는 영험의 관념이 자리하고 있었던 것이다.

　　그러나 용 신앙 역시 불교 이념이 최고의 권위를 장악하던 신라 중고(中古) 시기에 들어오면서 불력과 습합(褶合)되거나, 불교의 위력에 밀려나는 현상이 빚어지기도 하였다. 예컨대 황룡사 창건의 연

그림 23 　감은사지의 금당지(金堂址), 경상북도 경주시

기 설화를 보면, 진흥왕이 월성 동쪽에 새 궁궐을 짓게 했는데 황룡이 그 터에서 나타났다 한다. 왕은 의아하게 여겨 궁궐을 고쳐 절을 만들고 이름을 황룡사(皇龍寺)라고 하였다.[100] 심지어 용이 정작 재해의 원흉으로 설정되기조차 한다. 『삼국유사』에 인용된 『고기』의 인용문에는 이렇게 말하였다.

　　옛날 하늘에서 알이 바닷가로 내려와 사람이 되어 나라를 다스렸으니, 곧 수로왕이다. 이때 그 영토 안에 옥지(玉池)가 있었는데, 그 못 안에 독룡(毒龍)이 살고 있었다. 만어산(萬魚山)에 다섯 나찰녀(羅刹女)가 있어 그 독룡과 서로 오가며 사귀었다. 그러므로 때때로 뇌우(雷雨)를 내려 4년 동안 오곡이 결실을 맺지 못하였다. 왕은 주술로 이 일을 금하려 해도 할 수 없으므로 머리를 숙이고 부처를 청하여 설법하였더니 그제야 나찰녀가 5계(五戒)를 받았으며, 그 후로는 재해가 없었다.[101]

이러한 설화는 『관불삼매경(觀佛三昧經)』의 불교 설화를 윤색한 것인데, 이처럼 용의 해독은 오직 부처의 힘에 의해서만 극복된다는 형태의 전이를 보게 된다. 그러면서도 용이 고대인들의 사유 가운데 왕 자체를 상징하는 맥락은 오랜 기간 지속되었다.

미추이사금 원년(262)에 궁궐 동쪽 못에서 나타난 용은 최초 김씨 왕의 즉위를 긍정하는 예조였다면, 소지마립간 22년(500)에는 금성의 우물에 용이 나타난 데 이어 왕이 죽었으니 이 경우의 용은 정반대의 의미에서 왕의 운명을 가리킨 징후였다. 경덕왕 23년(764) 3월에도 용이 양산(楊山) 아래 나타나 조금 있다가 날아가 버리더니, 이듬해에 왕의 죽음이 이어졌다. 경문왕(景文王, 재위: 861~875)도 그 말년에 용이 왕궁의 우물에 나타나 조금 있다가 구름과 안개가 사방에서 모여들자 날아가 버린 직후 훙거(薨去)하였다.

백제의 경우는 신라의 사례에 어느 정도 부합하는 양상이었다. 즉 고이왕 5년(238), 왕궁의 문기둥에 벼락이 치더니 그 문에서 황룡이 나와 날아갔다. 비류왕 13년(316) 봄에 가뭄이 들었는데, 얼마 후 왕도의 우물물이 넘치더니, 흑룡이 그 속에서 나타났다. 가뭄과 용의 상관관계가 일부 감지된다. 그러나 백제의 경우에서는 유독 용의 출현이 왕의 죽음 등 흉조를 암시하는 형태로 등장하는 사례가 많았다. 그리고 그 때의 용은 반드시 흑룡이었다. 문주왕(文周王, 재위: 475~477)은 당시의 도읍이었던 웅진에 흑룡이 출현하고 나서 죽었다.[102] 비유왕

(毗有王, 재위: 427~455) 역시 "흑룡이 한강에 나타났다가 잠시 후 구름과 안개가 어두컴컴하게 끼더니 날아가 버렸는데, 곧 왕이 죽었다"라고 하였다.[103] 따라서 흑룡의 출현은 왕의 신변에 미칠 위난(危難)을 예고 하는 것이었다.

　　요컨대 용 신앙은 삼국의 역사에서 공히 순조로운 기후 조건, 특히 강우와 관련하여 기능하였다. 또한 성공적인 생업과 왕조의 안 녕 사이의 의미관계로 인해, 용은 다시 왕을 상징하거나 호국의 역할 이 기대되는 존재로 간주되었다. 다만 용 신앙 역시 불교가 전성을 누리던 시기에 와서는 부처의 권능에 종속되거나 오히려 부처의 가 호에 의해 극복되고 마는 흉물로 전락되기도 하였던 것이다. 이러한 관념의 전복 현상은 강우와 청우(晴雨)를 기원하는 고대인들의 의례 가운데에서도 여러 형태로 흔적을 남기고 있었다.

3 고대사회의 힘과 가치

1) 고대국가 왕자(王者)의 자질

고대국가의 정점에 있는 왕의 자질은 무엇으로 가늠되는 것인
가. 나라를 연 개국 시조들은 이른바 하늘의 신성성을 부여받은 존재
들로서 비상하게 출생했다고 여겨졌다. 알을 가르고 나온 혁거세가
13세에 '서나벌(徐那伐)'의 첫 임금으로 옹립된 것은 그의 출생이 신이
하다고 여긴 6촌 혹은 6부 사람들의 존숭 때문이었다. 주몽도, 탈해
도, 수로를 비롯한 가야의 왕들도, 모두 알에서 태어났다. 이 비상한
출생은 그들이 범속한 인간들의 생래적 한계에 갇힌 존재가 아니라
는 것을 증명한다. 그들이 왕자의 자질을 가지고 있다는 것은 이처럼
이미 하늘이 부여한 바였던 것이다.

비범한 출생과 풍채

또한 그들은 신이한 출생에 더해 남달리 빠르고 빼어난 성숙과 역량을 드러내 보이기도 하였다. 혁거세는 나이 겨우 10여 세가 되자 뛰어나게 숙성하였다고 한다. 마찬가지로 유화가 낳은 알을 깨고 나온 아이는 골격과 풍채가 아름답고 기이하였으며, 나이 겨우 일곱 살에 숙성하게 빼어나 보통 아이와는 달랐다. 무엇보다도 제 손으로 활과 화살을 만들어 쏘았는데 백발백중이었다. 앞에서 말했듯이 부여의 속어(俗語)로 활을 잘 쏘는 것을 '주몽'이라고 하였기 때문에 이를 아이의 이름으로 삼았다고 한다. 태조대왕 역시 태어나면서부터 벌써 눈을 뜨고 볼 수 있었으며 어려서도 남달리 숙성하였다.

태조대왕의 사례는 출생의 신이함이 신체의 비상함으로 이어지는 것을 보여 준다. 문헌에는 고대국가 왕들의 신체가 범상한 사람들과 판이하게 달랐다는 여러 가지 유형의 설명들이 보인다. 사후에 동악의 신으로 존숭되었던 탈해왕의 경우를 소개해 본다. 이미 장사를 지낸 후, 탈해왕의 혼령은 자신의 유골을 다시 삼가 안치하라고 일렀다. 이로 말미암아 드러난 탈해의 신체에 대한 묘사가 이러하였다.

> 그의 두개골 둘레는 3척 2촌이나 되고, 몸의 뼈 길이는 9척 7촌이나 되었다. 이는 엉기어 한 덩어리 같았으며, 뼈마디가 모두 연이어 있어 이른바 천하에 필적할 자가 없는 역사(力士)의 골격이었다.[104]

묘사된 골격은 일단 그 장대함에 놀라게 된다. 그리고 치아와 골격의 특이함에 착안하게 된다. 생전의 탈해도 키가 9척이나 되고 풍모가 수려하며 지식이 뛰어났다. 다만 남해차차웅이 죽었을 때 태자인 유리는 탈해에게 '덕망'이 있음을 들어 왕위를 양보한 적이 있다. 이때 탈해는 성스럽고 지혜가 있는 사람은 이가 많다는 속설을 들어 역시 양보하였다. 이에 떡을 깨물어서 잇자국을 가늠해 보았더니 유리의 잇자국이 더 많았다 한다. 탈해의 이가 한 덩어리처럼 엉기어 있었다는 관찰 정보는 저와 같은 전승을 배경으로 한 것일지도 모르겠다. 여하튼 이러한 관념을 염두에 두고, 왕들의 비범한 신체적 특질들을 추려 본다.

그림 24　탈해이사금의 능으로 알려진 무덤. 경상북도 경주시

　　우선 신라의 왕들 가운데는 큰 키를 들어 그의 장대한 골격을 소개한 예들이 종종 보인다. 즉 아달라이사금(阿達羅尼師今, 재위: 154~184)은 "키가 7척이요, 코가 크고 얼굴 모습이 특이하였다"라고 소개하였다. 조분이사금(助賁尼師今, 재위: 230~247)은 "키가 크고 외모가 훌륭했으

며, 일이 닥치면 명쾌하게 판단해 나라 사람들이 두려워하면서도 존경하였다"라고 한다. 마찬가지로 실성이사금(實聖尼師今, 재위: 402~417)은 "키가 7척 5촌이나 되었으며, 명민하고 통달하여 멀리 내다보는 식견이 있었다"라고 하였다. 법흥왕(法興王, 재위: 514~540)에 대해서는 "키가 7척이나 되었고, 성품이 너그럽고 후덕하여 사람들을 사랑하였다"라고 묘사하였다.

이처럼 큰 키가 왕의 품성이나 식견과 짝하여 음미되는 방식은 고구려나 백제의 경우도 다르지 않았다. 즉 고구려의 안원왕(安原王, 재위: 531~545)은 "키가 7척 5촌이나 되고 큰 도량이 있었다"라고 하였으며, 백제의 구수왕(仇首王, 재위: 214~234)도 "키가 7척이나 되었으며 위엄스러운 풍채가 빼어나고 특이하였다"라고 하였다. 백제 멸망기의 장수 흑치상지(黑齒常之) 역시 "키는 7척이 넘었고 날래고 굳센 데다 지모와 계략이 있었다"라고 평가되었다.

삼국 왕들의 키를 지금의 미터법으로 정확히 환산할 수 있을지 자신하기 어렵지만 대체로 7척이면 장신으로 간주되었던 것 같다.[105] 진덕왕(眞德王, 재위: 647~654)은 "키가 7척이나 되었고 손을 늘어뜨리면 무릎을 넘었다"라고 하였으니, 여성으로서는 흔치 않은 체격이었을 것이다. 백제 왕 가운데 가장 큰 이는 무령왕(武寧王, 재위: 501~523)으로서 "키가 8척이고 눈썹과 눈이 그림 같았다"라고 한다. 고구려의 경우에는 단연 고국천왕(故國川王, 재위: 179~197)의 체격이 수위를 차지하였다. 고국천왕은 "키가 9척이나 되고 풍채가 우뚝 컸으며 힘은 솥을 들 수 있었다"라고 묘사되어 있다. 그에 필적할 인물로는 부여 정벌에 나선 고구려의 대무신왕 앞에 나타나 휘하에 투신해 온 괴유(怪由)

라는 사람으로서, 그는 "키가 9척쯤이나 되며 얼굴이 희고 눈에 광채가 있었다"라고 하였다.

수로왕 또한 탈해와 비견될 정도로 장대하였다고 전한다. 「가락국기(駕洛國記)」 찬자의 설명에 따르면, 알에서 태어난 수로는 불과 십여 일이 지나자 키가 9척이나 되어 은나라의 천을(天乙), 즉 탕(湯)임금을 닮았다고 한다. 이뿐만 아니라 얼굴은 한고조(漢高祖)를 닮았고, 눈썹은 요임금, 눈동자는 순(舜)임금과 같았다고 한다. 가야국의 시조가 될 만한 탄생의 신이함과 신체의 신성함이 그렇게 구비되었던 것이다. 그런데 수로가 즉위한 후 처음 갈등하게 되는 대상이 역시 9척 장신으로 알려진 탈해였다는 설명은 무언가 공교롭기만 하다.

물론 「가락국기」는 수로왕을 비롯한 가야국의 왕실 계보와 역사의 기록이므로, 수로의 위엄과 신책(神策)이 결국 탈해를 구축(驅逐)하는 서사로 이루어졌다. 예컨대 수로 앞에 나타나 왕위를 빼앗겠다고 도발했던 탈해에 대해, "키는 3척이고 머리 둘레는 1척이었다"라고 하여 비정상적으로 왜소화시켜 묘사하였다. 여하튼 두 사람은 마침내 술법을 겨루기로 하였다. 그 대목을 옮겨 본다.

잠깐 사이에 탈해가 매로 변하였더니 왕은 독수리로 변하였다. 또 탈해가 변하여 참새가 되니 왕은 변해서 송골매가 되었는데, 그 동안이 촌음도 걸리지 않았다. 탈해가 본래의 모습으로 돌아오니 왕도 또한 다시 본모습이 되었다. 탈해는 이에 굴복하고 말하였다. "제가 술법을 다투는 상황에서 독수리 앞의 매, 송골매 앞의 참새가 되었으면서도 죽음을 면하였으

니, 이는 아마 성인께서 죽이기를 싫어하는 어지심에서 그러
한 것이려니, 제가 왕과 지위를 다투는 것이 참으로 어렵겠습
니다." 탈해는 곧바로 작별인사를 하고 떠났다.[106]

신라의 왕으로서 그리고 동악신으로서 탈해는 9척 장신의 거
구였던 것이, 가야국의 전승에서는 3척 단구의 열패자로 묘사된 것이
흥미로울 뿐이다. 그러나 삼국의 왕 가운데 가장 거한으로 알려진 이
는 진평왕이다. 그는 키가 무려 11척이었다고 한다. 그 때문에 진평
왕이 내제석궁(內帝釋宮) 혹은 천주사(天柱寺)에 행차했을 때 섬돌을 밟
았더니 돌 두 개 혹은 세 개가 한꺼번에 부서졌다. 이에 왕은 옆을 따
르던 신하에게 "이 돌들을 옮기지 말고 뒷사람들에게 보여라"고 하였
다는 것이다. 아울러 전하는 말이, 왕이 즉위하던 해에 천상의 상황
(上皇)께서 보내 준 옥대(玉帶)를 받아 큰 제사 때 착용하였다고 한다.[107]

우월한 신체와 식견
『삼국유사』 서술자는 이처럼 거대한 진평왕이 옥대까지 착용
하여 더욱 무거운 몸이 되었으니 이제 섬돌을 아예 쇠로 만들어야겠
다는 찬탄의 소회를 덧붙이고 있다. 진평왕의 옥대는 다시 삼백 수십
년 뒤에 고려 태조의 관심을 끈 적이 있었다. 그러나 가까스로 찾아
낸 그 옥대가 일반인들이 감당하기에는 지나치게 길어 패용할 수 없
었다고 하여, 실제로 진평왕의 유물임을 유쾌하게 웅변하였다. 그 전
말을 본다.

경명왕 5년(921) 봄 정월에 김률(金律)이 왕에게 고하기를 "제가 지난해 고려에 사절로 갔을 때 고려 왕이 제게 묻기를 '듣건대 신라에는 세 가지 보물이 있어 이른바 장륙존상(丈六尊像)과 구층탑(九層塔)과 성대(聖帶)가 그것이라 하는데, 불상과 탑은 아직 있는 줄을 알거니와 성대가 지금도 있는가?'라고 했는데, 제가 대답하지 못했습니다"라고 하였다. 왕이 이 말을 듣고 여러 신하들에게 "성대라는 것이 어떤 보물인가?"라고 물었으나 잘 아는 이가 없었다. 이때 나이 아흔을 넘긴 황룡사의 승려 하나가 말하기를 "제가 일찍이 들었는데 성대는 바로 진평대왕이 차시던 것으로서 여러 대를 전해 오면서 남쪽 창고에 들어 있다고 합니다"라고 하였다. 마침내 왕이 창고를 열어 찾게 하였으나 발견할 수가 없었다. 그리하여 따로 날을 받아 재계하고 제사를 드린 다음에야, 그것을 발견할 수 있었다. 그 띠는 금과 옥으로 장식하였고 매우 길어서 보통 사람이 맬 수 있는 것은 아니었다.[108]

왕들은 때로 단순한 장신과 거구의 체형을 넘어서 비상한 신체적 특이를 지니고 있는 존재이기도 하였다. 유명한 지증왕(智證王, 재위: 500~514)의 경우, 『삼국사기』에는 그저 "체격이 매우 크고 담력이 보통 사람보다 뛰어났다"라고 하였으나, 『삼국유사』에는 "왕은 음경(陰莖)의 길이가 1척 5촌이라 좋은 배필을 얻기 어려웠다"라고 하였다. 그로 말미암아 왕의 신체적 특징에 필적할 만한 배우자를 물색하던 중 모량부(牟梁部) 상공(相公)의 딸을 맞이하게 되었는데, 그녀의 키가 7척 5촌이나 되었다 한다.[109] 경덕왕의 경우도 음경이 8촌이었다고 한다.

한편 일통의 발단을 정돈한 왕으로 추숭되는 태종 무열왕은 엄청난 대식가로 알려져 있다. 660년에 백제를 멸망시키는 데 성공한 후로는 점심을 거르고 아침과 저녁만 먹었지만, 하루에 먹는 음식 양이 쌀 6말, 술 6말, 꿩 10마리였다고 한다. 그런가 하면 경문왕은 매일 침실에 뱀들이 몰려들었으며, 혀를 날름거리며 잠든 왕의 가슴을 뒤덮었다고 한다. 경문왕의 아들인 헌강왕(憲康王, 재위: 875~886)은 사람들이 보지 못하는 신의 형용을 볼 수 있었다. 남산신(南山神)이 왕 앞에서 춤을 추자 왕만이 보았으며, 또 어떤 이의 춤을 왕이 몸소 따라 추어 그를 보지 못하는 사람들에게 보여 주기도 하였다.[110]

다시 헌강왕의 아들로 알려진 효공왕(孝恭王, 재위: 897~912) 또한 그들만의 특이한 골상으로 출계가 보장되었다. 진성왕(眞聖王, 재위: 887~897)이 헌강왕의 서자 요(嶢)를 만나 태자로 삼게 되는 장면이다.

> 처음에 헌강왕이 사냥을 구경하다가 지나는 길옆에서 자태가 아름다운 한 여자를 보았다. 왕이 마음속으로 사랑하여 뒤쪽 수레에 태우게 해서 왕의 장막에 이르러 야합하였으며, 곧 임신을 하여 아들을 낳았다. 그가 장성하자 체격과 용모가 크고 빼어나므로, 이름을 요라고 하였다. 진성왕이 이 말을 듣고 궐내로 불러 들여 손으로 그의 등을 쓰다듬으며 말하기를 "나의 형제자매는 골격이 다른 사람과는 다른데 이 아이의 등 위에 두 뼈가 솟아 있으니 정말 헌강왕의 아들이겠구나!" 하고, 곧 관련 부서에 명해 예를 갖추어 태자로 봉하고 공경하게 하였다.[111]

한편 왕들의 자질은 탁월한 판단력과 예지력으로 드러나기도 하였다. 탈해왕의 손자인 벌휴이사금은 바람과 구름을 점쳐 홍수나 가뭄 및 그해의 풍흉을 미리 알았고, 또 사람의 정직한 것과 마음이 바르지 않은 것을 알아맞혔다. 명민하고 통달하여 멀리 내다보는 식견이 있었다고 평가된 실성이사금의 사례는 한결 더 구체적이다. 어느 가을날 구름이 낭산(狼山)에서 일어났는데, 멀리서 보면 누각같이 생겼고 향기가 자욱하여 오래도록 없어지지 않았다. 왕은 이와 같은 현상을 보고 "이것은 필시 신선이 내려와 노니는 것이니, 응당 복 받은 땅이로다"라고 해석하였다. 그리고 이후로는 사람들이 이곳에서 나무를 베지 못하게 하였다.

이형(異形) 구름에 대한 실성이사금의 해석 혹은 의미 부여가 얼마나 타당한 것인지 판별할 방법은 없다. 다만 이 해석이 빌미가 되어 벌목 금지령이 내려졌으며, 그 결과 낭산 일대는 더욱 기품 있는 숲이 되었을 것이다. 그러나 보기에 따라서는 실성이사금의 이 조치는 매우 독선적이거나 강압적으로 비쳐질 수도 있다. 실성이사금은 뒷날 자기 앞 왕이었던 내물이사금(奈勿尼師今, 재위: 356~402)의 아들이자 그 자신의 사위이기도 하였던 눌지마립간(訥祇麻立干, 재위: 417~458) 측에 의해 피살되었다. 그가 지녔다고 한 '명민하고 통달하여 멀리 내다보는 식견'과는 부합하지 않는 말로이다.

왕의 통치력과 통찰력

그러므로 어쩌면 이 불행한 왕에게 부여되었던 식견이란, 그의 취약한 권력 기반을 호도하고 분식하기 위한 역설적 장치에 지나지 않을지도 모른다. 다시 말해 실성왕의 경우는 오히려 선덕왕의 통찰력에 대한 설명과도 비교될 만한 것이다.

> 선덕왕이 왕위에 오르니, 이름은 덕만(德曼)이고 진평왕의 맏딸이다. 어머니는 김씨 마야(摩耶)부인이다. 덕만은 성품이 너그럽고 인자하며 명민하였다. 진평왕이 죽고 아들이 없으므로 나라 사람들이 덕만을 왕위에 올려 세우고 '성조황고(聖祖皇姑)'라는 칭호를 올렸다. 전왕 때에 당에서 가져온 모란꽃 그림과 그 꽃씨를 덕만에게 보였더니, 덕만이 말하기를 "이 꽃은 비록 빼어나게 아름답지만 반드시 향기가 없을 것입니다"라고 하였다. (진평)왕이 웃으며 묻기를 "네가 어떻게 그것을 아느냐?" 하니, 대답하기를 "꽃을 그렸는데 나비가 없으므로 그런 줄을 알 수 있습니다. 즉 무릇 여자가 국색(國色)이면 남성들이 따르는 법이고, 꽃에 향기가 있으면 벌과 나비가 따르는 까닭에서입니다. 이 꽃이 빼어나게 아름다운데도 그것을 그린 위에 벌과 나비가 없으니 이는 반드시 향기가 없는 꽃일 것입니다"라고 하였다. 꽃씨를 심었더니 과연 말 그대로였다. 그의 앞을 내다보는 식견이 이와 같았다.[112]

선덕왕의 예지력은 이른바 '지기삼사(知幾三事)', 즉 세 가지 일의 기미를 미리 알아차렸다는 이야기로 설득력을 높이고 있는데, 위의 이야기는 그 가운데 첫째 건이다. 둘째는 영묘사(靈廟寺) 옥문지(玉門池)에 개구리 떼가 모여 우는 것을 보고 여근곡(女根谷)이라는 곳에 백제의 복병이 있을 것을 간파한 것이다. 그리고 셋째 사건은 왕 자신이 죽을 날을 예견하고 도리천(忉利天), 즉 낭산 남쪽에 장사 지낼 것을 명하였던바, 훗날 문무왕 때에 그 장지 아래에 사천왕사(四天王寺)가 세워져 결과적으로 '사천왕천(四天王天) 위에 도리천이 있다'는 불경의 우주관이 징험(徵驗)되었다는 논리이다.[113]

그러나 선덕왕은 전례가 없는 여성 왕으로서 줄곧 왕자(王者)의 자질 문제로 국내외의 도발과 시달림을 받아야만 하였다. 그리고 끝내 그 이유로 일어난 내란 중에 아마 피살되었던 것 같다. 결국 실성왕과 선덕왕의 예지력이란 그 왕들의 비상하게 위태로웠던 권력과 권위를 반증하는 것처럼 비친다.

그와는 달리 왕 자신의 풍모와 체격으로 드러나는 도량과 완력은 현실적 힘을 잘 반영하는 것 같다. 주몽과 유리의 활솜씨가 대표적인 것이겠지만, 실제 활달한 통치력을 발휘한 왕들의 경우는 대체로 비현실적이거나 신비적 요소보다는 일상적이고 경험적 특징

그림 25 선덕왕(善德王)의 능으로 알려진 무덤. 경상북도 경주시

이 강조되는 경향을 보인다. 저명한 광개토왕의 경우, 태어나면서부터 허우대가 컸으며 뛰어나고 활달한 뜻이 있었다고 하였다. 평원왕은 담력이 있었고 말 타고 활쏘기를 잘 하였다고 평가되었다. 또 백제 비류왕(比流王, 재위: 304~344)은 "성품이 너그럽고 인자해 다른 사람들을 아꼈으며, 또 힘이 세고 활을 잘 쏘았다"라고 하였다. 그의 아들인 계왕(契王, 재위: 344~346)도 "타고난 자질이 강직하고 용맹했으며, 말타기와 활쏘기를 잘하였다"라고 한다. 동성왕(東城王, 재위: 479~501) 역시 "담력이 남보다 뛰어났으며, 활을 잘 쏘아 백발백중이었다"라고 하였다. 모두 『삼국사기』에 보이는 평가들이다.

관료 조직이 충분히 성숙하기 전에는 왕들의 전투 지휘 역량이 특히 강조될 수밖에 없었으므로, 활을 다루는 기예는 왕자의 매우 중요한 자질이었다. 유리명왕의 태자 해명이 황룡국에서 예물로 보낸 활을 짐짓 필요 이상으로 힘껏 당겨 부러뜨려 버린 것은 물론 외교적 결례로 보이고, 불행히도 그 자신의 죽음을 불러들이는 사단이 되고 말았지만, 해명으로서는 취할 수 있는 대응이기도 하였다. 그는 차기 왕위 계승권에 가장 근접한 이로서 자신의 전투력을 증명할 필요가 있었다. 더구나 해명이 판단할 때 황룡국의 왕이 보낸 활 역시 필요 이상으로 억센 것이었다. 그러므로 해명은 자결을 피하지 못하였지만, 그의 자탄에는 예기치 못한 사태에 대한 당혹감이 짙었다.

"그가 우리나라를 업신여기는 것을 염려해 일부러 활을 잡아 당겨 부러뜨려서 되갚아 주었던 것인데, 뜻밖에도 부왕으로부터 책망을 당하게 되었구나!"[114]

활쏘기와 함께 말을 능란하게 부리는 능력도 고대국가 왕들의 왕자다운 자질로 빈번하게 거론되었다. 『삼국지』에도 3세기 중엽 고구려 동천왕의 자질을 "말을 잘 탔으며 활사냥에 능하였다[便鞍馬 善獵射]"라고 소개한 대목이 있다. 마찬가지로 광개토왕 대의 고구려에 맞서서 멀리 왜(倭)와도 연대하면서 직접 전장을 누비었던 백제의 아신왕은, 과연 "처음에 한성의 별궁에서 태어날 때 신비로운 광채가 밤에 비추더니, 장성하자 뜻과 기개가 호방했으며 매사냥과 말타기를 좋아하였다"라고 한다.[115]

이처럼 후대 왕들의 탄생에는 적어도 극단적인 비일상성은 개입하지 않았다. 그러면서도 왕들의 비범성을 여전히 탄생 과정의 비일상성으로 설명하려는 안이함의 흔적은 오래까지 남았다. 예컨대 신라의 유례이사금(儒禮尼師今, 재위: 284~298)은 일찍이 그의 어머니가 "밤길을 가다가 별빛이 입으로 들어오더니 곧 임신을 하였다. 바야흐로 유례를 낳던 날 저녁이 되자 기이한 향기가 방안에 가득 찼다"라고 한다.[116] 왕자의 위세에 버금가는 김유신의 경우에도, 그의 어머니가 "꿈속에서 금빛 갑옷을 입은 동자가 구름을 타고 집안에 들어오는 것을 보더니 임신을 하여 20개월 만에 유신을 낳았다"라고 설명하였다. 여전히 일상의 영역을 넘어서 있지만, 얼마간 '확고해진 일상을 전제로 한 일탈'에 그치게 되는 추세를 반영한 것으로 여긴다.

2) 정당한 왕권의 근거

당연한 말이지만 삼국의 왕들이 모두 합당한 자질을 갖추고 있었을 리 없다. 실성왕과 선덕왕은 비상한 예지력과 통찰력으로 분식되었지만 끝내 피살되는 운명을 피하지 못하였다. 그러나 두 왕의 한계는 출계와 혼인을 비롯한 혈통의 문제 혹은 정국 운영의 난맥 등 현실적 권력 기반의 요소들에서 말미암은 것이었다. 다시 말해 골격과 품성 등 정대하고 왕자다운 자질의 결함이 정면으로 거론되었던 것은 아니다.

백성에게서 내쳐진 왕들

반면에 고구려의 왕들 가운데서는 바로 왕 개인의 저열한 자질로 인해 혐오의 대상으로 전락한 경우들이 있다.

모본왕은 이름이 해우이고, 대무신왕의 맏아들이다. 민중왕이 죽자 그를 이어 왕위에 올랐다. 사람됨이 횡포하고 어질지 못해 나랏일을 돌보지 않으니 백성들이 원망하였다.[117]

대무신왕의 맏아들로 소개된 해우는 대무신왕의 또 다른 아들 호동이 비극적으로 자살한 바로 다음 달에 태자로 책봉되었던 이다. 대무신왕이 죽었을 때 그는 나이가 어려 정무를 수행할 수 없다는 우려로 인해 왕위를 계승하지 못하였다. 해우가 태자가 된 후 12년이 지나 대무신왕이 죽었으므로 적어도 열두 살은 되었을 터라, 그의 왕위 승계 보류에 대한 이유가 어딘지 석연치 않다. 여하튼 이로써 국인의 추대에 힘입어 왕위를 이은 민중왕은 대무신왕의 아우였다. 그로부터 5년 뒤 해우가 왕위에 올랐다. 그러나 위에 인용한 것처럼, 그에 대한 평은 유례를 찾기 어려울 정도로 부정적이었다.

이와 관련하여 대무신왕의 또 다른 아들로서 비극적으로 자살하고 만 호동은 죽을 당시 이미 낙랑공주와 혼인을 맺을 정도로 장성해 있었던 것을 환기한다. 대무신왕은 아들의 얼굴 모양이 아름답고 고와서 매우 사랑했기 때문에 이름을 호동이라고 하였다. 호동의 죽음에 대무신왕이 감당해야 할 책임의 무게가 적지 않다는 것이야 『삼국사기』 편찬자들이 이미 지적한 바였지만, 대무신왕 역시 슬픔과 상실감이 적지 않았을 것이다.

대무신왕에 대해, 문헌 기록에는 "태어나면서부터 총명하고 지혜롭더니, 성장해서는 뛰어나게 걸출하여 큰 책략을 지녔다"라고 하였으며, 그 구체적 실례들을 함께 보존해 두었다. 그러므로 당시 사람들은 호동의 안타까운 자결과 사랑하는 아들을 사지로 몰고 만 대무신왕의 고통에 대해 공감하였을 것이다. 또한 그런 만큼 사람들은 그와 같은 사태의 원인이랄까 본질에 닿아 있는 모본왕에 대해서는 정반대로 적의를 지녔을 수도 있다.

여하튼 모본왕은 날이 갈수록 더욱 포학해져서 앉을 때는 늘 사람을 깔고 앉고, 누울 때는 사람을 베고 누웠다. 그러다가 만일 사람이 움직이면 가차 없이 죽여 버렸으며, 신하 가운데 왕에게 이를 간하는 이가 있으면 활을 당겨 그 사람을 쏘아 버렸다. 왕의 가까이에 있다가는 언제 해를 입을지 모를 일이었다. 결국 왕위에 오른 지 6년째 되던 해에 모본왕은 시해되고 만다. 왕을 시해한 이는 옆에서 시종하던 두로(杜魯)라는 인물이었는데, 왕의 행태로 보아 그 역시 죽임을 당할까 두려워 비탄에 빠져 지내다가 스스로 살길을 도모하기로 작정하였던 것이다. 두로는 칼을 품고 있다가 왕이 그를 이끌어 깔고 앉자 칼을 빼 왕을 해쳤다. 모본왕이 왕위에 오르자마자 책봉한 태자 역시 사람들로부터 어질지 못해 사직을 맡기에 부족하다는 평가를 받은 채 내쳐지고 말았다.

　　비슷한 사례로 차대왕의 피살 사건을 들 수 있다. 차대왕 수성 (遂成)은 태조대왕의 아우였다. 형의 왕위를 이을 장성한 조카들이 있었지만, 그는 자신의 왕위 계승 가능성을 포기하지 않았다. 그의 품성은 용맹하고 건장하여 위엄이 있었지만 인자함은 적었다고 한다. 게다가 놀고 즐기는 데 절제가 없다 보니 그의 욕망을 헤아리는 다른 아우로부터 충고를 받기도 하였다. 그러나 태조대왕은 100세가 되면서 더욱 증폭해 가는 아우의 야망과 그로 말미암은 주위의 불온함에 피로감을 이기지 못한 채 왕위를 양보하고 말았다.

　　그리고 그해 가을 차대왕이 사냥을 나갔는데, 흰 여우가 왕을 따라오면서 울어 댔다. 왕이 여우에게 활을 쏘았으나 맞지 않았다. 개운치 않아진 왕의 질문을 받은 사무(師巫)[118]가 이렇게 대답하였다.

　　"여우라는 것은 요사스러운 짐승이라 길하고 상서로운 것이 아닌데, 더군다나 그 빛깔이 희니 더욱 괴이합니다. 그러나 이는 하늘이 말을 거듭해 알려 줄 수 없는지라 요사스럽고 괴이한 것을 보여 주어 임금으로 하여금 두려워하고 반성해서 스스로 새로워지도록 하려는 것이니, 임금께서 만약 덕성을 닦는다면 곧 화가 복이 될 수 있을 것입니다."

　　흰 여우는 흉조이되, 왕이 이를 계기로 자성하고 수덕하여 앙화를 막고 복락을 이루고자 노력할 일이라는 게 사무의 생각이었다.

그러나 차대왕은 그 자신의 책임과 의지를 강요하는 해석이 못마땅하고 번거로웠다.

"흉하면 흉하다고 할 것이고, 길하면 길하다고 할 것이지, 언제는 요사스러운 것이라 하더니 또 그것이 복이 되리라 하니, 어찌하여 그리 말을 꾸며 대느냐?"[119]

그리하여 차대왕은 사무, 즉 온당하게 해석한 전문 해설자를 죽여 버렸다. 이제 저와 같은 폭거의 결말을 짐작하기 어렵지 않다. 뒷날 고구려의 초대 국상(國相)으로 임명되는 명림답부(明臨答夫)가, 도대체 백성들이 참을 수 없는 지경인지라, 차대왕을 시해하고 말았다.

역사 기록의 속성상 왕의 자질과 관련한 품평이란 그 왕의 치세에 대한 총평의 반면이긴 하다. 즉 차대왕은 저와 같은 폭압과 전횡 끝에 피살되고 말았으므로, 애초부터 그에 대한 자질 평가는 그에 부합하도록 작성되었다고 보는 게 맞겠다. 봉상왕(烽上王, 재위: 292~300)의 경우가 적절한 사례가 될 수 있다.

「고구려본기」 작성자는 서천왕(西川王, 재위: 270~292)의 태자로서 순조롭게 왕위를 이은 봉상왕에 대해 뜻밖에도 매우 부정적으로 말하였다. 그가 왕이 되기 전 어려서부터 교만하고 방탕하였으며 의심과 시기가 많았다는 것이다. 그러나 이러한 평가는 봉상왕이 왕위에 오른 뒤 자행한 만행에 대한 비판의 시선에서 소급되고 귀결된 것이라고 보아야 옳다.

즉 봉상왕은 즉위하자마자 숙부인 달가(達賈)를 죽였다. 달가는 서천왕의 아우로서 고구려를 침탈하는 숙신(肅愼)의 본거지를 평정하여 영토의 보위와 백성의 안위에 크게 기여한 이였다. 그로 인해 백성들이 우러러보는 달가를, 왕은 의심한 나머지 음모를 꾸며서 죽였던 것이다. 이어 일 년 뒤에 왕은 또 다시 자신의 아우인 돌고(咄固)가 딴 마음을 가지고 있다고 여겨 자결하게 하였다. 그 당시 나라 사람들은 돌고가 죄 없이 죽은 것을 애통해 하였다.

이때 돌고의 아들 을불(乙弗)은 그를 찾아 죽이려는 봉상왕의 칼끝을 피해 달아나 초야에 숨었다. 그리고 몇 년 뒤 봉상왕을 폐위시킨 신료들에 의해 미천왕(美川王, 재위: 300~331)으로 즉위하였다. 즉 신료들은 흉작으로 굶주리다 못해 급기야 서로 잡아먹는 지경에 이른 백성들을 돌아보지는 않고 오직 궁실을 증축하여 사치와 화려함을 다하는 봉상왕을 내치기로 모의한 것이었다. 그 직접 발단이 된 국상 창조리(倉助利)와 봉상왕의 대화를 본다.

> "하늘의 재앙이 거듭되고 올해 농사가 잘 되지 않아 백성들이 어찌할 바를 몰라 젊은이들은 사방으로 흩어져 떠돌고, 늙은 이와 어린이들은 구덩이와 도랑에 뒹굴고 있습니다. 이는 진실로 하늘을 두려워하고 백성을 염려하여 몹시 조심하고 스스로 몸가짐을 살펴 반성해야 할 때이거늘, 대왕께서는 일찍이 한 번도 이를 생각지 않으시고 굶주린 백성들을 내몰아 토목공사의 부역에 시달리게 하시니, 백성의 부모가 되신 본뜻에 크게 어긋나는 것입니다. 더군다나 가까운 이웃에 억센 적이 있는 터에, 그들이 만약 우리가 피폐한 틈을 타서 쳐들어온다면 사직과 백성들이 어떻게 되겠습니까? 바라옵건대 대왕께서는 이 점을 깊이 헤아려 주소서."

"임금이란 백성이 우러러보는 바이므로 궁실을 웅장하고 화
려하게 하지 않으면 위엄과 무게를 나타내 보일 방법이 없는
것이다. 지금 국상은 아마 과인을 비방해 백성들의 칭송을 구
하려는 것이로다!"

왕의 말에 담긴 노여움이 이미 위험한 지점을 향하고 있었지
만 창조리는 멈추지 않았다.

"임금이 백성을 보살피지 않으면 어질지 못한 것이고, 그런데
도 신하가 임금에게 간하지 않는다면 충성이 아닙니다. 제가
이미 분에 넘치는 국상의 자리를 채우고 있는 이상 감히 말씀
드리지 않을 수 없어서이지, 어찌 감히 칭송을 구해서이겠나
이까?"
"국상은 백성을 위해 죽고 싶은가? 뒤에 다시 말하지 않기를
바란다."[120]

봉상왕이 무리한 토목공사로 추구한 것은 왕자의 위엄과 무게
라 하였으나, 신료와 백성들은 그에게서 무책임한 폭정을 발견할 뿐
이었다. 마침내 창조리의 주도 아래 왕의 폐위를 결정하기에 이르자,
봉상왕은 화를 면치 못할 것을 알고 스스로 목을 맸다. 두 왕자들도
따라서 죽었다. 이처럼 왕들이 고대(高大)하고 화려한 궁실의 조영을
위해 국가 재정과 신료들의 간언을 외면하다가 권좌에서 축출당하는
일은 고대사회에서 드물지 않게 보인다. 봉상왕의 경우와 거의 유사

한 갈등과 말로를 겪게 된 이로는 백제의 동성왕이 있다.

동성왕은 사실 출중한 담력과 활솜씨로 칭송되었지만, 말년에 독단적 행태를 보이면서 신료들과 간극이 생겼다. 가뭄으로 인해 백성들이 굶주려서 서로 잡아먹고 도적들이 많이 일어났다. 신료들이 창고를 풀어 진휼하기를 청하였으나 왕은 듣지 않았다. 그로 인해 수천 명이 국외로 이탈하기도 하였다. 여기에 더해 임류각(臨流閣)이라는 전각을 세우고 연못을 조성하는 등 공역을 강행하면서, 왕은 백성들의 질고와 현실 인식으로부터 점점 더 멀어지게 되었다. 그리고 마침내 사냥을 나가 궁 밖에서 머물다 자객의 손에 피살되고 말았다.[121]

그림 26   공산성(公山城)의 임류각(臨流閣), 충청남도 공주시

왕에 대한 평판의 맥락

몇 가지 사례를 통해 몇몇 왕들의 폭력적 성향과 자기 현시적 욕망이 어떻게 파멸을 재촉하고 말았던가를 헤아려 볼 수 있다. 그러나 사건이 종료된 후, 혹은 관련 당사자의 역할이 종식된 후 정돈되는 역

사 기록의 속성을 놓쳐서는 안 된다. 모든 기록은 기록자의 현재적 조건과 상황으로부터 완전하게 유리될 수 없다. 그것은 이미 상식이다.

　　마찬가지로 고대국가 개개 왕들의 통치 행위와 정책 결정에 대한 총체적 품평에는 당대인들의 정서 및 기록자의 시선이 복잡한 방식으로 얽혀 있기 마련이다. 동성왕의 경우야 총평과 말로가 극단적으로 어긋나기 때문에 더욱 유의할 필요가 있다. 동성왕을 염두에 둔다면, 짐짓 다음과 같이 생각해 볼 수도 있겠다.

　　다 아는 바와 같이 농경사회에서 물이 가지는 절대적 비중으로 인해 고대국가의 왕들은 여러 가지 시책과 의례를 마련하여 물과 왕권의 순조로운 조응을 표방하고자 하였다. 신라에서는 왕궁 공간에 안압지(雁鴨池)와 같은 연못을 조성하였다. 그리고 태종 무열왕을 이어 실질적으로 삼국의 일통을 완결한 문무왕은 "궁궐 안에 못을 파고 산을 만들었으며, 화초를 심고 진기한 새와 짐승들을 길렀다." 경덕왕 또한 궁궐 안에 큰 연못을 팠다.[122] 백제에서도 진사왕(辰斯王, 재위:

그림 27　동궁(東宮)과 월지(月池), 경상북도 경주시

385~392)과 무왕이 궁궐 부근에 연못을 만들었다.[123] 단순한 궁원(宮苑) 의 조성을 넘어 왕을 용으로 비견하는 위에, 그 수반 요소로서의 못을 인위적으로 구비하려는 의도였다.

그러므로 궁 안에 못을 파고 그 옆에 임류각을 세운 백제 동성 왕의 경우, 그러한 공역이란 전년도에 백제를 휩쓴 가뭄과 기근과 전 염병 및 그로 인한 2천 명의 고구려 망명 등 재해에 대한 대응의 한 방식이었을 수 있다. 물론 그와 같은 대안은 실패하였다고 보아야 한 다. 왕과는 달리 신료들은 국고를 풀어 기민을 구휼할 것과 무리한 토목공사를 중단할 것을 주장하였다. 그러한 대안은 재해에 대한 보 편적 합의에 충실한 것이었다. 불행히도 동성왕은 이듬해 봄과 여름 까지 계속된 가뭄 끝에 피살되고 말았다. 이처럼 기록의 문맥은 동성 왕의 학정과 그로 인한 백성의 피해에 맞추어져 있다. 그러나 그 가 운데 깔려 있는 배면의 논리는 물 관련 재해와 통치자의 자질 사이에 있다고 확신한 상관관계, 바로 그것이었다.

사실 이와 같이 잠복된 괴리는 문자 정보를 다룰 때 새삼스러 운 게 아니다. 고구려 동천왕은 『삼국지』 찬자에 의해 태조대왕의 증 손자로 간주되었는데, 이 조손관계의 두 사람을 특별한 속성으로 아 울러 평가한 바 있다. 우선 동천왕의 증조인 태조대왕 궁(宮)은 세상 에 태어나면서부터 눈을 뜨고 사물을 알아보았기 때문에 그 당시 고 구려인들이 그를 혐오하였다고 한다. 아닌 게 아니라 궁이 장성하자 과연 흉악하여 자주 이웃 나라를 침략하다가 그의 나라가 유린되고 파괴되는 지경에 이르렀다고 찬자는 말한다.

그런데 그의 증손인 동천왕 역시 태어나자마자 눈을 뜨고 사람들을 알아보는 것이 증조부와 닮았다 한다. 또한 고구려에서는 서로 닮은 것을 '위(位)'라고 부르는지라, 그의 증조부 이름을 활용하여 위궁(位宮)이라고 하였다는 것이다. 그에 이어서 동천왕 위궁이 중국의 공간을 침구하였음을 거론하여, 태조대왕에 대한 것과 다르지 않은 적대적 시선을 드러내 보였다.

그러나 정작 『삼국사기』가 전하는 고구려인들의 동천왕에 대한 정서와 기억은 중국인들의 그것과는 판이하였다. 젊은 시절의 동천왕의 성품이 얼마나 너그럽고 인자했는지를 짐작하게 하는 대목이 있다. 동천왕은 부왕인 산상왕(山上王, 재위: 197~227)이 주통촌(酒桶村)의 젊은 여성과 밀회하여 낳은 아들이었다. 그 때문에 산상왕의 비이면서 자기 소생이 없었던 왕후 우씨(于氏)로부터 한동안 질시와 핍박이 있었던 것으로 헤아려진다. 그러나 이제 동천왕이 왕위에 오른 이상 우씨 부인은 동천왕의 성정과 태도에 유의하지 않을 수 없었을 것이다. 이런 배경에서 거론된 장면이다.

> 왕후가 왕의 마음을 시험해 보고자 하여, 왕이 사냥 나가는 것을 기다렸다가 사람을 시켜 왕의 수레를 끄는 말의 갈기를 잘랐다. 왕이 돌아와 (보고) 말하기를 "말에 갈기가 없으니 불쌍하다"라고 하였다. 왕후가 또 시중드는 이를 시켜 음식을 올릴 때 짐짓 국을 왕의 옷에 엎지르게 하였으나, 역시 왕은 화를 내지 않았다.[124]

이렇게 동천왕은 관후(寬厚)하였다. 더구나 동천왕이 죽었을 때도 유례없는 사태가 발생하였다. 왕이 죽자 나라 사람들은 그의 은덕을 생각하여 슬픔으로 마음이 상하지 않는 이가 없었다. 가까운 신료들 가운데는 자살하여 왕을 따르려는 이가 많았다. 새로 즉위한 중천왕이 그와 같은 자살행위는 예가 아니라 하여 금지하였지만, 장례일이 되자 왕의 무덤에 와서 스스로 죽는 이가 매우 많았다. 그리하여 사람들이 섶을 베어다 그들의 시체를 덮었다고 한 것을 보면, 그렇게 왕을 따라 죽은 이가 적지 않았던 듯하다. 다시 말해 태조대왕을 닮아 역시 혐오의 대상이 되었다는 『삼국지』「동이전」찬자의 말과는 전혀 다르다. 오히려 왕의 너그러움과 관대함에 대한 사람들의 사랑은 쉽게 가늠하기 어려운 정도였던 것이다.

요컨대 왕들의 성품이나 자질, 그리고 왕들의 욕망과 지향 등과 관련한 정보들은 그들의 권력과 통치에 대한 이해 당사자들의 처지에 따라 서로 다른 정서적 국면에서 왜곡되기 쉽다. 거칠게 말하자면 자신의 직계 후손에게 순조롭게 왕위를 승계하지 못한 왕들은 이미 우호적인 평가를 기대하기 어렵다. 피살되거나 축출당한 왕들은 그들을 배척한 후대 권력 집단에 의해 그들이 왜 마땅히 배척되지 않으면 안 되었던가가 예증되어야만 하였기 때문일 것이다.

왕위 승계의 욕망과 명분

왕들은 이 때문에서라도 직계 부자 계승의 강렬한 욕망을 종종 표출하였다. 아들을 구하여 산천에 기구하였던 부여 왕 해부루(解夫婁)의 염원이나, 위에 언급한 산상왕이 주통촌 여인과 유지한 밀회에 개입되어 있는 정서가 그 한 단면이라고 할 수 있겠다.

심지어 경덕왕은 아들을 생산하지 못한 왕비를 폐출하고 후비를 맞이해 들였을 뿐 아니라, 하늘의 상제(上帝)와 소통하던 승려 표훈(表訓)에게 아들을 갖도록 주선해 줄 것을 집요하게 부탁하였다.

"내가 복이 없어 아들을 두지 못하였으니 원컨대 대덕께서는 상제께 청하여 아들을 가질 수 있게 해 주시오."

"상제께서는 (왕께서) 딸은 얻을 수 있지만 아들은 얻을 수 없다고 하십니다."

"딸을 바꿔서 아들로 만들어 주기를 바랍니다."

표훈이 다시 하늘로 가서 청하자 상제가 경고하였다.

"그렇게 할 수야 있지만, 아들로 만든다면 나라가 위태로울 것이다."

그러나 경덕왕은 듣지 않았다.

"나라가 비록 위태로워진다 해도 아들을 얻어 후사를 잇게 된다면 만족하겠습니다."

이 위험한 거래를 소개한 『삼국유사』 서술자는, 바로 이 사건으로 말미암아 태어난 혜공왕(惠恭王, 재위: 765~780)이 왕위에 오르기까지 늘 부녀자들의 놀이를 하고 비단주머니 차기를 좋아하였으며, 결국 나라가 크게 어지러워진 나머지 피살되기에 이르렀다고 진단하였다.[125] 이 이야기는 당연히 신라 중대 마지막 왕인 혜공왕 대의 난맥을 설명하기 위한 장치에 불과하다. 출궁당한 왕비 삼모부인(三毛夫人)의 경우에서도 왕과 진골 귀족들 사이의 권력 구조를 둘러싼 갈등의 표출을 읽음 직하다. 그러나 어쨌든 그 가운데는 당대 사람들의 아들과 딸에 대한 차별적 인식의 전형이 들어 있다. 그와 함께 왕위의 부자 계승에 대한 왕들의 절제 없는 욕망이 작동하고 있는 것이다.

따라서 왕위를 승계할 후사가 없는 경우에는 대개 정략과 명분의 충돌이 불가피하였다. 이 경우 다행히도 '국인(國人)'으로 표현되는 유력 의사결정 집단의 합의가 성공적으로 작동한 사례들도 없지 않았다. 그런가 하면 경쟁 세력들은 동원 가능한 상징 해석과 천의에 가탁한 물리력 행사로 비상한 사태를 야기하기도 하였다.

예컨대 신라에서는 무열왕의 직계 후손들이 왕위를 독점하던 중대(中代)가 끝나고, 이른바 하대(下代)의 첫 왕이었던 선덕왕(宣德王, 재위: 780~785)이 공교롭게도 후사 없이 죽자, 왕위를 둘러싼 전형적인 경합과 갈등의 국면이 전개되었다.

선덕왕이 죽었을 때 아들이 없었으므로 여러 신하들이 후사를 의논해 왕의 족자(族子) 김주원(金周元)을 왕으로 세우고자 하였다. 주원의 집은 수도의 북쪽 20리 되는 곳에 있었는데, 때마침 큰비가 내려 알천의 물이 불어나서 주원이 건너오지 못하였다. 어떤 이가 말하기를 "임금의 크나큰 지위에 나아가는 것은 본디 사람이 도모할 수 없는 것이니, 오늘 폭우가 쏟아지는 것은 아마도 하늘이 김주원을 왕으로 세우려 하지 않기 때문이 아닐까 한다. 지금의 상대등 김경신(金敬信)은 전 왕의 아우이고 평소에 덕망이 높아 임금의 체모를 가지고 있다"라고 하였다. 이에 여러 사람들의 의견이 순식간에 일치해 김경신을 옹립해 왕위를 잇게 하였다. 이윽고 비가 그치니 나라 사람들이 모두 만세를 불렀다.[126]

이렇게 하여 김경신이 원성왕(元聖王, 재위: 785~798)으로 즉위하게
되었다. 물론 이러한 사태는 현실적으로 무열계 김주원과 내물계 김
경신의 왕위 계승을 둘러싼 갈등과 경쟁을 배경으로 한다. 그러나 그
들의 정치적 정당성 여하가 폭우와 청명이라는 자연현상으로 다르게
표출되었다는 데 주목할 필요가 있다. 김주원의 즉위를 방해한 것은
폭우였다. 김경신이 즉위하자 비가 그치고 맑게 개었다.

당시 사람들은 이러한 변화를 '하늘의 뜻'으로 읽고자 하였다.
그럼에도 불구하고 원성왕은 재위 기간 동안 신라의 어느 왕보다도
많은 재해에 봉착하였다. 우박, 가뭄, 충해, 여름의 서리, 폭풍, 역질,
홍수, 산사태 등이 거의 매년 신라를 덮쳤다. 그렇다면 '하늘의 뜻'이
란 처음부터 원성왕 측의 정략에 지나지 않았을 것이다.

그러므로 천문 현상과 마찬가지로 지상의 우물, 강, 바다, 홍
수, 가뭄 등에 대한 당대인의 상징 부여도 특정한 방식에 따라 일관되
게 공유되지는 않았던 것이다. 다만, 비록 서로 상반되거나 충돌하는
상징이라 해도, 그것이 당시 통치자 집단 사이의 성패나 이해득실과
긴밀히 연계되어 있다고 본 고대인들의 사유 체계에 주목해야 할 당
위는 매우 큰 것이다.

3) 배제와 희생의 논리

『삼국유사』의 전승에 의하면, 김경신은 그 자신이 머리에 쓴
복두(幞頭)를 벗고 흰 갓을 쓴 채 12현금(弦琴)을 들고서 천관사(天官寺)

우물 속으로 들어가는 꿈을 꾸었다고 한다. 복두는 벼슬아치들이 쓰는 관모이다. 12현금은 가야금을 이르는 것으로 생각한다. 천관사는 김유신이 창건한 것으로 알려진 경주의 절로서 월성의 남쪽에 그 터가 있다.

염원의 표상과 실현 방식

'꿈보다 해몽'이라는 말이 있듯이, 꿈에 본 여러 형상에 대해 전혀 다른 해석들이 나왔다. 우선 이 꿈에 대해 처음 점친 사람의 해석은 비교적 논리가 단순하였다.

"복두를 벗은 것은 관직을 잃을 징조요, 현금을 든 것은 칼을 쓰게 될 조짐이며, 우물 속으로 들어간 것은 옥에 갇힐 징조입니다."

듣고 보니 그럴듯하다. 김경신은 근심에 사로잡혀 두문불출하였다. 그를 걱정하던 다른 사람이 찾아와 연유를 물었다. 꿈의 내용을 들은 그는 일어나 김경신에게 절을 하고 말하였다.

"복두를 벗은 것은 공의 윗자리에 앉을 다른 이가 없음이요, 흰 갓을 쓴 것은 면류관을 쓰게 될 징조요, 12현금을 든 것은 12대 후손에게 왕위를 전할 징조요, 천관사 우물로 들어간 것은 궁궐로 들어갈 상서입니다."[127]

이 해석은 분석의 요소와 그 의미가 좀 더 구체적이긴 하다. 그러나 역시 그와 같은 해석의 논거는 분명하지 않다. 즉 꿈의 요소와 그에 대한 해석자의 의미 분별 사이에 긴밀한 상관관계를 인정하기가 쉽지 않다. 두 가지 해석 사이에서 설명력의 우열과 설득력의 승패는 없다고 보아야 한다. 여하튼 김경신은 잠시 위안을 받았겠지만,

현실 조건은 여전히 그에게 회의적이었다.

"내 위에 김주원이 있는데 내가 어떻게 왕위에 오를 수 있단 말인가?"

"은밀하게 북천의 신에게 제사를 지내면 가능할 것입니다."

김경신이 그 말을 따랐다. 그의 염원을 실현시켜 줄 존재는 북천, 곧 알천이었다. 그 때문에 알천의 물이 불어 김주원의 즉위가 실패한 것이었다. 그런데 알천의 물은 하늘이 비를 내려 분 것이니, 이를 '하늘의 뜻'으로 내세운다 하여 잘못은 아니다. 요컨대 하늘의 의지가 자연현상을 통해 드러난 것이되, 그 발단은 사람의 염원이었다. 정확하게 말하자면, 그 염원을 실현하기 위한 구체적 행위에서 비롯했다는 점을 주목해야 한다. 다시 말해 전혀 상반된 해석 사이의 불안한 유동성이란 사람의 행위와 의지의 규정성과 실천력을 전제로 하는 것이다.

그러므로 특정 현상에 대한 수용 방식은 의연히 사람의 영역에 있을 뿐이다. 말하자면 현상에 대한 해석이나, 그 해석이 지시하는 대응 방식의 주체가 되는 사람 모두가 어떤 선택의 국면에 놓이게 된다. 선택된 해석과 행위는 현실에서 구체적 형태의 결과로 귀결된다. 그러한 경험들은 궁극적으로 인간중심 세계관이 성숙하는 바탕이 되기도 한다.

고구려 태조대왕의 꿈에 대한 해석과 그에 따른 결과도 좋은 예증이다. 왕이 밤에 꿈을 꾸었는데, 표범이 호랑이 꼬리를 물어 끊는 것이었다. 깨어서 그 길흉을 물었더니 어떤 이가 이렇게 해석하였다.

"호랑이란 백수의 어른이요 표범은 호랑이와 같은 부류이면서 작은 것이니, 생각하옵건대 왕족 가운데 혹시 대왕의 뒤를 끊으려고 획책하는 이가 있는가 합니다."

왕은 불쾌하였다. 측근 신하인 고복장(高福章)에게 속내를 털어 놓았다.

"내가 어젯밤 꿈에 본 것에 대해 점치는 이의 말이 이와 같으니 어떻게 해야겠는가?"

"착하지 못한 일을 하면 길한 것도 변해 흉한 것이 되고, 착한 일을 하면 재앙이 도리어 복락이 되는 것입니다. 지금 대왕께서는 나라를 집안처럼 걱정하시고 백성을 자식처럼 사랑하시니 비록 사소한 이변이 있다 한들 무슨 근심할 게 있겠습니까?"[128]

고복장의 논리는 바로 사람의 행위 영역이 길흉의 가름을 결정짓는다는 사고에 충실한 것이다. 물론 태조대왕의 아우인 수성의 위험한 야망은 날이 갈수록 더욱 거리낌 없이 노출되고 있었다. 고복장이 상황을 너무 안이하게 여겼을지 모른다. 결국 일 년 뒤, 상황을 지켜보던 고복장은 수성을 처단할 것을 주장하였다. 그럼에도 불구하고 태조대왕은 수성에게 양위하려 하였다. 고복장은 수성이 왕이 되면 곧바로 태조대왕의 자손을 해칠 것이라고 경고하였다. 그러나 94년 간 왕위에 있었던 태조대왕은 이제 곤고하기만 하였다.

이렇게 해서 양위를 받은 차대왕은 즉위한 지 석 달 만에 자신의 승계를 반대하였던 고복장을 죽였다. 일 년 뒤에는 다시 태조대왕의 큰아들을 죽였다. 작은아들은 형의 죽음을 보고 아예 스스로 목을 매고 말았다. 고복장의 우려가 현실이 되고 말았다. 죽음 앞에서 고복장은 탄식하였다.

"애통하고 원통하도다! 내가 선대 임금의 가까운 신하로서 어찌 반역하는 이를 보고 잠자코 말하지 않을 수 있었으랴. 선대 임금께서 내 말을 듣지 않아 이 지경에 이른 것이 한스럽도다. 지금 임금은 이제 막 왕위에 올랐으니 마땅히 정사와 교화를 새롭게 하여 백성에게 보여야 할 것이거늘, 의롭지 못하게도 한 충신을 죽이니, 내가 이 무도한 때에 사느니보다 차라리 얼른 죽는 것이 낫겠구나."[129]

태조대왕이 자신의 꿈에 대한 해석을 듣고 불쾌해 있을 때 오히려 사람의 의지를 들어 진정케 했던 고복장이었다. 그러한 그가 문득 수성의 처단을 주장하게 된 데에는 그럴 만한 계기가 있었다. 수성이 바야흐로 비상수단을 동원하여 태조대왕의 왕위를 차지하려 획책하였을 때 그의 측근 가운데 이를 반대한 이가 있었다. 다만 그는 수성의 왕위 승계를 반대하는 것이 아니라 다른 측근들과는 달리 그 방법에 대해 동의하지 않았을 뿐이다. 그의 논리는 이러하였다.

"지금 대왕께서 현명하시므로 안팎에 다른 마음을 가지는 이가 없거늘, 당신께서 비록 공적이 있다고는 하나 휘하에 간사하고 아첨하는 사람들을 거느리고 밝으신 임금을 폐위하려 도모하니, 이것이 한 오라기 실로 만 균(鈞)[130]의 무게를 매달아 거꾸로 끌려 하는 것과 무엇이 다르겠습니까? 비록 아무리 어리석은 이라 해도 그것이 불가한 일이라는 것을 알 것입니다. 만약 왕자께서 계획을 바꾸고 생각을 고쳐서 효성과 순종으로 임금을 섬긴다면, 곧 대왕께서 왕자의 착함을 깊이 아시어 반드시 양위할 마음을 가지실 것이요, 그렇지 않으면 재앙이 닥칠 것입니다."

수성은 불쾌하였다. 그 사람의 말 가운데 '간사하고 아첨하는 무리'로 지목된 이들도 다르지 않았을 것이다. 그러한 이들에게 정직한 사람은 불편하고 번거로울 뿐이다. 그들은 모의가 누설될까 염려하였다. 중론은 후환을 없애기 위해 그를 죽여서 입을 막는 게 좋겠다는 것이었다. 수성은 그들의 의견을 따라 그를 죽여 버렸다.

죽을 자리와 목숨의 무게

여러 사람의 이익에 부합하지 못하여 배제되거나 희생되는 경우들은 당시 사회의 세태를 정확하게 고발한다. 왕위와 마찬가지로 크고 작은 재물도 정당하지 않은 수단으로 그를 쟁취하기 위한 음모와 희생을 부른다. 신라 진평왕 대에 사량궁(沙梁宮)의 사인(舍人)으로 복무하던 하급 관리 검군(劍君)의 죽음으로 이 문제를 생각해 본다.

627년 가을에 기상이변으로 곡물 수확에 차질이 생겼다. 그에 따라 이듬해 봄과 여름에 큰 기근이 들었다. 사람들 가운데는 연명을 위해 자식을 파는 경우조차 있었다. 이에 궁중의 여러 사인들이 함께 모의해 창예창(唱翳倉)의 곡식을 훔쳐 나누었는데, 검군만이 홀로 받지 않았다. 다른 사인들이 그에게 권유하고 배려도 더해 보았으나 그는 거부하였다.

"여러 사람이 모두 받는데 그대만이 유독 물리치니 무슨 까닭인가? 만약 양이 적어 꺼린다면 다시 더해 주리라."

"나는 근랑(近郎)의 낭도로 이름이 편성되어 있어 풍월도(風月道)의 뜰 안에서 행실을 닦았으므로, 진실로 의로운 일이 아니거든 비록 천금의 이익이 있다 해도 마음이 흔들리지 않는다."

풍월도는 화랑도를 가리킨다. 즉 검군은, 당시 화랑이었던 근랑의 낭도로서 관곡을 훔치는 불의에 동의할 수는 없다고 하였다. 이렇게 되자 다른 사인들은 검군을 죽이지 않고서야 반드시 말이 새 나갈 것이라고 우려하였다. 그들은 검군을 죽일 요량으로 불렀다. 검군은 그들이 자신을 죽이려 하는 줄을 알아차리고, 근랑에게 작별하였다.

"오늘 이후로는 다시 서로 만나지 못하겠습니다."

근랑이 까닭을 물었으나 검군은 말하지 않았다. 두 번 세 번 거듭 물어서야 간단하게 그 연유를 이야기하였다. 근랑은 검군에게 불의에 동조하지 않더라도 살길을 찾으라 하였다.

"어째서 관가에 말하지 않는가?"

"자신이 죽는 것을 두려워해 여러 사람으로 하여금 죄에 걸려들게 하는 것은 인정상 차마 할 수 없습니다."

"그렇다면 왜 도망가지 않는가?"

"저들은 굽어 있고 나는 곧거니와, 그런데도 도리어 제 스스로 도망한다는 것은 장부답지 못합니다."

드디어 사인들에게로 가니 그들은 술자리를 벌여 놓고 베풀면서 은밀하게 음식에 약을 넣었다. 검군은 그것을 알면서도 억지로 먹고 그만 죽었다. 검군의 이야기를 서술한 이는 다음과 같은 말로 마무리하였다.

"군자(君子)가 말하기를 '검군은 죽을 자리가 아닌 데서 죽었으니 태산같이 중한 목숨을 새털보다 가벼이 여긴 이라고 하겠다'라고 하였다."[131]

요컨대 검군이 죽음으로써 사인들은 안전하였다. 사인들의 추악한 음모는 검군의 자발적인 희생으로 성공하였다. 검군은 자신에게 이익을 취하게 하는 불의에는 저항하였으나, 자신에게 죽음을 강요한 불의 앞에서 회피하지 않았다. 사인들은 잠시 안도하였겠지만, 살인의 죄업을 지울 수 없게 되었다.

검군의 죽음은 근랑과 사인들, 그리고 당시 사람들과 오늘의 독자 등 여러 사람을 당혹스럽게 만든다. 「열전」 서술자가 인용한 '군자'로 지목된 사람도 그렇듯 복잡한 정서를 대변하는 존재라고 생각한다. 다만 '죽을 자리가 아닌 데서 죽었다'라는 판단과 '목숨을 새털보다 가볍게 여겼다'라는 인식이, 인과적 논리로서 어떤 평가를 은유하는 것인지 간단치는 않은 것 같다. 다시 말해 군자의 정서도 풀어야 할 숙제거리다.[132]

누군가는 다음과 같이 음미할 수도 있다.

大凶年(대흉년)이 들어서
王宮倉庫(왕궁창고)의 庫(고)지기들이
王宮倉庫의 穀食(곡식)들을 훔쳐 내
남 몰래 나눠 먹는 판국이 되었는데,

깨끗한 우리 劍君(검군) 혼자만큼은
「그거사 못 먹겠다」 혼자만 빠졌다가,
祕密(비밀) 탄로의 염려 있다고
暗殺 對象(암살 대상)이 되어 버렸네.
감쪽같이는 되어 버렸네.

그래서 패거리들은 한 床(상) 잘 차리고

우리 劍君 청해서 독을 타 먹였는데,

劍君은 그걸 알고도 받아 먹고 죽었네.

祕密 탄로 안 시키고 받아 먹고 죽었네.

무슨 人生(인생)이 그렇게도 헐값이냐고?

아닐세. 그건 헐값이 아니라

하늘 값과 해 값을 함께 합쳐 계산한

新羅 花郞(신라 화랑)의 本錢(본전) ─

檀君 以來(단군 이래)의 風流(풍류)의 그 멋 때문이었다네.[133]

이 시인은 '군자'가 검군의 죽음을 비판했다고 생각한 것이다. 즉 『삼국사기』「열전」 서술자는 검군의 죽음에 대한 비판의 의견을 검군전에 대한 총평처럼 인용한 셈이 된다. 그렇다면 또한 그는 검군의 죽음을 긍정하지 않았다는 말이 된다.

그러나 이른바 '군자'란 유학에서 제시하는 이상적인 인간상이다. 중국의 『열녀전』이나 이를 수용한 조선의 『열녀전』에도 정절과 신의를 지킨 여성들의 이야기에 붙여 '군자'의 논평이 뒤따르곤 하였다.[134] 물론 검군은 죽지 않아도 될 상황에서 스스로 죽음을 향해 걸어간 인물이다. 그러한 행위는 태산보다 무거운 목숨을 새털보다 가벼이 여기는 것이다. 죽음을 피하지 않는 일이 범상할 수 없으며, 목숨을 가벼이 여기는 일도 감당하기 어려운 경지이다. 그런데 검군은 피하지 않았으며 가벼이 다스렸다. 보통 사람들이 쉽사리 할 수 없는 바다. 그가 「열전」에 자리하게 된 이유가 여기에 있을 것이다.

명리(名利)에 굴하지 않기 위하여

검군과 함께 진평왕 대에 상사인(上舍人)으로 복무하였던 실혜(實兮)의 이야기도 「열전」의 같은 부분에 실려 있다. 실혜는 성품이 강직하여 의롭지 않은 일로 그를 굴복시킬 수 없었다. 그러나 동료 사인이었던 진제(珍堤)는 그 사람됨이 아첨을 잘해 왕의 사랑을 받았다. 비록 실혜와는 같은 직분의 신료였지만 일을 처리함에 서로 옳네 그르네 하여 의견이 맞지 않았다. 실혜는 바른 길을 지켜 군색하고 구차스럽지 않으니, 진제가 시기하고 원한을 품어 여러 번 왕에게 참소하였다.

"실혜는 지혜가 없고 배포만 많은지라 걸핏하면 기뻐하고 화를 내서 비록 대왕의 말씀이라 해도 자기 뜻에 맞지 않으면 분하게 여겨 마지않으니, 만약 징계해 다스리지 않는다면 장차 화란이 될 것인데, 어찌 그를 내쫓아 물리치지 않으십니까? 그가 굴복하기를 기다린 다음에 쓰셔도 늦지 않을 것입니다."

왕은 진제의 말이 옳다고 생각해 실혜를 좌천시키고 말았다. 근랑이 검군에게 그랬듯이, 그의 성품을 잘 아는 사람이 실혜의 처지를 안타깝게 여겨 걱정을 해 주었다. 그러나 실혜 역시 검군이 그러했던 것처럼 담담하고 의연하였다.

"당신은 할아버지 대부터 충성과 밝은 재질로 세상에 이름이 있었는데, 지금 간사한 신하의 참소와 훼방을 입어 멀리 죽령(竹嶺) 바깥 황량한 벽지에 임관하게 되었으니 원통하지 않은가? 어찌하여 사실대로 아뢰어 스스로 변명하지 않는가?"

"옛날 굴원(屈原)은 홀로 정직하다가 초(楚)나라에서 물리쳐져 내쫓기고, 이사(李斯)는 충성을 다하였으나 진(秦)나라에서 극형을 받았다. 그러므로 간사한 신하가 임금을 현혹해 어지럽히면 충성스러운 이가 배척을 당하는 것은 옛날에도 역시 그러하였던 것을 알 수 있거늘, 무엇이 그리 슬프겠는가?"[135]

굴원은 전국시대 초나라의 충신이다. 초나라 회왕(懷王)의 신임을 받았으나 참소를 입어 축출되었다. 그 후 회왕은 진나라의 장의(張儀)에게 농락당해 죽고 말았다. 굴원은 다시 경양왕(頃襄王) 때에도 멀리 쫓겨났으며, 초가 멸망하기에 이르자 스스로 돌을 안고 멱라수(汨羅水)에 몸을 던져 죽었다.[136] 『초사(楚辭)』에 있는 그의 작품들에는 임금과 나라를 사랑하는 마음과 세상에 대한 울분, 그리고 자신의 불우함을 슬퍼하는 격정이 보인다. 특히 그의 작품으로 알려진 「어부사(漁父辭)」에는 그가 조정에서 쫓겨난 까닭을 "온 세상이 다 흐린데 나 홀로 깨끗하고 뭇 사람이 다 취하였는데 나 혼자 깨어 있었던" 때문이라고 하였다.

이사 역시 전국시대 초나라 사람인데 진나라에 들어가 객경(客卿)이 되었으며, 시황제(始皇帝)가 천하를 평정하자 승상(丞相)이 되었다. 군현제를 제정하고 분서령(焚書令)을 내리게 하는 등 시황제를 도왔으나, 조고(趙高)와 함께 2세를 황제로 옹립한 뒤, 조고의 음해로 2세의 미움을 받아 함양(咸陽)의 저자에서 허리를 베여 죽었다.[137]

따라서 실혜가 굴원과 이사의 전례를 자신의 처지에 비겨 언급한 것은, 비록 세태에 대한 실망의 외양을 지니고 있지만, 진평왕의 처신을 겨냥한 항의의 정서가 담겨 있다. 실혜는 더 이상 말하지 않고 임지(任地)로 떠났다 한다.

검군과 실혜는 표표히 죽음을 향하여, 혹은 벽지(僻地)의 임지를 향하여 갔다. 당시 사람들은 그들의 처지에 공감하거나 부당한 세태에 분노하였다. 검군과 실혜가 지키고자 한 것은 국가의 공적 질서가 아니었으며 그렇다고 왕권의 보위도 아니었다. 세속적 이해가 그들을 좌절시키거나 구속한 것도 아니었다. 그들은 홀로 견결하고자 하였을 뿐이다. 왕조 질서의 측면에서 본다면 저들의 신념이 반드시 바람직한 것만은 아니었을지도 모른다. 그들은 현상을 담연하게 받아들임으로써 현상의 허울을 무참하게 폭로하였기 때문이다. 성숙해 가는 고대는 이처럼 균열도 깊어 갔다.

4) 충돌하는 가치와 신념들

우리나라 고대 삼국의 역사에 등장하는 인물 가운데 백제 사람으로서 널리 알려진 인물은 그다지 많지 않다. 『삼국사기』의 「열전」에는 60명이 넘는 인물들의 이야기가 실려 있다. 그 가운데 백제가 존속하였던 시기, 그러니까 『삼국사기』의 정보에 따를 경우 기원전 18년부터 백제가 신라와 당의 연합군에 의해 패망하게 되는 660년 사이에 해당하는 백제인이라면, 불과 세 사람만을 들 수 있다. 그중에서 아마 가장 유명한 사람은 계백 장군일 것이다. 그리고 백제의 패망 과정에서 한때 부흥 운동의 주역이었다가 뒤에 적국인 당나라에 투항하고 만 흑치상지가 있다. 나머지 한 사람은 도미(都彌)다.

　　기전체 사서에서 「열전」이라는 편목은, 왕을 중심으로 삼은 국가사(國家史)를 연대순으로 정리한 본기(本紀)와 함께, 가장 중요한 부분으로 간주된다. 말하자면 「열전」은 국가사 자체일 수밖에 없는 왕의 언행을 제외한 모든 동시대 구성원들의 삶으로 구성된다. 세 나라의 존속 기간을 합치면 무려 이천 년이 넘으므로, 『삼국사기』 「열전」에 수록된 인물들은 어떤 의미에서 하나의 전형을 대변할 가능성이 높다. 억지스러운 발상일지 모르겠지만, 「열전」에 실린 세 사람의 백제인은 이른바 그 시대를 산 백제 사람의 세 가지 양상을 반영한다고 생각해 봄 직하다. 그 가운데서도 계백과 흑치상지는 모두 7세기 중엽 백제가 패망하는 과정을 배경으로 한 데 비해, 도미의 시대는 그들과 전혀 다르다.

백제사람 도미

　　사람들은 '도미'라고 하면 아마 얼른 짐작하지 못할지도 모른다. 만약 수정하여 '도미 부인'이라고 하면 아! 하고 어떤 이미지를 바로 떠올릴 수도 있다. 맞다, 도미는 도미 부인의 남편이다. 그런데 왜 우리들은 도미보다 도미의 부인을 더 낯익어 하는 것일까? 실제로 정부에서 정해 둔 역사 인물들의 '표준 영정'에 도미 부인은 일찍이 1996년에 자신의 얼굴을 찾았지만, 그의 남편 얼굴은 여전히 알려지지 않은 채다. 충청남도 보령시에는 도미 부인의 사당이 있어, 그곳에서 부인의 영정을 만날 수 있다. 보령시에는 도미와 그의 부인을 합장한 무덤도 잘 정돈되어 있다. 물론 그것은 실제라기보다 그들 부

郁彌博人像

그림 28 　도미 부인 표준영정, 도미부인사당

176

부를 기리는 하나의 표상에 지나지 않는다. 그러나 역사를 향유하는 방식의 궁극적 도달점은 저와 같은 표상으로 귀결되는 경우가 많다.

　우선 도미 부부가 어떤 사람들이었는지를 환기해 보기로 한다. 「열전」에서는 당시의 백제 왕을 개루왕(蓋婁王)이라고 하였다. 『삼국사기』「백제본기」에 따를 경우, 개루왕은 128년부터 166년까지 왕위에 있었다. 그러나 많은 사람들은 이러저러한 정황을 미루어 475년에 고구려 장수왕의 군사들에게 왕도인 한성(漢城)을 빼앗기고 그 자신도 피살되고 만 개로왕의 통치 시기가 도미 부부 이야기의 실제 배경 시대라고들 여긴다. 도미의 이야기에 나오는 왕의 포악함이 여러 실정을 거듭한 나머지 왕도마저 탈취당하여 500년 가까운 동안 국가의 중심지였던 오늘날의 서울 일대를 포기할 수밖에 없었던 개로왕에 근사하다는 정서도 한몫 거든 결과이다. 게다가 『삼국사기』 기록에는 실제로 개로왕을 근개루왕(近蓋婁王)이라고도 했다고 한다.

　어쨌든 문제의 왕이 도미 부인의 훌륭한 평판에 관심을 가졌다. 범속한 평민을 향한 절대권력자의 관심은 예측하기 어려운 불안과 위험의 발단이다. 과연 왕이 도미를 불러 말하였다.

"무릇 부인네의 덕성으로는 비록 정조가 곧고 깨끗한 것을 으뜸으로 삼는다고 하지만, 만약 아무도 없는 으슥하고 어두운 곳에서 달콤한 말로 유혹하는데도 마음이 흔들리지 않을 수 있는 여자는 드물게."

도미는 대답하였다.

"사람의 마음이란 알 수 없는 것이지만, 제 아내 같은 이는 비록 죽더라도 변함없을 사람입니다."

왕의 의도는 잘 알 수 없지만, 왕은 일단 그의 평소 생각을 피력한 것이다. 그것은 절대권력을 장악한 자의 세상에 대한 이해 방식이기도 하다. 물론 도미도 평소 자신의 경험에 바탕을 두고 대답하였다. 신분과 그에 따르는 힘에서 하늘과 땅만큼의 차이가 나는 두 사람이 여인의 성정에 대한 경험적 이해가 판이하게 다른 것이야 어쩌면 당연하고도 수긍할 만한 일이다. 그러나 왕으로서는 도미의 정직하지만 낯선 대응 앞에서 자신이 무참히 능멸당하는 느낌을 받았을지도 모른다. 도미가 짐짓 거오하게 도발한 것이 아니라면, 그의 무구한 대답은 적어도 이 대화의 맥락 속에서는 지극히 어리석은 것이었다.

왕은 도미의 생각이 허망한 것임을 기만적으로 증명해 보이기 위해 다른 이에게 왕 자신의 복색과 위의를 갖추어 도미의 아내에게 보냈다. 왕과 도미의 대립이 왕과 도미 아내의 그것으로 옮겨진 셈이다. 다만 독자들은 장차 전개될 파탄적 사태의 직접 발단이 애초에 도미의 아내를 차지하려는 왕의 욕망은 아니었다는 점을 주목할 필요가 있다.

"내가 오랫동안 너의 아리따움을 듣고 도미와 내기를 벌여 너를 차지하게 되었다. 내일 너를 들여 궁녀로 삼을 것인즉, 지금부터 너의 몸은 나의 것이다."

"국왕께서 망령된 말을 하실 리 없으니 제가 감히 순종하지 않겠나이까? 청컨대 대왕께서는 먼저 방에 드소서. 저는 옷을 갈아입고 나서 모시겠습니다."

대개들 기억하듯이, 도미의 아내는 왕의 기만에 대해 역시 속임수로 대응하였다. 여종이 도미의 아내로 가장하여 왕으로 가장한 이를 응대케 한 것이다. 술책과 술책의 숨 가쁜 대결에 가려 여종의 희생을 간과하고 만 서사에 대한 아쉬움은 그것대로 인정할 수밖에 없는 노릇이다.

여하튼 뒤에 왕은 그들에게 속은 것을 알고 격분하여 도미의 두 눈동자를 후벼 파내고 쪽배에 태워 강물에 띄워 버렸다. 그리고는 마침내 도미의 아내를 능욕하려 하였다. 이후의 이야기 전개는 별반 설득력이 없는 것은 물론 사실상 큰 의미가 없다. 즉 도미의 아내는 짐짓 왕의 말을 들을 것처럼 하고서 달아났으며, 강어귀에서 통곡하는 그녀 앞에 웬 배 한 척이 물결 따라 이르는 것을 보고 몸을 실었다. 그리고 마침내 천성도(泉城島)라는 섬에서 풀뿌리를 캐 먹고 있는 남편을 만나, 고구려 땅으로 가서 여생을 구차하게 지내게 되었다 한다.[138]

고대의 전승을 접하면서 단순히 실제의 사건인가 소설적 허구인가를 가름하려 하는 것은 적절한 태도가 아니라고 생각한다. 역사학자들이 일반적으로 이 문제를 음미하는 방식을 말하자면, 소설적 서사 구조를 지탱하는 경험적 요소들에 착안하는 안목에 기댄다고나 할까. 예컨대 어떤 연구자들은 이 불행한 부부가 여하튼 연명할 수 있었던 곳이 고구려의 공간이라는 점에서 전승의 생성지 자체가 고구려 지역이지 않았을까 생각한다.[139] 그런가 하면 도미의 무덤으로 전해지는 곳이라거나 도미 부부가 배를 탄 나루의 위치를 찾기 위해 탐색하기도 한다.[140] 또한 더욱 많은 이들은 저 도미 부부의 비극에서 백제 왕권의 타락과 왕도 함락의 필연성을 읽어 내는 타성에 익숙한 것 같다.

필부에게 무너진 절대권력

사실 범상한 독자라면 백제 왕의 폭압과 도미 부부의 참극의 대비로 사태를 해석하면서 절대왕권에 대한 분노와 무고한 부부의 불행에 대한 연민을 지니게 된다. 특히 사회·경제적 처지에서 도미 부부와 다를 바 없는 사람들은 깊은 공감을 동력으로 삼아 새로운 서사를 파생해 내고 새로운 장르의 전승을 확산시켰을 것이다. 요즘 말로 하면 고려시대의 대중가요라고 할까 민요라고 할까, 고려인들이 즐겨 부르던 옛 백제 지역의 노래들 가운데 「지리산(智異山)」이 곧 그 예라고 할 수 있다. 『고려사』 「악지(樂志)」에 따르면, 노래 「지리산」의 유래를 이렇게 소개하였다.

> 구례현(求禮縣) 사람의 딸이 아름다웠다. 지리산에 살았는데 집안은 가난했으나 여인의 도리를 다하였다. 백제 왕이 그녀의 아름다움을 듣고 들이려 했지만 그녀는 이 노래를 지어 죽어도 따르지 않을 것을 맹세하였다.[141]

금방 짐작했듯이 노래 「지리산」의 내용은 도미 부부 전승의 변형담이다. 다만 오늘날 우리들의 선입견과 마찬가지로, 노래의 주인공은 오직 아름다운 백제의 여인일 뿐 남성의 존재가 간과되었다. 좀 더 살펴보자면 「지리산」과 함께 백제의 속악으로 소개된 다른 노래들도 고단한 여인들의 애상적 정조가 바탕을 이루고 있다. 『고려사』에 소개된 삼국의 속악(俗樂) 가운데 백제의 것으로 분류된 가요들은 유명한 「정읍(井邑)」을 포함하여 「선운산(禪雲山)」, 「무등산(無等山)」, 「방등산(方等山)」, 「지리산」 등 5개이다. 그런데 이들은 주로 오늘날의 고창, 광주, 장성, 구례 지역을 공간으로 하는 옛 백제 지역의 산들이다.[142]

「선운산」과 「정읍」은 군역과 행상으로 오랫동안 헤어진 남편을 기다리는 여인의 안타까운 심정을 담은 노래들이다. 「방등산」 역시 홀로 노략된 여인의 남편에 대한 원가(怨歌)로 읽힌다. 오직 「무등산」만은 산성을 쌓고 백성들이 그로 인해 안락하여 노래한 것이라 하나, 정작 축성에 동원되었을 지역민들의 고역이나 산성의 방어 기능에 의지하여 비로소 안락하게 되었을 맥락을 고려한다면, 이 또한 결코 무구한 태평가일 수만은 없다.

이렇듯 고려시대의 백제 속악들은 삼국의 속악들 가운데서 특이할 정도로 민중적 상흔이 절절하였다. 국가 권력이나 왕권의 부당한 횡포, 혹은 반대로 합당한 관권의 보호에서 방치된 곤경, 생업의 질고 따위가 일관된 서정적 주조를 형성하고 있다는 점을 주목한다. 이 문제는 백제의 패망과 그로부터 유래하였을 망국민들의 애환, 그에 더해 후삼국이 정립하여 쟁패를 다투었을 때 다시 고려에 패멸당한 후백제 유민들의 처지 등을 폭넓게 염두에 두고 음미해야 할 사안이다. 다만 저와 같은 민중적 정조와는 달리 지식 계층은 도미 전승에서 오직 부인의 견결한 정절을 내세워 읽었다는 점이 흥미롭다.

조선 세종 16년(1434)에 편찬된 『삼강행실도(三綱行實圖)』 가운데는 '도미와 처가 풀을 먹다[彌妻啖草]'라는 표제와 함께 부부의 비극적 대목들이 그림으로 배치되어 있다. 유교적 윤리의 관점에 충실하여 도미가 아니라 그의 부인이 열녀의 귀감으로 특기되었던 것이다. 오늘날에도 많은 사람들이 일반적으로 도미 부인을 중심으로 기억하고 기념하게 된 데에는 아마도 『상감행실도』와 유사한 이해와 감상법의 영향이 컸을 것으로 짐작한다. 즉 근대 이후 도미 부부의 전승을 문학작품이나 공연작품으로 재구성한 여러 사례들은 대체로 남녀의 비극적 사랑이나 전형적인 선악의 대결과 같은 구도를 취하고 있는 것이다.

그러나 이 이야기의 주인공은 도미이어야 한다. 설사 도미 부인의 무게가 적지 않다 하더라도 적어도 도미를 주인공의 지위에서

그림 29　도미 부처의 무덤, 충청남도 보령시

배제할 수 없다. 물론『삼국사기』「열전」 편찬자가 이 이야기를 수록하면서 지녔을 의도나 동기를 함부로 단정해서는 안 된다. 사실 유교적 기준으로 무장한 편찬자들이 이를 반드시 열녀 이야기의 모범적 사례라고 여기지 않았다고 할 증거는 없다. 다만 그들이 어떤 생각을 지녔던가와 상관없이, 이 이야기는 오랫동안 전승되어 온 것이지 편찬자들이 창작한 것은 아니라는 데 주의해야 한다.

　다시 말해 이야기를 「열전」에 실은 사람의 의도와, 그 당시에 이르기까지 그 이야기를 공유하고 전승해 온 사람들의 마음을 사로잡은 이야기의 본맥은, 얼마든지 다를 수 있다. 마찬가지로 노래 「지리산」이 도미 부부 이야기의 파생이라고 할 때, 그와 같은 이야기와 노래를 사랑하고 전승해 온 주체로서 민중들의 동력이란 적어도 '백제 왕의 폭정'이나 '부도(婦道)를 다한 열녀'의 모티프에서 나오는 것만은 아닐 것이라고 생각하는 것이다.

　요컨대『삼국사기』「열전」에 보이는 전체 인물들 가운데서도 지극히 특이한 이 이야기는 절대권력 앞에서 자신의 신념을 굽히지 않는 필부의 기개가 중심 주제라고 여긴다. 애초에 왕이 도발한 대상은 도미의 아내가 아니었으며 도미였다. 왕은 아무도 없는 으슥하고 어두운 곳에서 달콤한 말로 유혹하면 도미 너의 아내도 마음이 흔들릴 것이라고 하였다. 이때 도미가 왕의 말에 대해 어쩌면 그렇겠다고 적당히 모호하게만 응대했다면 더 이상의 비극을 막을 수 있지 않았을까? 물론 장담하기는 어렵다. 더구나 그랬다면 일개 필부인 도미의 삶이 「열전」에 실리지도, 또 천 수백 년 뒤까지 이처럼 문제적 사태의 주인공이 되지도 않았을 것이다.

오히려 중요한 질문은 다른 데 있다. 왕은 자신이 시험 삼아 보낸 가짜 왕이 도미의 아내에게 보기 좋게 속았다는 사실을 어떻게 알아차렸던 것일까? 아마 자신의 통속적 가치관이 그르지 않았음을 확인한 왕은 다시 도미에게, 거 봐라 네 아내도 다를 바 없지 않은가라며 야유했을지 모른다. 그렇다면 도미는 왕의 말을 믿지 않았을까, 아니면 아내에게 실망하였을까? 역시 알 수 없다.

다만 왕의 무례한 도발에 대해 내 아내만은 죽어도 그럴 일 없다고 지나칠 정도로 강경하게 부정했던 도미였음을 환기할 필요가 있다. 만약 도미가 그날 그 여인은 내 아내가 아니었다고 말한 장본인이었다면, 안타깝게도 가장 가능성이 컸을 것만 같은 이 사태 앞에서, 세속의 절대권력은 견디기 힘든 이 모욕과 능멸에 스스로 자제력을 잃고 불타올랐을 것이다.

요컨대 도미는 세속의 어떠한 금력과 권력에도 굴하지 않는 신념의 영역을 표상하는 인물인 셈이다. 그는 왕권에 굴하지 않는 필부필부(匹夫匹婦)의 견결함을 웅변하였다. 누가 뭐라 해도 어떤 유혹과 겁박에도 흔들리지 않고 회의하지 않는 정신, 그것은 오직 스스로에게 염결한 이른바 '신독(愼獨)'의 표상이기도 하다. 『중용(中庸)』에는 "군자는 남이 보지 않는 곳에서 스스로 경계하고, 남이 듣지 않는 곳에서 스스로 두려워해야 한다. 감춘 것보다 더 잘 보이는 것이 없고, 조그마한 것보다 더 잘 드러나는 것이 없다. 그러므로 군자는 홀로 있는 데서 삼간다"라고 하였다.[143]

과연 저 군자조차 하기 어려운 신독의 신념을 필부에 불과한 도미가 견지하였을까? 만약 그렇다면 왕은 이미 바닥까지 남루해지

그림 30　도미 부인 정절사, 충청남도 보령시

고 만 셈이다. 도미의 실재 여부를 확인할 도리가 없는 것처럼, 여기 이처럼 바닥을 내보이고야 만 국왕의 실체를 확정하는 것도 무망한 일이다. 그러나 어쨌든 「열전」 편찬자들이 도미 부부의 전승을 실어야 할 까닭이라면, 왕의 세속적 기준이 아니라 도미의 신념을 드러내는 데 있었다고 보아야 한다. 다만 이 유례 드문 고대인의 고집 앞에 무너진 백제 왕을 개로왕으로 볼 만한 정황 역시 충분하였다.

인군(人君)의 책임과 신하의 도리

개로왕 때는 고구려가 평양으로 왕도를 옮기고 장수왕의 군사력이 백제 방면에 집중하던 즈음이었다. 472년에 개로왕은 북위(北魏)를 충동하여 고구려의 남방 군사력을 분산시키고 견제하기 위해 장문의 외교문서를 보냈다. 그러나 위나라는 고구려와의 전면 충돌을 원치 않았으므로 백제의 제안을 완곡하게 거절하였다. 백제와 북위가 주고받은 글들에는 치렁치렁한 외교적 수사가 낭자하면서도, 고구려와 맞서 겨루려는 이의 긴장감과 자기 위신을 부풀리려는 은미(隱微)한 욕망이 감춰지지 않았다. 공들인 군사적 협력 제안이 실효를 거두지 못한 데 실망한 백제는 북위와의 공식 외교관계를 끊어 버

렸다.[144]

　　그러나 백제와 북위의 군사적 공조 시도가 어그러진 것은 오히려 고구려의 장수왕으로 하여금 남쪽 백제 방면에 전력을 집중할 계기가 되고 말았다. 게다가 장수왕은 승려 도림(道琳)을 백제에 첩자로 잠입시켜서 개로왕으로 하여금 대규모의 토목공사를 벌이도록 호도하여 국가 재정을 전략적으로 고갈시켰다. 마침내 475년 9월, 고구려군은 백제의 왕도를 직접 압박하였다.

　　왕성을 공격하는 고구려 지휘관들 가운데 재증걸루(再曾桀婁)와 고이만년(古尒萬年)은 본래 백제 사람들인데 죄를 짓고 고구려로 도망해 들어간 이들이었다. 불행히도 마침내 성을 버리고 탈출해 달아나는 개로왕을 이들이 포착하였다. 재증걸루 등은 한때 자신들의 군주였던 개로왕을 보고 말에서 내려와 절을 하였다. 그러나 이윽고 왕의 얼굴을 향해 세 번 침을 뱉고서 죄목을 헤아린 다음, 아차성(阿且城) 아래로 묶어 보내 죽이고야 말았다.

그림 31　아차산의 고구려 보루 유적. 서울시 광진구

이 충격적 사건은 독자들에게 여러 가지를 생각하게 만든다. 「백제본기」를 작성하던 편찬자 역시 자신의 생각을 피력해 두었다. 그의 생각은 이러하였다.

> 초나라 소왕(昭王)이 도망왔을 때 운공(鄖公) 신(辛)의 아우 회(懷)
> 가 소왕을 죽이고자 하여 "평왕(平王)이 우리 아버지를 죽였으
> 니 내가 그의 아들을 죽이는 것은 또한 옳지 않은가?"라고 하
> 였더니, 신이 말하기를 "군주가 신하를 죽임에 누가 감히 그
> 를 원수로 삼겠는가? 군주의 명령은 곧 하늘의 명이니 만약
> 천명으로 죽였다 할진대, 장차 누구를 원수로 삼겠는가?"라
> 고 하였다. 재증걸루 등은 자신들의 죄로 나라에서 용서받지
> 못하였는데 도리어 적병을 끌어들여 예전의 임금을 포박하
> 여 해치니 그 의롭지 못함이 심하다. 혹 이르기를 "그렇다면
> 오자서(伍子胥)가 영(郢)에 들어가서 평왕의 시체에 채찍질한
> 것은 어떠한가?"라고 할지도 모르겠다. 그에 대해서는 『양자
> 법언(揚子法言)』에 평하여 오자서의 행위는 덕으로 말미암은 것
> 이 아니라고 하였다. 이른바 덕이란 인과 의일 뿐이니 오자서
> 의 사나움은 운공의 어짊만 못한 것이다. 이로써 논하건대 걸
> 루 등이 옳지 못한 것은 명백하다.[145]

논찬자는 개로왕과 재증걸루·고이만년과의 관계를 여전히 군주와 신하의 관계로 파악하고 있다. 사실 평왕의 아들 소왕과 운공 형제의 관계는 개로왕의 죽음에 직접 비교되지 않는 것이다.[146] 그러

나 군주가 신하를 죽이는 것은 천명을 따르는 것이므로 복수의 대상
이 되지 않는다는 논리는, 재증걸루와 고이만년의 개로왕에 대한 보
복적 살해의 부당함을 강조하기 위한 예증이 될 수 있다. 즉 임금의
행위는 어떤 경우라 해도 신하가 복수할 수 있는 성질의 것은 아니라
는 것이다.

찬자는 오자서의 행위를 논하여 다시 평왕에 대한 복수의 부
당함을 지적하였다. 애초에 초나라 소왕의 도망은 오(吳)나라의 공격
에서 야기되었다. 이보다 앞서 소왕의 아버지 평왕은 오자서의 아버
지 오사(伍奢)와 형 오상(伍尙)을 죽인 바 있다. 그 뒤 소왕 대에 오나라
왕 합려(闔廬)의 군대가 초나라의 수도 영에 들어갔을 때, 오자서는 평
왕의 아들 소왕에게 복수하려 하였다. 그러나 소왕의 탈출로 뜻을 이
루지 못하자 평왕의 무덤을 파헤쳐 그 시신에 채찍질을 하여 복수하
였다.[147] 이에 대해 찬자는 오자서의 잔혹함에 대한 한나라의 지식인
양웅(揚雄)의 비판을 인용하였다.[148] 즉 『삼국사기』의 논찬자는 개로왕
의 죽음을 신하에 의한 주군의 시해 사건으로만 일관하여, 철저한 왕
권 위주의 인식을 포기하지 않고 있는 것이다.

요컨대 개로왕의 피살 사건에서 발로된 『삼국사기』의 명분론
은, 임금의 행위는 결코 신하가 복수할 수 있는 성질의 것은 아니라는
데 강조점이 있었다. 그곳에는 개로왕의 실정과 독선이 고려될 여지
가 없다. 개로왕을 핍살한 재증걸루와 고이만년의 행위 이전에, 그들
의 고구려 망명과 그들의 이탈을 초래한 개로왕의 실정을 연계해 사
유하려는 안목이 전혀 보이지 않는다. 그러나 도미 부부의 경우가 그
러하였듯이, 재증걸루 등도 오직 왕의 독선에 희생되어 고구려로 이

탈해 간 이들이었을 가능성이 크다. 필시 이 점을 감안하였던 『동국통감』편찬자들은 개로왕 피살 사건에 붙인 『삼국사기』의 사론을 전재한 후 다음과 같이 논하였다.

> 옛적에 소진(蘇秦)이 제(齊)나라 왕에게 유세하여 궁실을 높이고 원유(園囿)를 크게 한 것은 제나라를 피폐케 하고 연(燕)나라를 위하고자 함이었다. 장의(張儀)는 진(秦)나라를 위하여 위(魏)나라의 승상이 되어서 위나라를 유도해 진나라를 섬기게 하였다. … 개로왕은 한갓 구구한 작은 재주를 좋아하여 심지가 미혹되었으며 마침내 적국에 유인되고 늙은 중의 노리개가 되었으니, 마치 기인(技人) 손아귀의 꼭두각시와 같이 오직 부리는 대로 하였다. 궁실을 높이고 대사(臺榭)를 만들고 꾸미라 하면 그대로 하였고, 석곽(石槨)을 만들고 하언(河堰)을 쌓으라 하면 그대로 좇아, 창고는 다하고 민력은 초췌하였다. 국사는 버려지고 적병은 밀려드니 후회하여도 이미 늦었다. 자신은 적의 칼날에 죽고 후세에 웃음거리가 되었으니 이것이 누구의 허물이겠는가![149]

『동국통감』의 논찬자는 개로왕 자신의 허물을 우선 고려하고 있다. 소진, 장의 등 중국 전국시대의 종횡가(縱橫家)를 고구려의 승려 첩자 도림에 비기면서, 그에게 놀아난 개로왕은 스스로의 죽음을 자초한 셈이라 하였다. 사뭇 『삼국사기』의 논찬과는 비중점이 다르다. 『삼국사기』의 관점이 지나치게 군신 간의 유교적 충효 질서에 집착한 반면,『동국통감』은 일면 대상 사건의 역사성을 보다 폭넓게 파악하고 있다. 만약『삼국사기』의 논리에 충실하자면, 재증걸루와 고이만년 등이 고구려로 이탈해 간 행위 자체가 이미 신하의 도리를 훼상한 것이다. 역으로 보면 그러한 자들을 받아들이는 행위도 패륜을 조장하는 일이 되고 만다. 이 점에서 '신하의 무조건적 직분'에 앞서 '인군의 인군다운 책임'을 거론한『동국통감』의 명분은 오늘의 독자들에게 월등한 설득력을 지니고 있는 것이다.[150]

3
고대
사회의
힘과
가치

4 고대의 가족과 여성

1) 고대 혼인의 조건

혼인은 한 사회의 다양한 특질과 요소가 교차하는 접점과도 같다. 우선 혼인은 당사자들이 속한 크고 작은 집단 사이의 유대와 결속을 매개한다. 최초의 혼약에서부터 혼인관계의 완성에 이르는 여러 절차와 의례에는 당대 사회 구성원들의 정서와 가치관이 반영되어 있다. 결합하게 되는 남녀와 그들의 자녀가 친족 집단에 귀속하거나 반대로 방출되는 방식과 규범에도, 해당 사회의 사회·경제적 조건들이 개입하여 작동하고 있다. 특히 저개발사회에 대한 입체적 조망을 위해 혼인은 매우 유력한 통로가 될 수 있다.

그 때문에 이질적인 미개사회 연구에서 발단하였던 인류학의 초기 영역은 혼인에서 비롯하는 친족관계의 분류와 용어들의 의미에 대한 담론과 논쟁들로 뒤덮였다고 평가되었다.[151] 이에 힘입어 사람들은, 고대인들의 혼인 규범과 친족 체계는 그 사회의 일반 법체계 및 구성원들의 사회적 행위 양식과 긴밀한 의미관계에 있다는 것을 익숙하게 받아들이게 되었다. 한국의 고대사회 역시 다르지 않다. 요컨대 혼인은 한 사회의 고유한 제도이자 해당 시공간의 핵심 노드이다.

고구려와 부여의 혼인 규범

고구려인들의 사례를 통해 혼인이라는 요소가 어떻게 한국 고대사회의 전 방향에 대한 연쇄적 출렁거림의 진원이 될 수 있는지를 음미해 본다. 『삼국지』「동이전」에 기록되어 있는, 중국인들이 관찰한 고구려인들의 혼인 풍속은 이러하였다.

우선 혼인 당사자의 집안들 사이에서 그들 남녀를 혼인시키기로 약정하는 단계가 있다. 이 약정에는 당사자들보다는 부모의 동의가 더 큰 규정력을 지녔다. 혼약이 정해지면 여성 측에서는 곧 자신들의 주거 뒤에 작은 집을 짓는다. 이 집은 새로 맺어지는 부부가 혼인 생활을 영위할 공간이므로 서옥(婿屋)이라고 하였다. 이렇게 여성 측에서는 신랑을 맞이할 준비가 갖추어졌다.

신랑은 약정한 날 저물녘에 신부 측 집 문 밖에서 자기가 왔음을 말하고 무릎을 굽혀 절하면서, 신부에게 나아가 동침할 수 있게 허락해 줄 것을 청한다. 신랑의 열망을 몇 차례에 걸쳐 확인한 다음에라야 신부의 부모는 비로소 신랑이 그를 위해 마련한 작은 집에서 딸과 동숙할 것을 허락한다. 그리고 이때 옆에는 전백(錢帛)이 정돈되었다 한다. 전백은 금속화폐와 비단이므로, 가장 보편적인 교환재로서

이른바 혼인 재화(marriage payment)의 수수가 이루어진 것으로 짐작한
다. 마지막으로 이 신혼부부는 그들의 아들이 장성한 다음에 모두 신
랑 측 주거공간으로 옮겨 갔다고 한다.

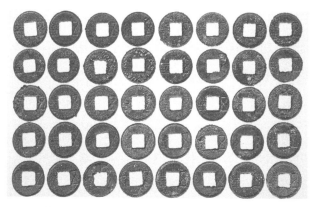

그림 32　한(漢) 대의 금속화폐 오수전(五銖錢), 국립중앙박물관

　　그러므로 서옥은 신혼의 부부가 결혼 이후 상당 기간 동안 생
활을 영위하는 주거공간이었다. 다만 신랑이 과연 여성 측 친족 구성
원들의 공간에 속해 있는 서옥에서 과연 몇 년에 걸친 일상을 영위하
였다고 추정할 수 있을지 주저되는 면들도 있다. 말하자면 서옥이 새
로 탄생한 부부를 위한 생활공간이라 하더라도, 신랑은 기본적으로
자신의 본가에서 대부분의 일상을 영위할 수도 있다. 즉 그는 신부와
동숙하기 위해 밤에만 서옥에 머물 수도 있으며, 때때로 서옥을 방문
하여 일정 기간만 지낼 수도 있다.

　　그와 같은 혼인 형태를 염두에 둘 때 서옥제 혼인은 일본의 혼
인 풍속과 비교되는 면이 있다. 즉 일본 서남부 지방의 일시적 방처

혼(訪妻婚, visiting marriage)은 고구려 서옥제 혼인의 절차와 매우 방불하다. 처가에서 사위의 침실로 배당하는 부옥(部屋, へや) 혹은 처옥(妻屋, つまや)은 곧 고구려의 서옥(壻屋)에 대응한다. 또한 신부가 거처를 시가로 옮기는 것은, 대개 아이가 걸을 만하게 되었을 때라고 한다.[152] 다만 고구려의 서옥이 여성 측 관점의 이름이라면, 일본의 처옥은 남성 측 관점의 명칭이라는 점이 유의할 만한 차이일 수도 있다.

한편 여성 측에서 혼인의 성립을 위해 준비하는 것이 서옥의 마련이라면, 남성 측의 준비는 혼인의 성립을 위해 필수적이었을 혼인 재화의 마련이었을 것이다. 다만 이 재화가 혼인 의례의 중요한 요소였다는 점을 인정하더라도, 과연 누가 이를 마련하였으며 누구에게 공여되었던 것인가에 대해서는 이견들이 있다. 이를 단순화시켜 말하자면 이 혼인 재화가 신붓값(bride-wealth)인가 지참금(dowry)인가의 문제인 것이다. 일반적으로 혼인으로 인해 비롯되는 여성의 이동 방향과 혼인 재화의 이동 방향이 같으면 그 재화는 지참금이고, 서로 반대면 신붓값이라고 볼 수 있다. 물론 신붓값과 지참금의 성격을 지닌 혼인 재화의 공여나 수수가 반드시 어느 하나만이 아니라 함께 작동하기도 한다.

이 논의를 위해 고구려와 거의 모든 문화적 특성을 공유하였던 부여와 옥저의 사례를 음미해 보는 게 좋겠다. 부여에서는 혼인의 성립 절차보다는 혼인한 이후 부인이 투기(妬忌)를 함으로써 겪게 되는 징벌 조치가 더 잘 알려져 있다. 즉 투기를 하는 부인은 죽임을 당하기도 하는데, 그렇게 살해된 부인의 시신을 제대로 매장해 주지도 않았다고 한다. 이처럼 투기에 대한 엄혹한 규제가 그들의 관행이었다는 것은 부여가 다처제사회였음을 반증한다. 그들은 투기한 부인의 시신을 방치함으로써 그 부인의 비행을 크게 드러내고, 그에 대한 처분의 정당성을 현시하고자 하였다. 즉 그녀는 부여 사회의 구성원들이 동의하고 공유하였던 윤리에 비추어 '바람직한 부인(신부)'이 아니었던 것이다.

참혹한 정경은 그녀의 친가 쪽 구성원들에게 불명예와 두려움을 안겼을 것이다. 모두에게 현시되고 있는 딸의 시신을 거두어 매장하는 일은 친정 쪽 구성원들의 절박한 의무가 된다. 그러나 방기되어 있는 시신을 수습하기 위해서는 우마(牛馬), 즉 소와 말 따위 가축을 남편 측에 보내 주어야만 했다 한다. 소와 말은 부여에서 가장 중시되는 재산으로서, 고구려의 혼인 재화로 소개된 전백에 비견될 만하다.

부여에서는 관직에까지도 마가(馬加)·우가(牛加)·저가(猪加) 등 주요 가축들의 이름을 사용할 정도였다. 인접한 오환(烏桓)족들도 혼인을 위해 남성 측에서 말·소·양 등 가축을 예물로 보냈다. 오환 사회에서는 고구려와 마찬가지로 새 부부의 주거와 살림을 신부 측에서 마련해 주었다. 이로 미루어 부여에서도 남성 측 친족 집단은 혼인을 위해 여성 측에 소와 말들을 공여하였을 것이 틀림없다.

요컨대 부여의 규범에 비춰 바람직한 신부가 아니었음이 드러난 그녀의 친족은, 그녀의 시신을 수습해 오기 위하여 그녀의 혼인 과정에서 신랑 측으로부터 받은 혼인 재화를 반납해야만 했던 것이다. 그러므로 종족 계통을 비롯하여 거의 모든 문화 특질이 부여와 같았다고 평가되는 고구려의 혼인 재화 역시 남성 측이 여성 측에 공여한 신붓값의 영역에 있다고 생각하는 것이 온당하다. 혼인한 여성과 그녀가 출산한 아들은 조만간 남성의 주거공간으로 옮겨갈 것이며, 궁극적으로 그들은 남성 측 친족 집단의 구성원으로 귀속될 것이기 때문이다.

여성의 노동력과 출산력

종종 사람들은 서옥에서 거주하는 사위가 처가 측의 생업 활동에 기여하였을 것이므로 실질적인 혼인 생활이 시작될 즈음에 공여된 전백은 장차 제공될 사위의 노동에 대한 처가 측의 보상이 아닐까 하는 의문을 가지기도 한다. 그러나 보상의 의미를 어떤 형태의 기여 혹은 반대로 그로 인한 상실에 대한 대가라고 할 때, 제한된 기간 동안 제공되었을지도 모르는 남성의 노동이란 여성이 혼인을 통해 출산할 자녀의 가치에 비할 바가 못 된다. 더구나 남성 측 친족 집단에 귀속하여 제공할 여성의 노동가치가 여성 측 친족 집단에 제공한 남성의 그것에 비해 덜한 것도 아니다. 이러한 문제는 고구려에 인접해 있던 옥저의 혼속에서 그 실상이 더욱 명료하게 드러난다.

옥저 사회도 의식주와 예의 규범이 고구려와 비슷하였다. 다만 옥저인들의 혼인 절차는 외양에서 고구려의 경우와 차이가 있다. 그들은 딸아이가 열 살만 되어도 벌써 혼약을 서두른다. 혼인하기로 약정을 맺은 신랑 측에서는 어린 여성을 자신들의 주거공간으로 맞이해 와서 보호하고 양육한다. 마침내 그녀가 성인이 되면 그녀는 일단 친정으로 복귀하게 된다. 손색없는 신부의 자질을 지니고 있음이 입증된 여성 측에서는 신랑 측에 재화를 요구한다[책전(責錢)]. 두 집안 사이에서 재화의 수수 절차가 원만하게 마무리되면[전필(錢畢)] 신부는 신랑 측 주거공간으로 돌아오게 된다. 이렇게 하여 혼인은 완결되는 것이다.

절차의 사이사이에 비어 있는 설명이 많지만, 우선 남성 측에서 여성 측에 재화를 공여함으로써 혼인이 완성된다는 점이 비교적 명료하게 드러났다. 다만 여성이 성숙하기도 전에 이미 혼인을 약정하고 남성 측 주거공간에서 생활한다는 점은 사람들로 하여금 이른바 뒷날의 민며느리제를 연상하게 한다. 또한 그녀가 성인이 되었을 때 그녀의 집에서 남성 측에 요구한 재화의 수수가 마무리되면 그녀는 영구적으로 남성 측 친족 구성원이 되므로, 그 재화가 신붓값의 영역에 있다는 사실도 그다지 이견이 있을 수 없다.

이제 남은 문제는 이 재화의 지불 맥락, 즉 여성이 지닌 가치의 본질일 것이다. 역시 사람들은 종종 그녀가 남성 측 주거에서 머무는 동안 제공하였을 노동에 대한 보상이 아닐까 여기기도 한다. 그러나 무엇보다도 이 재화가 수수되는 시점에 유의할 필요가 있다.

짐작하듯이 한 여성이 성인이 되었다는 판단의 기준은 그녀의 출산력에 있다. 노동에 대한 보상일 가능성을 고려하는 이들도 인정하고 있듯이, 옥저의 어린 여성은 처음 혼약을 맺을 때 노동력의 측면에서는 이미 상당한 역량을 지녔다고 보아야 한다. 그러나 그녀는 출산력의 측면에서는 아직 미숙하다. 그러므로 그녀의 출생 집단에서 요구하는 재화는 그녀의 출산력 및 장차 그녀가 출산할 아이들이 영구히 남성 측 친족 집단의 일원으로 귀속되는 데 대한 대가로 보아야 옳다. 이처럼 그녀의 부모가 재화를 요구하는 조건이, 공인되거나 입증된 딸의 출산력이었으므로, 어쩌면 그녀는 이미 첫 아이를 출산하였을지도 모를 일이다.

다른 측면에서 말하자면, 여느 사회를 막론하고 여성의 노동력이 결혼 성립의 가장 중요한 요인일 수는 없다. 옥저의 어린 여성에 잠재되어 있을 충분한 노동력과 마찬가지로, 혹은 그와는 반대로, 경제적 가치의 측면에서만 본다면 여성의 노동력은 나이가 든다 하여 감쇠하지 않는다. 널리 알려져 있듯이, 전형적인 수렵 혹은 목축의 경제활동 특징을 보이는 사회라 해도 식량 자원의 확보와 일상의 영위에서 여성의 역할은 결코 남성의 그것에 뒤지지 않는다. 그러나 여성들의 생식가치는 이십대 이후에 확실히 감퇴한다. 과거든 현재든 남성의 재혼율이 여성에 비해 높은 이유는 성별에 따른 생식력의 차이에 기인한다.

더구나 부여와 고구려는 여러 자료와 징표에서 복수의 여성과 혼인관계를 맺는 것이 용인된 사회였다. 옥저와 예도 다르지 않았을 것이다. 그러한 경우 남성의 경제력은 혼인을 위한 절대적 조건이 되기 마련이다. 경제력이란 보유한 재산이나 단순한 노동 능력에 그치는 것이 아니다. 그것은 전투력, 사회적 지위, 정치적 영향력 등 여러 요소를 포괄하거나 그에 비례한다. 반면에 여성의 혼인율을 결정하는 것은 그녀의 경제력이 아니라 출산력인 것이다. 이 점에서도 고구려와 옥저의 혼속에 보이는 재화를 동질의 것으로 이해하는 것이 온당하다.[153]

신부가 친가 쪽의 서옥에서 지내는 기간은 아이의 출생 여하가 결정한다. 출생한 아이와 그의 어머니가 아버지 쪽 주거공간으로 합류할 때 혼인은 완결되며 확고해진다. 그러므로 신붓값 지불의 첫째 기능은 결혼의 합법화이지만, 신붓값에 대한 더욱 중요한 법적 결과는 출생할 아이들의 친족 편입이다. 신붓값이 본질적으로 여성의 출산력에 소용되는 하나의 보답이라는 관점에서 "Bride-price is child price"인 것이다.[154] 사회에 따라 아이를 출산하기 전에 신부가 죽거나 남편을 떠난다면 신붓값은 반환되기도 한다. 부여의 경우에는 여성의 투기 또한 신붓값에 상응하지 못하는 흠결이었다.

결국 고구려와 옥저의 혼인에서 주목해야 할 본질적 차이점이란 아마 옥저 사회 여성들의 조혼(早婚) 현상 정도일 것이다. 사실 부여나 고구려의 신부들의 나이를 알 수 없는 이상, 옥저 여성들의 조혼이 얼마나 이례적인지를 평가하기도 쉽지는 않다. 다만 관찰자의 눈에 비친 옥저의 신부들은 다른 사회에 비해서는 확실히 이른 나이였던 것 같다. 그리고 이는 옥저 사회의 고유한 내외적 환경에서 비롯한 것이겠으나, 다른 사회의 조혼 정도에 비춰 본다면 그다지 극단적인 것은 아니다.

사실 노동력의 정도를 기준으로 한다면 전근대사회에서 열 살은 그렇게 어린 나이도 아니다. 훨씬 후대까지도 유목경제 기반의 사회들에서 더 어린 나이에 혼약이 이루어지는 사례는 매우 흔하였다. 그 가운데는 심지어 유아 단계나 임신 단계에서 여자 아이에 대한 혼약을 정하는 경우들도 적지 않다. 또한 원나라의 영향 아래 있던 고려 후기에는 낯선 이국에 공녀(貢女)로 끌려가는 것을 피하기 위한 조혼의 풍조가 만연하였던 세태를 환기할 수 있다. 그렇게 생각하다 보면, 고구려와 부여와 옥저의 혼인 정보를 기록한 『삼국지』「동이전」찬술자는 세 사회별로 서술의 주안점을 다른 데 두었던 것처럼 읽힌다.

이와 관련하여 몽고족의 혼인에 대한 인류학적 관찰은 이들 세 사회의 특기할 만한 혼인 의례와 절차를 모두 구비한 사례일 수 있다. 몽고족은 우선 옥저보다도 더 초혼의 연령이 낮고, 신랑 측에서 신부 측 집에 다량의 예물을 제공하는 등, 부계사회의 일반적인 혼인 특색을 구비하고 있다. 또한 신랑 일행이 신부 측의 주거공간에 이르러 무릎을 꿇고 절한 다음 집 안을 향해 자신들이 온 사유를 말하면, 신부 측 대표가 한 동안 대화를 진행한 이후에 문을 열고 신랑 일행을 맞아들인다. 이때 마당에서는 신랑 측에서 보내온 말이나 양과 같은 가축을 위주로 한 혼인 재화가 많은 사람들 앞에 공개된다.[155] 고구려의 서옥제 혼인 절차와 방불하다. 게다가 몽고족의 혼속은 형이 죽은 뒤 동생이 홀로 남은 형수와 혼인관계를 유지하는 형사처수(兄死妻嫂, levirate)의 관행은 물론, 간음한 여성에 대한 가혹한 살해의 규범에서도 부여인들의 경우와 다르지 않았다.

혼인 재화의 의례적 속성

이처럼 고대의 혼인에 거의 필수적으로 개입되어 있는 혼인 재화의 구체적 품목은 해당 사회의 주요 경제 전략과 생업 조건, 그리고 시대에 따라 달랐다. 부여에서는 소와 말이 그 대표적 물목이었다. 고구려에서는 전백(錢帛), 즉 굳이 풀어 말하자면 금속화폐와 직물류가 거론되었다. 옥저에서도 혼인 재화로 전(錢)을 수수했다고 하였다. 그러나 그들 사회가 안정적이고도 일상적으로 화폐경제를 영위하였다고 생각하지는 않는다. 다만 진한에서 생산한 철을 한과 예는 물론 멀리 왜에서까지도 와서 가져갔으며, 물건을 사고파는 데 모두

철을 사용하였으니, 마치 중국에서 금속화폐[錢]를 쓰는 것과 같았다고 전한다.[156]

또한 진한인들이 포로로 잡아 사역을 시키다가 죽은 중국인들의 목숨값을 '변한포(弁韓布)'로 변제한 사례도 있다. 그러므로 전백 혹은 전포(錢布)는 우리 고대사회의 가장 보편적이고 대표적인 교환재였을 뿐이다. 따라서 현실에서는 전백 이외에도 공인된 재산가치를 지니면서 일상에서 확보하기 쉬운 현물들이 다양하게 거래되고 혼인재로 활용되었을 것이다.

이러한 추측과 관련하여 고구려 후기의 혼인 풍속을 소개한 중국 역사책의 정보를 주의할 필요가 있다. 즉 『주서(周書)』·『북사(北史)』·『수서(隋書)』 등은 고구려의 혼속을 언급하면서, 신랑 측에서 돼지 혹은 돼지고기와 술만을 보내며 별도의 빙폐(聘幣)는 주고받지 않는다고 기록하였다.[157] 그들에 따르면, 만일 재물을 받는 사람이 있으면 딸을 종으로 팔았다고들 하여 매우 부끄럽게 여겼다고 한다. 이 역사책들은 대체로 6세기 후반 이후를 서술 대상 시기로 한 것이다. 그러므로 사람들은 고구려 후기에는 아마 신붓값으로서 혼인 재화를 수수하던 관행이 사라졌을 것이라고 생각하기도 한다.

그러나 '보통 이상'의 빙폐를 받을 경우 사회적인 멸시를 받았다는 말은, 역설적으로 혼인 관련 재화의 수수 관행이 의연히 존재한다는 것을 증언하는 것이다. 더구나 '딸을 팔았다'는 비난은 통상적인 혼인 의례를 넘어서는 예물이 개입하였을 때 받을 조소(嘲笑)이자 질시(嫉視)인바, 그 또한 혼인 재화 공여의 관행 자체를 부정하는 근거가 되지는 못한다. 특히 신랑 측에서 보낸 돼지(고기)와 술을 혼인 재화와 무관한 것으로 속단하는 것은 화폐경제에 익숙한 물질관에 지나지 않는 것처럼 보인다. 만주족 사이에서 광범하게 보이는 신붓값으로서의 돼지를 고구려 혼속에 보이는 돼지와 반드시 구별해야 할 논리는 없다. 다만 여성이 구매 대상으로 전락될 수도 있었다고 하는 고구려 후기의 일부 혼인 관행은, 돼지나 전백의 수수 행위가 하나의 의례 요소로 음미되어야 할 당위를 웅변한다.

혼인 재화의 수수에서 단순한 교환 행위 이상의 맥락을 수긍한다면, 그 재화가 얼마나 많은가 적은가의 문제는 판단의 주요 기준이 될 수 없다. 그보다는 혼인 재화로 공여되는 품목이 해당 사회의 일상에서 차지하는 비중과 상징성에 주의하는 게 옳다. 이 점에서 고구려 후기 혼인 과정에 개입되어 있는 돼지는 오히려 구체적인 혼인 재화의 수수 사례를 지지하고 있다.

산상왕 재위 12년(208) 겨울의 일이다. 교사(郊祀)에 희생으로 쓸 돼지가 달아났다. 고구려의 다른 왕들처럼 산상왕은 아마 제천 의례를 주관하였을 것이다. 이 제사에 쓰일 희생이므로 관리하는 이가 쫓아갔지만 돼지가 이리저리 날뛰는지라 잡을 수 없었다. 경험해 본 사람은 알겠지만, 실제로 우리 밖에 나온 돼지를 통제하는 일은 퍽 쉽지 않다. 그런데 주통촌이라는 마을에 이르렀을 때, 웬 스무 살쯤 되는 미모의 여인이 미소를 띠고 나와 힘들이지 않고 돼지를 수습해 주는 것이었다. 왕이 이 일을 듣고 기이하게 여겨 그녀를 만나 보고자 밤에 은밀히 찾아갔다. 잠자리를 함께 하려는 왕에게 그녀가 말하였다.

"대왕의 명을 감히 회피할 수 없사오나, 만약 총애를 입어 아들을 얻게 되면 버림받지 않기를 바라옵니다."

산상왕은 그러겠다고 하였다.

그 후 왕비가 왕의 밀행을 알고 병사들을 보내 주통촌의 여인을 죽이려 하였다. 그러나 병사들은 왕의 아이를 잉태했다고 하는 그녀를 감히 해치지 못하였다. 그리고 격분한 왕비와는 달리 그때까지 아들이 없었던 산상왕은 그녀를 각별히 보호하였다. 마침내 그녀는 장차 동천왕으로 즉위하게 될 아들을 낳았으며, 마침내 정식으로 왕의 소후(小后)가 되었다.[158] 처음 그녀의 집에서 이루어진 혼인관계는 이처럼 그녀가 아들을 낳은 이후 모자가 모두 왕의 공간으로 옮겨 옴으로써 비로소 영구히 공고해진 것이다.

이제 반대로 이 혼인의 발단이 되는 왕과 소후의 최초 만남이, 돼지가 궁궐로부터 소후의 주거공간으로 이동한 데서 비롯하였다는 것을 환기할 필요가 있다. 참으로 고구려의 서옥제 혼인 과정에서 가늠되는 일련의 절차와 의미가 정연하게 압축되어 있다. 또한 왕위를 이을 이 아들의 이름을 교체(郊彘)라고 한 이유는 애초에 교사에 쓸 돼지가 달아난 사건으로 인해 그 어머니를 만날 수 있었던 때문이라고 하였다. '체(彘)'는 돼지를 뜻한다.

요컨대 돼지는 동천왕의 출생을, 그에 앞서 소후와의 혼인관계를 예비한 근원이자 조건이었다. 필시 서옥제 혼인에서 추성하였던 혼인 재화의 공여 맥락이 돼지의 탈출, 즉 실제로는 돼지의 이동 혹은 수수로 표상되었다고 본다. 그러므로 6세기 후반의 고구려 사회에서 다른 혼인 빙폐가 없이 돼지(고기)와 술만을 보냈다는 것은 돼지가 무척 오랜 유래를 지닌 혼인 재화였음을 반증하는 것이다.

2) 전쟁과 여성

옥저에서는 성적으로 아직 미숙한 연령의 여성들이 혼인관계의 약정을 서둘렀다고 하였다. 그 후 여성들은 남성 측 생활공간에서 출산력이 입증될 때까지 잠정적인 신부의 지위를 감당하였다. 그와 같은 혼인 풍속의 배경에는 옥저 사회의 고유한 정치·사회적 조건이 놓여 있다. 옥저는 부여와 고구려에 비해 선진문명의 중심부로부터 더 격절(隔絶)되어 있었으며, 그런 만큼 정치 발전 정도가 지체되어 있었다. 인구 규모도 적었으며 군사 조직 역량 역시 취약하였으므로, 인접한 고구려에 종속적 처지에 놓이게 되었다. 고구려는 옥저 지역을 향해 특히 경제적 수탈을 집중하였다.

잦은 전쟁과 성비의 불균형

고구려는 왕도를 평양 지역으로 옮기기 전까지 400여 년 동안 비교적 토지 생산성이 열악하였던 압록강 서북 일대를 중심으로 왕조의 질서를 확장해 가고 있었다. 『삼국지』「동이전」 찬자의 평가에 따르면, 고구려에는 좋은 경작지가 없어서 비록 힘써 농사를 짓는다 해도 식량의 수요를 채울 수 없었다 한다. 열악한 생업 조건과 저열한 생산성은 사회 구성원과 왕조의 경제적 토대를 압박한다. 그들의 척박한 생업 조건은 그들로 하여금 농업 생산성이 높은 주변 사회에 대한 약탈과 수탈을 강요하였던 것이다. 이러한 경우 풍요로운 주변 사회를 향한 전쟁은 생산 활동의 일환이다. 『삼국사기』「고구려본기」의 내용 가운데 전쟁 관련 정보가 전체의 18%를 넘는 것은[159] 그와 같은 현상을 이해하는 데 하나의 지표가 된다.

이처럼 사회 전체의 경제적 압박 요인이 야기한 항상적 전쟁에서 승리하기 위해서는 오직 그 목적에 맞게 훈련된 전사 집단을 상비군으로 관리하지 않으면 안 된다. 그런데 『삼국지』 「동이전」 기록자는 고구려에 좌식자(坐食者), 즉 노동하지 않고 먹는 인구가 만 여 명이나 된다고 하였다. 그들을 위해 하층민들이 먼 곳에서부터 양식·물고기·소금을 지고 날라서 공급하였다. 한 사회의 지배계층들은 당연히 직접 생산 활동에 종사하지 않았겠지만, 이 고구려의 '좌식자'가 곧 정치적 권위를 지닌 특권 계층 일반은 아닐 것이다.

그들은 아마 마땅히 생업에 종사해야 할 신분과 처지임에도 불구하고, 다른 어떤 역할과 임무에 전념하기 위해, 생산 활동의 의무로부터 자유로운 집단을 가리킨다고 생각한다. 그 즈음 중국의 기록자들은 고구려의 인구를 '3만 호'라고 하였다. 척박한 생업 조건과 저와 같은 인구 규모를 지닌 사회에서 무려 1만 여 명의 인구가 아무런 역할 없이 놀고먹을 수는 없다. 여러 조건들을 고려해 볼 때, 이들은 전쟁의 승리를 위해 고구려가 보유하고 있는 전사 집단일 것이다.

그러나 전투 역량을 지닌 전사 집단의 유지는 또 다른 사회적 비용을 요구한다. 생산 활동에서 제외된 젊은 인구의 비대화는 식량 자원의 결핍을 더욱 가속화한다. 결국 고구려의 유능한 전사 집단이란 왕조와 사회의 저열한 경제적 토대에서 선택된 대안이었던 동시에, 그것은 다시 해당 사회의 자원을 더욱 고갈시키는 대가를 강요하였던 것이다.

또한 우월한 전투력을 위해 전 사회적으로 이른바 상무정신(尙

武精神)이 한껏 고무되어야 한다. 전사 집단 구성원들은 자기 무장력을 지닌 젊은 남성들이었고, 치명적 살상력을 갖추도록 훈련된 사나운 병기 자체였다. 고구려인들은 무릎 꿇고 절을 할 경우조차도 한쪽 다리는 긴장감을 유지한 채 곧추 폄으로써 언제든 신속하게 공격 태세로 전환할 수 있도록 유의하였으며, 사람들이 길을 다닐 때는 모두들 내달렸다고 한다. 게다가 고구려의 남녀는 혼인을 맺으면 곧바로 장송 의례에 쓸 수의(壽衣)부터 지었다. 이 수의를 만드는 일은 필시 항상적 전쟁 상황에 처한 신랑의 돌발적 임종에 대비하는 것으로서, 명예로운 남편을 위한 젊은 신부의 중요한 관행이었을 것이다.

그나마 서옥에 앉아 자신의 수의를 다듬는 아내를 둔 남성은 긍지를 지녀도 좋았을 것이다. 실제로는 많은 젊은이들이 미처 결혼할 상대를 만나는 일 자체를 기대하지 못하는 상태였을 것이다. 결혼을 위해서는 신붓감이 있어야 함은 물론이지만, 그녀의 친족에게 보내야 할 혼인 재화가 있어야만 한다. 그들의 사태를 더 악화시키는 것은, 부여의 투기죄 처벌 규정에서 짐작하였듯이, 권력과 금력을 장악한 남성들의 경우 여러 명의 여성을 동시에 거느리고 있었다는 사실이다.

심지어 고구려에서는 정치적 권력자들이 다른 사람들의 처첩과 자녀를 강탈하는 사회문제가 발생하고 있었다. 대무신왕 때 비류부(沸流部)의 수장으로 있던 구도(仇都)와 일구(逸苟), 분구(焚求) 등은 자질이 탐욕스럽고 야비하여 다른 이들의 처첩과 소·말·재물 따위를 빼앗아 자기 욕심을 멋대로 부렸으며, 만약 주지 않는 이가 있으면 곧 채찍질을 하니 사람들이 모두 분개하고 원망하였다 한다. 고국천왕 때에도 어비류(於畀留)와 좌가려(左可慮) 등 고위 정치 관료들과 그들의 자제들이 다른 사람의 자녀를 약탈하거나 다른 사람의 밭과 집을 탈취하였으므로 사람들이 원망하고 분하게 여겼다고 한다.[160]

이와 같은 사회 분위기는 한편으로 남성의 여성에 대한 차별과 극단적 남성 우월의식을 낳는다. 인간의 신체 에너지가 집단의 생존과 보위에서 큰 비중을 차지하는 사회일수록 남성의 물리적 우월함에 대한 구성원들의 존숭이 두드러진다. 고대의 전쟁은 종종 무기의 정교함보다는 무기를 작동시키는 동력의 강도에 더 많은 영향을 받는다. 그들의 인습적 무기 체계는 거의 남성의 강인한 근력에 의존하고 있다. 그 때문에 대부분의 미개사회에서는 남성 중심적 사고와 관습이 일상화된다.

더 나아가 그와 같은 성차별이 누적된 결과는 여성 인구의 저하로 이어진다. 경제적 이유를 중심으로 은밀히 여자아이가 살해되기도 하였겠지만, 생존 조건이 매우 취약한 유아 단계에서는 남자아이와 여자아이 사이의 사소한 돌봄의 차이가 극단적 간극을 초래하기도 한다. 심지어 현대사회에서도 잘못된 남성 우월의식과 남아선호 의식이 강한 지역일수록, 의료 기술에 기대 현저한 성비의 불균형을 초래하고 마는 것을 실제로 목도하게 된다.

승리의 의미, 여성의 획득

요컨대 전쟁의 승리를 위한 극단적인 남성성 숭배 풍조는 인구 구성의 측면에서 여성 인구의 결핍으로 귀결된다. 젊은이들은 그만큼 여성과 접촉할 기회가 제한된다. 불만에 찬 호전적 남성들의 공격성은 물론 전쟁의 승리에 기여한다. 이제 전쟁을 앞둔 전사들은 적들로부터 그 무엇보다도 여성을 획득할 것을 기대하고 또 실제 획득하였다.[161] 전쟁의 승리를 위해 훈련된 전사를 필요로 하였지만, 그 결과는 그로 인해 더욱 결핍된 여성을 획득하기 위한 전쟁을 강요받아야 하는 악순환 구조를 초래했던 것이다.[162] 다시 말해 전쟁의 승리는 여성의 획득을 의미하나, 정작 여성의 결핍은 승리를 위해 치러야 할 값비싼 대가였던 것이다.

물리력에서 월등하게 우월하였던 고구려는 옥저 사회에 관리를 파견하여 자신들의 경제적 이익을 관철시켰다. 옥저는 언어·음식·거처·의복·예절이 고구려와 같거나 유사하였다. 반면에 척박한 고구려와는 달리 비옥한 토지에서 쌀을 비롯한 오곡과 밭작물 경작이 풍성했고 해산물 생산 또한 왕성하였다. 옥저인들은 직물류와 물고기와 소금과 해조류 등 생필품과 식량 자원 등 광범한 물자들을 천리 밖에서 고구려에 공급해야 하였다. 전투 역량과 정치 조직 수준에서 탁월한 사회가, 자원과 생산력의 원천적 한계를 극복하는 손쉬운 방법으로, 인접한 저급사회의 풍요를 향해 물리력을 동원하는 것은 당연하고도 유력한 선택일 것이다.

그런데 중국의 관찰자들은 고구려인들이 옥저의 '미녀'를 보내게 하여 자신들의 비첩(婢妾)으로 삼았다고 기록해 두었다. 또한 그들의 판단으로 고구려인들이 옥저인들을 대하는 방식은 마치 자신들의 노복(奴僕)을 다루듯 하였다고 하니, 옥저인들은 고구려에 집단적으로 예속민의 처지에 있었던 것이다. 그리하여 옥저 사회는 노동력에서든 출산력에서든 월등한 경제가치를 지니는 여성을 광포한 약탈자들로부터 보위하지 못하였다. 요컨대 고구려의 잦은 전쟁은 제한된 자원 조건에서 주변 지역에 대한 경제재의 약탈을 목적으로 선택된 대안이었으나, 그 근저에는 여성 인구의 결핍과 그로 말미암은바 전쟁의 승리가 곧 여성의 획득을 의미하는 경제 외적 맥락이 잠복되어 있었던 것이다.

고구려에 대한 복속 집단의 처지와 공납의 내용에서는 예(濊)의 경우도 옥저와 다르지 않았을 것이다.『삼국사기』정보에 따르자면, 북옥저와 동옥저 등 동해안에 인접한 지역들은 적어도 1세기 전반 이전에 이미 고구려에 복속되어 있었다. 즉 동명성왕 10년(기원전 28) 북옥저(北沃沮)를 쳐서 없애고, 그 땅을 성읍으로 만들었다. 태조대왕 4년(56)에는 동옥저(東沃沮)를 정벌해 그 땅을 빼앗아 성읍을 만들고, 국경을 개척해 동쪽으로 마침내 푸른 바다에 이르게 되었다고 한다. 그렇다면 3세기 이전 시기에 유독 동해 지역에서 갖가지 특산물을 바쳤다는 기록들이 많이 보이는 것은 이와 관련하여 주의할 만하다.

예컨대 민중왕 4년(47)에는 동해(東海) 사람 고주리(高朱利)가 고래의 눈을 바쳤는데 밤에 광채가 났다. 또 태조대왕 55년(107)에는 동해곡(東海谷)의 수령이 붉은 표범을 바쳤는데 꼬리 길이가 9척이었다. 서천왕 19년(288)에도 해곡(海谷)의 태수가 고래의 눈을 바쳤는데 밤에 광채가 있었다.[163]

무엇보다도 실제 여성 자체를 헌상한 기사야말로 주목할 필요가 있다. 동천왕 19년(245)에 동해의 사람이 미녀를 바치자 왕은 그녀를 후궁으로 받아들였다. 이 사례는 비록 왕실의 혼인 기사이지만, 고구려가 옥저 출신 여성들을 약취하는 맥락에 비춰 그 직접적인 예증으로 삼아도 좋다고 본다.

　이러한 이해에 설 때, 어린 여성이 이미 혼인의 약정과 함께 남성의 주거로 옮겨 출산력을 갖추기까지 장기간 예부(預婦)의 위상을 유지했다고 하는 옥저의 혼속은, 고구려와 옥저의 군사·경제적 관계에서 파생된 하나의 변용일지도 모른다. 즉 예속 집단의 여성으로서 원거리의 이질적 부계로의 편입을 의미하는 송출 대상이 되는 것은 두렵고도 혐오스러운 일이다. 그녀의 출생 집단에서도 해당 사회의 규범적 혼인 재화의 공여가 결여되었을 그것은 공동체의 결속력이나 생존가치(survival value)에 전혀 기여하지 못하는 것이었다.

　어쨌든 옥저인들은 그들을 집단 예속하에 두고 식량 자원을 공납케 한 고구려에 자신들의 젊은 여성 또한 보내지 않으면 안 되었다. 옥저와 마찬가지로 고구려에 복속되어 있던 동예 사회에서도 공납물 가운데 그들의 여성이 포함되는 것을 막지 못하였다. 이처럼 고구려의 사회·경제적 모순은 주변 사회로 연쇄적 파장을 낳았다. 다시 말해 고구려의 비대칭적 남녀 인구의 문제가 낳은 파장은 단일 사회 내에 한정하지 않았다. 결국 옥저의 조혼 풍속은 고구려의 여성 인구 결핍과 그로 말미암은 폭력적 탈취에 대한 소극적 대응의 한 형태였던 것이다.

동맹의 매개자 혹은 정략의 희생자

　한 사회의 생태조건과 인구 불균형이 사회 내부는 물론 인접한 다른 사회와 폭력적 갈등을 초래하였듯이, 그리고 그 가운데 여성 인구의 결핍과 여성 자체의 약취가 비롯되었듯이, 여성에게는 종종 국가 간 갈등과 전쟁을 완화하거나 방지하기 위한 역할이 기대되기도 하였다. 혹은 여성의 혼인을 매개로 두 정치 세력 간의 유대를 기대하기도 하였다. 예컨대 동명성왕이 왕조를 건국한 이후 최초로 거둔 대외적 성과가 송양의 비류국을 병합한 것이었는데, 동명성왕의 아들 유리명왕은 바로 그 송양의 딸을 왕비로 맞이하였다. 부여에 치명적 타격을 입힌 대무신왕도 부여로부터 분지해 나온 갈사국 왕의 딸을 역시 비로 맞이하였다. 낙랑 왕 최리는 자신의 딸을 호동과 혼인시켜서 고구려의 물리력으로부터 자존의 전략을 모색하고자 하였다.

백제와 신라도 마찬가지로 그와 같은 혼인의 속성을 활용하였다. 백제 책계왕(責稽王, 재위: 286~298)은 대방(帶方) 왕의 딸 보과(寶菓)를 맞이해 부인으로 삼았다 한다. 이때 '대방 왕'이라는 표현은 대방국을 전제로 한다. 이것은 '낙랑 왕'의 사례와 함께 고구려와 백제 사이에 있었던 중국의 낙랑군·대방군과는 부합하기 어려운 형국이다. 물론 어떤 시점의 어떤 맥락에서 낙랑군과 대방군의 수장이라 할 '태수'를 문득 '왕'으로 전승하거나 표기하였을 가능성도 없지는 않다.

여하튼 책계왕 대의 백제는 대방국으로 지시된 외부 정치 단위의 지배층과 결혼을 통해 사회 간 유대를 강화하였다. 그리하여 고구려의 군사적 공격에 직면한 대방이 구원을 요청하자, 책계왕은 대방과 백제가 장인과 사위의 나라들이니 그 요청을 따라야 한다는 명분으로 군사를 출동시켜 대방을 구원하였다는 것이다.[164] 3세기 후반으로 설정된 이 사건의 진상이 과연 무엇이었던가는 별개의 숙제일 것이지만, 혼인으로 결속된 사회 간 유대와 효력을 잘 보여 주는 사례로서 손색이 없다.

그로부터 200여 년 뒤, 백제 동성왕은 신라 왕실을 향해 국혼을 희망하였다. 이에 부응하여 신라의 소지마립간은 이찬 비지(比智)의 딸을 백제에 보냈다고 한다.[165] 다만 그녀가 동성왕의 비가 되었다는 명시적 기록은 없다. 또 그녀가 설사 동성왕과 실제 혼인했다고 해도 당시 동성왕은 이미 왕위에 오른 지 15년(493)째 되던 해였으므로, 그녀가 이른바 원비의 지위에 있었으리라고는 생각하기 어렵다. 아울러 소지마립간 역시 재위 15년째 되던 때라, 확신할 수는 없지만, 혼인 적령기의 공주가 있었을 수도 있겠다. 그럼에도 불구하고 백제의 국혼 요청에 귀족의 딸로 대응한 것은 동성왕의 혼인 상황을 고려하였기 때문일지 모른다.

그러나 이 혼인관계의 성립은 유의미한 결과를 낳았다. 이 혼인은 바로 이듬해 고구려와 신라의 전쟁이 벌어졌을 때 동성왕이 3천 명의 병력을 보내서 위기에 처한 신라의 견아성(犬牙城)을 구원한 바탕이 되었다. 다시 1년 뒤에는 반대로 고구려 군사에 포위당한 백제의 치양성(雉壤城)을 신라의 군사가 와서 구원해 주었다. 이렇게 고구려를 공동의 가상 적으로 설정한 두 나라가 서로에게 군사적 조력을 요청하여 사태를 수습하게 되었으므로, 동성왕과 소지마립간 대의 이 혼인을 일러 두 나라 사이의 혼인 동맹이라고 부르기도 하는 것이다.

흥미롭게도 양국의 혼인 동맹이 파국을 맞을 즈음에 또 한 차례 왕실 간 혼인이 있었다. 백제 성왕과 신라 진흥왕의 군사들은 551년 고구려를 공격하여 상당한 영토적 성과를 거두었다. 그러나 2년 뒤 7월 신라군은 이 영토적 성과의 백제 측 지분까지 장악하여 신주(新州)를 설치하였다. 이 행위는 동맹 체제에 대한 배신으로 비쳐진다.

그런데 불과 석 달 뒤 성왕의 딸이 신라로 출가하였으며, 진흥왕은 이 백제의 왕녀를 자신의 소비(小妃)로 삼았다. 그리고 다시 이듬해(554) 가을 성왕은 대규모의 군사를 직접 휘몰아 신라 서변을 강습하였으나 도리어 치명적 궤멸을 당하면서 그 자신도 전사하고 말았다.

백여 년이 넘는 군사 동맹관계의 완벽한 결렬의 지점에서 과연 이와 같은 왕실 혼인이 가능할 수 있었을까? 문자 정보의 한계야 다시 말할 필요가 없으나, 명백한 반증이 없는 한 정보 자체를 무작정 불신해서도 안 될 것이다. 방만한 추론이겠지만 이 국혼은 누군가의 본의를 은폐하기 위한 정략적 몸짓일 수 있다. 더 나아가 최초의 균열이 의미하는바, 다가올 위태로운 결말을 우려하거나 혹은 반대로 기대하면서 설정한, 새로운 맹약의 가장된 절차일 수도 있다.[166]

어떤 경우이든, 그리고 어느 편에서 주도하였고 상대의 의중을 얼마나 핍진하게 파악하고 있었을 것인가라는 질문과는 별개의 문제로서, 어쨌든 백제의 왕녀는 국가 간 유동적 정치·군사적 흐름의 한 가운데 던져졌던 것이다. 그와 같은 기록이 사실이라면, 그녀의 남편의 군사가 그녀의 아버지를 처단한 것이다. 아울러 틀림없이 불행하였을 그녀에게 주어진 '소비'의 지위는 아마 고구려 산상왕의 '소후'와 비슷했을 것으로 짐작한다.

국가 간 전쟁이란 실상 극단적 외교의 한 형태일 수도 있는 것처럼, 여성들은 종종 국제 정치의 매듭 역할을 강요받았다. 다만 그러한 경우의 여성이 반드시 자기 집단의 취약함을 반영하는 것은 아니다. 예컨대 고려 태조 왕건은 신라 경순왕(敬順王, 재위: 927~935)의 투항을 이끌어내 천 년의 전통을 온전하게 계승하는 데 성공하는 한편,

왕실의 여성을 서로 교환하는 혼인관계를 맺고 있다. 즉 태조는 자신의 맏딸 낙랑공주를 경순왕으로 하여금 아내로 삼게 하였다. 아울러 그 자신 역시 신라 왕실의 여성을 부인으로 맞이하였다. 이가 곧 신성왕태후(神聖王太后)이다. 이로써 두 왕실은 혈연으로도 공고히 결속하게 되었다.

태조와 신성왕태후 사이에서 태어난 안종(安宗)의 아들, 즉 신라 왕실로 보아서 외손이 되는 이가 8대 왕 현종(顯宗, 재위: 1009~1031)으로 즉위하였다. 이를 일러『삼국사기』찬자는 "현종께서 신라의 외손으로서 왕위에 올랐으며, 이 이후 왕통을 이은 이들이 모두 그의 자손"이라고 표현한 바 있다.[167] 신라 왕실을 기준으로 보자면 그렇게 말할 수는 있겠다. 이렇게 신라는 신성왕태후를 매개로 고려 왕실 혈통의 중심 인자로 용해되었다.

그러나 망국의 국면에서 대부분의 여성들은 참혹한 처지를 모면하지 못한다. 백제가 패망하던 날의 풍경 한 자락을『백제고기』는 이렇게 전하고 있다.

부여성 북쪽 모퉁이에 큰 바위가 있는데 그 아래는 강물이 흐른다. 전해 오는 말로는 의자왕과 여러 후궁들이 죽음을 면치 못할 줄을 알고 서로들 이르기를 '남의 손에 죽느니 차라리 자결하리라' 하여 줄줄이 여기 와서 강에 몸을 던져 죽었으므로 사람들이 타사암(墮死岩)이라고 한다는 것이다.[168]

이 전승의 비극성은 두고두고 사람들의 애상적 정조를 부추겼다. 아름다운 궁녀들이 왕을 따라 강에 몸을 던져 꽃잎처럼 나부끼며 스러지는 형용은 타사암의 이름을 낙화암(落花巖)으로 바꾸기에 이른다. 물론 이 전승을 소개한 『삼국유사』 서술자는 이를 역사적 실제로 보지는 않았다. 즉 의자왕이 당에 압송되어 그곳에서 생을 마쳤다는 것은 중국의 여러 역사서에 나와 있는 엄연한 사실이라는 것이다. 그러면서도 궁녀들이 이곳에서 몸을 던져 죽었다는 것은 수긍하였다.

이로 말미암아 고려 사회에서는 낙화암의 비극에 대한 광범한 전승과 공명이 번져 갔다. 『백제고기』가 그러한 정황을 일부 반영하고 있을 뿐이다. 이승휴 역시 현지의 견문을 토대로 "수많은 궁녀들 푸른 물에 떨어지고 낙화암만 대왕포에 우뚝 솟아 있도다"라고 하였다. 그리고 이어서 "대왕포는 왕이 놀았기 때문에 얻은 이름이고 낙화암은 궁녀들이 떨어져 죽었기에 얻은 이름이다"라고 설명하였다.[169] 백제 왕조의 종국을 추념하는 옛 백제 지역 주민들의 애상적 정

그림 33 낙화암. 충청남도 부여군

서가 그 같은 비장한 전승을 확산시켰을 것이다.

그로부터 얼마 뒤 1349년 여름, 배로 이곳을 지나는 이곡(李穀)의 글 한 대목을 다시 본다.

> 다음 날 부여성 낙화암 아래 이르렀다. 옛날 당나라가 소장군(蘇將軍)을 보내 전백제(前百濟)를 쳤는데 부여는 실로 그 옛 도읍이었다. 이때 포위되어 사태가 매우 급박하자 군신이 궁을 버리고 도주하였다. 의리상 병사들에게 더럽혀지지 않고자 무리가 이 바위에 와서 물에 몸을 던져 죽었으므로 이러한 이름이 생겼다.[170]

비장한 전승의 설득력이 역사적 사실의 한계를 이렇게 간단히 극복해 버리는 데 놀랄 따름이다.

3) 금기와 가능성의 공존

대무신왕의 아들 호동의 죽음을 다시 환기해 본다. 호동은 생모가 아닌 왕비의 참소가 발단이 되어 자결하고 말았다. 왕비는 호동이 자신을 예의를 갖추어 대하지 않고 자못 음행하려 하는 듯하다고 왕에게 말하였다. 호동이 왕비를 대하는 옳은 예는 아들과 어머니의 관계에 합당한 것이어야 한다. 지금 보기에 충격적인 이 고변을 접한 처음, 대무신왕은 왕비가 자기 소생이 아니라 하여 질시하는 것으로 여겼다. 정곡을 찔린 왕비는 더욱 극단적 호소로 치닫게 되었고, 이 위험한 진실 공방이 평온하게 수습되기는 이미 난망이었다. 앞서 낙랑공주를 파국으로 몰아넣은 데 더해 예기치 못한 상심과 난관이 겹친 나머지 지친 호동은 자결하고 말았다.

아들과 후모의 위험한 경계

주의할 사항은 왕비가 현실적으로 태자 책봉이 유력해진 호동을 참소한 내용이다. 그녀는 자기 소생의 어린 아들이 호동에게 밀릴 것을 두려워하였다. 태자는 차기 왕위 계승권에 가장 근접한 지위이다. 호동을 질시할 만한 이유야 수긍이 된다 하지만, 그를 음해하기 위한 발상이 차라리 더 돌발적이다. 왕비는 과연 그의 이 음해가 왕에게 설득력을 지닐 것이라고 여겼던 것일까? 만약 지나치게 터무니없는 음해를 시도했다간 그녀 자신이 수렁에 빠질 수도 있다. 물론 호동은 낙랑 왕 최리의 딸과 혼인관계를 맺을 수 있었으므로, 왕비의 주장이 전혀 성립 불가능한 것은 아니다. 다만 오늘날의 관점에서 본다면 너무 위험한 전략이었다.

그러나 왕비의 선택은 충분히 고심한 결과였을 것이다. 물론 다 알고 있듯이 호동은 무고하였다. 심지어 자신의 무고함을 해명하라는 권유를 받고서도 "내가 만약 해명한다면 이는 어머니의 죄악을 드러내는 것이요, 왕께 근심을 끼치는 것이니 효도라고 할 수 있겠는가?"라고 할 정도로 순연한 젊은이였다. 더구나 왕비의 주장, 즉 호동이 그를 바라보는 눈빛이 여성을 향한 남성의 그것이라는 주장은 딱히 증명하기도, 그렇다고 하여 그렇지 않았다고 반증하기도 쉽지 않다. 이 점에서 왕비의 황당해 보이는 음해는 사실 매듭이 없어 풀 길도 없는 그물과도 같았다.

무엇보다도 유의할 점은 그러한 음해에 담긴 가능성의 자질일 것이다. 그녀의 발상이 끝내 호동을 자살로 몰아세웠다는 것은 그것이 지닌 파괴력을 반증한다. 그 파괴력의 연원(淵源)은 그녀의 주장이 당시 사회에서 실제 일어날 수 있는 상황을 담고 있었다는 데 있다. 물론 그것이 실현 가능하였다는 말이, 곧 가족 윤리를 파괴할 정도로 호동이 음욕에 무너질 가능성을 염두에 둔 것은 아니다. 그것은 가늠할 수 없는 개개인의 일탈이 아니라 누구에게나 설득력을 지니는, 일종의 제도화된 관습에서 비롯하였다고 보아야 한다. 다시 말해 생모가 아닌 왕비는 부왕이 사거한 뒤라면 호동에게 성적 접근이 허용될 수도 있는 존재였다는 것이다.

중국의 문헌들에 의하면, 고구려 사람들은 형이 죽으면 형수를 처로 삼았다 한다.[171] 이를 형사처수 혹은 형사취수(兄死娶嫂)라고 한다. 재산과 지위가 형에게서 아우에게로 승습되는 가운데 형의 처도 포함되어 있는 셈이다. 고구려와 종족 계통이 같고 문화적 특질도 거의 대부분 공통되어 있는 부여 사회에서도 형이 죽으면 형수를 아내로 삼았으며, 이러한 혼속은 흉노와 같은 풍속이라고 하였다.[172]

과연 흉노의 풍속을 보면, "장건한 이를 귀하게 여기고 노약자를 천시하였으며 아버지가 죽으면 (생모가 아닌) 후모를 아내로 삼고 형제가 죽으면 모두들 죽은 이의 아내를 차지한다"라고 하였다.[173] 유목 중심 경제기반을 가진 동아시아의 여러 종족들 사이에 그와 같은 혼속은 폭넓게 분포해 있다. 오환족도 "아버지나 형이 죽으면 그 후모

(後母)를 처로 하고 형수를 차지한다"라고 하였다.[174] 돌궐족의 경우 "아버지, 형, 백부, 숙부가 죽게 되면 아들과 동생과 조카 등이 죽은 이의 후모와 백모와 숙모와 형수를 아내로 삼는다"라고 하였다.[175]

부여와 고구려의 경우 비록 후모를 아내로 삼는 풍속을 직접 거론한 바 없지만, 인접한 유목 집단과 혼속이 유사하다는 중국 기록자들의 관찰은 유의할 만하다. 형수를 아내로 취할 수 있다는 것은 아버지의 후처를 취하는 원리와 다르지 않다. 생모가 아닌 젊은 후모의 경우는, 아버지의 지위를 승계한 장성한 아들들에게 홀로 남은 형수와 매우 유사한 대상일 수 있다. 이를 염두에 둘 때, 대무신왕의 원비는 아마 호동의 생모보다 젊었을 것 같다. 원비의 아들은 호동이 희생된 뒤 12년 뒤의 시점에서조차 나이가 어려 정무를 수행할 수 없다는 명분으로 왕위 계승에서 배척되었기 때문이다. 다시 말해 호동의 지위에서 원비는, 그녀의 호소에 따를 경우, 잠재적인 '음행의 대상'일 수 있었다고 본다.[176]

이와 관련하여 형이 죽은 후 형수와 혼인관계를 유지한 실제 사례를 환기한다. 고구려 제10대 왕인 산상왕은 9대 고국천왕의 아우였다. 고국천왕이 재위 19년에 후사 없이 죽었다. 왕비 우씨는 왕의 죽음을 공표하지 않고 왕의 아우인 발기(發岐)에게 찾아갔다. 발기는 가장 유력한 왕위 계승 후보였기 때문이다. 『삼국사기』 기록만으로는, 이 만남에서 우씨가 왕의 죽음을 발기에게 제대로 고지했는지 하지 않았는지 판단하기가 어렵다. 여하튼 우씨로서는 자기 소생 왕자가 없는 터에 유력한 왕위 계승 후보와 교섭할 바가 있었으리라고 짐작한다.

당연한 말이지만, 왕위의 승계와 왕비의 지위는 직결되는 사안이다. 왕비 우씨는 그녀를 배출한 친족 집단의 정치·사회적 지위와 영향력을 대변한다. 당시 상황은 그녀에게 우호적이지 않았다. 그보다 몇 년 전에 우씨의 친척들이 정치권력을 남용하여 횡포를 부리다가 왕의 처벌이 임박하자 아예 모반을 감행한 적이 있었다. 고국천왕은 이들을 진압한 다음, 기득권층이 아니었던 을파소를 파격적으로 국상(國相), 즉 정부의 수반으로 임명하였다. 왕은 기왕의 권력과 족적 기반이 없는 을파소를 통해 왕비의 친척을 비롯한 권력층의 부패와 파행을 척결하려 하였던 것이다. 왕위 교체기에 왕비 우씨가 부산해야 할 이유가 헤아려진다.

그러나 우씨는 발기와 정작 중요한 논의를 하지 못하였다. 기대와는 달리 발기가 우씨를 냉대하였기 때문이다.

"하늘이 정해 둔 운명은 그 돌아갈 바가 있는 것이니 가벼이 논의할 수 없는 것입니다. 하물며 부인네가 밤에 나다니는 것이 어찌 예의라고 하겠습니까?"

그는 이미 차기 왕위의 향방을 직시하고 있었으며, 왕위 승계 건에 형수가 관심을 보이는 것을 오히려 경계하였던 것이다. 무참하고 궁색해진 우씨는 발길을 돌려 발기의 동생인 연우(延優)에게로 갔다. 연우는 의관을 갖추고 문에 나와 왕비를 예우해 맞이하였다. 우씨가 말하였다.

"대왕께서 돌아가시고 아들이 없으니 발기가 맏아우로서 당연히 뒤를 이어야 하지만, 그는 내게 딴 마음이 있다고 생각해서 사납고 거만하여 무례하게 대하기 때문에 숙씨(叔氏)를 만나 보러 왔습니다."

두 사람의 논의는 빠르게 부합해 갔을 것이다. 권력의 중심에서 밀려날 처지에 있던 우씨와 그의 친족 세력은 연우의 왕위 계승에서 대안을 발견한 셈이다. 연우가 형수를 위해 직접 고기를 자르다가 손가락을 베자, 왕후는 치마끈을 풀어 다친 손가락을 감아 주었다. 상황은 그렇게 정리되었다.

형사처수혼과 자매역연혼

그 밤, 두 사람은 함께 궁궐로 들어갔다. 다음 날 아침, 왕비는 '거짓으로' 선왕의 유명(遺命)을 빙자하여 연우를 차기 왕으로 옹립하였다. 아마 고국천왕은 적어도 연우를 왕위 계승자로 고려하지는 않았던 것 같다. 발기는 격분한 나머지 군사를 동원하여 왕궁을 에워싸고 외쳤다.

"형이 죽으면 아우가 그 뒤를 잇는 것이 예법이거늘, 네가 차례를 뛰어 넘어 왕위를 찬탈하니 크나큰 죄로다."

명분에서 궁색한 연우는 궁문을 닫고 나오지 않았다. 그러나 논리적으로 말하자면, 발기의 항의 역시 '선왕의 유명'을 부정하는 것이었다. 국내에서 정치적 지지를 확보하지 못한 발기는 마침내 요동을 장악하고 있던 공손씨(公孫氏)의 힘을 빌려 연우를 제거하려 하였다. 이처럼 국내 왕위 계승 문제에 외세를 끌어들인 그는 오히려 또 다른 아우 계수(罽須)가 지휘하는 병력에 패한 나머지 자결하였다. 이로써 발기는 명분과 실익을 다 잃고 말았다. 형제의 영욕은 이렇게 갈렸다. 산상왕으로 즉위한 연우는 마침내 우씨를 왕후로 맞이하였다.[177]

이것이 단순히 두 사람의 정략이 빚은 파격이 아니라 이른바 형사처(娶)수 혼인의 전형인 이유는 산상왕이 죽은 후의 사태 전개가 웅변한다. 먼저, 우씨는 산상왕과의 혼인 생활에서도 끝내 자녀를 생산하지 못하였다. 산상왕은 주통촌의 젊은 여성과 밀회하여 아들 교체(郊彘)를 얻었다. 산상왕이 재위 31년 만에 죽자, 교체가 동천왕으로서 왕위를 이었다. 그러고도 다시 7년이 지나 동천왕 재위 8년째 되던 해에 왕태후 우씨가 임종하였다. 50여 년 동안 왕후의 지위를 누렸으나, 우씨는 두 남편 가운데 누군가의 아내로서 돌아가야 한다. 우씨는 동천왕에게 그녀를 산상왕 옆에 눕혀달라고 부탁하였다. 어진 동천왕은 늙고 기구한 태후의 부탁을 따랐다. 그러자 고국천왕은 즉시 무당의 입을 빌려 거칠게 항의하였다.

고국천왕의 혼령은 우씨가 죽어서 산상왕에게로 간 것을 참을 수 없었다. 우씨가 30년 동안 산상왕의 왕비였으나, 그녀는 이제 의연히 애초 고국천왕의 왕비로서의 지위를 회복해야 마땅하였다. 만약 태후 우씨가 동천왕에게 각별한 부탁을 하지 않았다면, 그녀는 틀림없이 오랫동안 기다려 온 고국천왕의 옆에 누워야 했을 것이다. 형사처수 혼인에서 형수와 혼인관계에 있는 아우는 죽은 형의 역할을 대신하는 것이다. 또한 만약 그들 사이에서 아들이 태어났다면 적어도 정치·사회적 맥락에서 그는 고국천왕의 아들로 간주되었을 것이다. 우씨가 왕에게 자신의 장지를 특별히 부탁한 이유도 그녀와 산상왕의 관계가 형사처수의 원리에 입각한 것이었기 때문이다.[178]

그러한 까닭에 30년 동안 잠자코 있었던 고국천왕이 단 하루만에 격분하였던 것이다. 군왕이 아내도 아들도 없이 영구히 홀로 남게 되었다. 고국천왕의 혼령은 산상왕과 우씨에게 쫓아가서 한바탕 퍼부었으나 이미 상황은 돌이킬 수 없었다. 이렇듯 참담한 치욕을 떨칠 길 없자 그는 차라리 사람들의 눈길에서 숨고만 싶었다 한다. 결국 동천왕의 조정에서는 고국천왕 혼령의 부탁에 따라 그의 능 앞에 소나무를 일곱 겹으로 심어 주었다.[179] 역사책에서 동천왕을 일러 "성품이 너그럽고 인자하였다"라고 한 데에는 이처럼 고국천왕과 왕후 우씨의 부탁을 모두 잘 받들어 준 동천왕의 담담한 처신도 고려되었을 것이다.

왕비 우씨와 관련된 세 명의 왕들에 대한 이야기가, 호동과 대무신왕의 원비가 처해 있던 금기와 가능성의 위험한 경계에 대한 이해에 바탕이 되었으면 좋겠다. 즉 부형의 비들은 왕제와 왕자에게 후모거나 형수인 한편, 부형의 사후 그 왕위를 승계하는 이에게는 성적으로 다가설 수 있는 범주의 여성이기도 하였다고 생각한다. 원비가 호동을 음해할 수 있었던 것은 바로 그 가능성에 기댄 것이다. 후모나 형수와 장성한 아들과 아우의 관계를 금기시하는 것도 역설적 의미의 가능성 때문이다.

『일본서기』에는 백제 개로왕과 그의 아우 곤지(昆支) 역시 아내를 공유하였던 징후가 전한다. 그에 의하면, 줄산에 임박한 개로왕의 부인을 곤지가 취하여 왜국에 가던 중 축자(筑紫)의 각라도(各羅島)에서 아들을 낳아 그의 이름을 도군(島君)이라 불렀다 한다. 이가 사마왕(斯摩王), 곧 무령왕이라는 것이다.[180] 현실적으로 있을 법한 내용은 아니다. 역으로 무령왕의 이름 '사마(斯麻)'와 '도(島)'의 일본식 음가가 모두 '시마(しま)'로서 근사하였던 것이 '도군'의 출생담을 윤색해 내는 단서

가 되었을지 모른다. 그렇다 하더라도 형제공처(兄弟共妻)의 발상 자체는 마땅히 유의할 만한 요소가 아닐 수 없다.

이와는 반대 방향에서, 아내가 사망한 후 아내의 자매가 본래의 혼인관계를 계승하는 혼인 형태를 자매역연혼이라고 한다. 앞에서 고구려 유리명왕과 송양국 왕의 딸들이 그와 같은 혼인관계의 실제 사례가 아닐까 짐작해 본 적이 있다. 즉 유리명왕 3년에 혼인한 지일 년을 막 넘기고 죽은 송씨 왕비와, 유리명왕 23년에 왕자 무휼을 낳은 송씨 왕비가, 모두 송양의 딸이었던 것이다. 무휼은 뒤에 즉위하여 대무신왕이 되었다.

신라 헌안왕(憲安王, 재위: 857~861)의 두 딸도 차례로 경문왕과 혼인하였다. 처음 희강왕(僖康王, 재위: 836~838)의 손자인 김응렴(金膺廉)은 헌안왕의 첫째 딸과 결혼하였다. 그 뒤 김응렴은 사위로서 헌안왕의 왕위를 승계하여 경문왕이 된 후 3년째에 헌안왕의 둘째 딸을 차비로 맞이하였다. 역시 그와 같은 혼인이 이루어진 연유가 무엇이었든지 간에, 자매가 한 남성과 순서대로 혼인관계를 맺은 실례이다.

또 53대 신덕왕(神德王, 재위: 912~917)은 박씨로서 왕위에 올랐는데 아버지가 예겸(乂兼/銳謙)이라고 하였다. 그런데 『삼국유사』 왕력에 의하면 역시 박씨인 신덕왕의 아버지는 문원(文元) 이간(伊干)이었으며 예겸(禮謙)은 의부(義父)라고 하였다.[181] 그렇다면 어머니 정화부인(貞和夫人)에게는 똑같이 대왕으로 추봉된 두 명의 남편이 있었던 셈이다. 만약 예겸이 의부가 맞다면 왕의 생부는 문원이었을 것이다. 다만 문원과 예겸을 형제로 간주할 확실한 단서는 없으므로, 정화부인의 사례를 형사처수로 볼 수 있을지 아니면 단순한 재혼이었던 것인지 단정하기 어렵긴 하다.

2차혼의 사회적 원리

형사취수혼이나 자매역연혼을 막론하고, 이러한 2차혼 관행은 모두 원래의 혼인으로 결성된 동맹관계가 배우자의 일방이 사망함에도 불구하고 지속될 것을 보장한다. 2차혼의 당사자들인 동생과 처제가 누구인가는 본질에 있어서 중요하지 않다. 최초의 배우자를 제공한 집단이 그 동맹관계를 지속시키기 위해 자동적으로 대체 배우자를 제공해 준다는 점만이 중요하다.[182] 이들에게 혼인이란 집단 간의 동맹이요 혼인 당사자만의 결합이 아닌 것이다.

물론 혼인의 완결은 대부분 자녀의 출생을 수반하거나 요구한다. 혼인관계의 궁극적 완결과 유대의 확고한 영속을 위해 종종 자녀의 생산 여부가 지극히 중요한 요소로 간주되었다. 형제와 자매의 연혼 역시 이미 출생했거나 장차 출생될 자녀의 출계(出系) 귀속을 겨냥하고 있다는 점에서는 다를 바가 없다. 고구려의 이른바 서옥제 혼인에서도 아이를 낳아 성장한 연후에야 아내와 자녀가 부계의 친족 거주공간으로 옮기면서 혼인관계는 강고해졌다고 보아야 할 것이다.

다시 말해 서옥제 혼인에서 "자식이 태어나기 전까지는 두 남녀의 혼인은 잠정적인 성격의 결합인 것이다."[183] 많은 연구자들은 백제와 신라에서도 서옥제 혼속이 있었을 것이라고 추정한다.[184] 몽고의 경우에도 아내가 아이를 낳지 못할 경우 또 다른 부인을 맞이하는 것은 일반적 관행이었다.[185]

케냐(Kenya)의 타이타(Taita)족들의 혼인 관행은 이와 같은 본질을 정확하게 상징한다. 그들은 부계사회이며 가축을 신붓값(bride-wealth)으로 지불하여 여성의 출산 능력과 관련된 권리를 획득한다. 신붓값 마련과 노동 봉사의 이행, 그리고 그에 대한 향유는 양 친족 집단의 성원들이 공유하는 의무이며 권리이다. 지불되는 가축 가운데 'kifu'로 불리는 '아직 새끼를 낳지 않은 어린 암소'는 가장 중요한 위상에 있다.

어린 암소는 성숙한 후 암컷이든 수컷이든 송아지를 낳아야만 한다. 그 암소가 그 전에 죽게 되면 다른 어린 암소가 제공되어야 한다. 그렇지 않으면 혼납금의 지불은 여전히 완결되지 않는다.[186] 일견하여, 남성이 제공하는 어린 암소와 남성에게 제공되는 신부의 출산력은 반대 방향에서 정확하게 대응한다. 즉 새로 제공된 암소는 처음 공여된 암소의 결실을 대체하는 것이므로, 한 남성과 자매 사이에 이루어지는 2차혼의 맥락과 매우 방불한 것이다.

고려의 왕실 혼인에서도 한 남성과 친자매가 혼인관계를 맺는 사례는 허다하였다. 문종(文宗, 재위: 1046~1083)은 이자연(李子淵)의 세 딸을 비로 맞이하였다. 『삼국사기』가 편찬되던 시기의 왕인 인종 또한 모후의 친자매들을 비로 맞이하였다. 즉 이자겸(李資謙)의 둘째 딸은 예종(睿宗, 재위: 1105~1122)의 비였으며, 이자겸의 셋째와 넷째 딸이 다시 예종의 아들인 인종의 비가 되었다. 게다가 죽은 처의 자매와 혼인하는 것을 금하는 문제가 고려에서 논의되었다는 것은[187] 그 자체가 자매역연혼의 광범한 현실을 반증한다. 이러한 정황은 조선시대에 들어서도 달라지지 않았다.[188]

한편 집단 간 결속의 측면을 우선시하다 보면 결과적인 근친혼을 피할 도리가 없게 된다. 고려 예종과 인종 부자가 이자겸의 딸들을 각각 비로 맞이한 혼인 양태는 고대인들 사이에서 드물지 않은 방식이었다. 특히 태어나면서부터 골품제(骨品制)의 원리와 기준에 따라 일생의 대부분이 규정되었던 신라 사회는 현저한 근친혼(近親婚)과 계급내혼(階級內婚)의 관행이 지배한 사회였다.

『삼국사기』 찬자는 신라인들이 동성(同姓)과 혼인할 뿐 아니라 형제의 딸이나 고종·이종자매를 가리지 않고 거리낌 없이 맞이하여 아내로 삼기도 한다고 비판하였다.[189] 비판의 직접 발단이 된 것은 4세기 후반에 왕이었던 내물이사금의 혼인관계였다. 우선 내물이사금의 아버지와 어머니와 아내는 모두 김씨였다. 게다가 왕의 아버지 말구(末仇) 각간(角干)과 왕비의 아버지 미추이사금(味鄒尼師今, 재위: 262~284)이 친형제였으므로, 내물이사금과 왕비는 사촌 남매가 된다.

6세기의 법흥왕 대에도 왕의 딸 지소(只召)는 아버지의 동생인 입종(立宗)과 결혼하였다. 그러므로 그로부터 태어난 진흥왕은 법흥왕의 조카이자 외손자가 된다. 그런가 하면 진흥왕의 아들 동륜(銅輪)은 진흥왕의 누이인 만호(萬呼), 즉 친고모와 혼인하였다. 태종 무열왕의 아버지 김용춘(金龍春)과 진평왕은 사촌인데, 김용춘의 아내 천명(天明)은 진평왕의 딸인 선덕왕과 자매였다. 그 결과 무열왕 김춘추는 선덕왕의 6촌 동생인 동시에 조카가 된다. 무열왕 역시 김유신의 누이를 왕비로 맞이하였지만, 다시 그 자신의 딸을 김유신과 혼인시켰다. 이처럼 신라의 왕실혼 자료를 보면 교차사촌(cross cousins)이든 평행사촌(parallel cousins)이든 거리낌 없이 서로 혼인하였다.

4) 가족 윤리의 전제

오늘날의 시선으로 볼 때 거의 무절제한 것처럼 보이는 극단적 근친혼 사회라 해도 어떤 형태의 금혼(禁婚) 범주는 작동하게 마련이다. 다만 금혼의 범주, 즉 근친상간으로 간주되어 터부시하는 범주가 사회에 따라 다를 뿐이다.

동성불혼의 관념과 실제

『삼국지』「동이전」 가운데는 예 사회에 대한 설명에서 일종의 금혼 규정이 보인다. 즉 동예 사회에서는 동성끼리는 혼인하지 않는다[同姓不婚]는 것이다.[190] 그러나 3세기 중반 즈음 예 사회를 관찰한 중국인들의 '동성'이라는 관념이 부계 씨족 단위를 지칭하는 것일 리는 없다. 이때의 '동성'이란 부계의 원리에 충실한 씨족의 개념이 아니라, 생활공간에 대한 배타적 점유권을 기준으로 나뉘는 각 지역 집단을 이른다고 보아야 한다.[191]

즉 "그 당시 한국에는 아직 성이란 것이 없었으나, 중국인들이 와서 토착사회의 일정한 집단 내에 있어서는 결혼하지 않는 현상을 보고, 그 일정한 집단을 동성이라고 부른 것"이라는 설명은 적실하다.[192] 당시 동예의 주민들은 산천을 경계로 자원의 취득을 독점하는 공간 구획을 준수해야만 하였다. 만약 집단 사이에 이 권리가 침해당할 경우에는 우마 따위로 배상하지 않으면 안 되었다. 이것이 저명한 '책화(責禍)'의 맥락이다.

따라서 이들 지역 단위 집단들은 그 각각이 일종의 외혼(外婚,

exogamy) 단위일 것이다. 이와 관련하여, 단군 전승을 비롯하여 신라의 3성 족단이나 고구려의 5부족 간 혼인의 사례를 일찍이 족외혼 단위로서의 반족(半族, moieties)으로 이해한 설명을 고려할 필요가 있다.[193] 외혼율에 따라 그들은 반드시 소속 단위 집단 밖에서 배우자를 구하게 하여, 혼인을 매개로 하는 광역의 동맹관계 결성을 겨냥한다. 따라서 동예의 '동성불혼' 규범은 단위 집단 외부에서 배우자를 맞이함으로써, 각 해당 집단 내부의 결속과 관련 집단 간의 동맹을 강화하여 관련된 전체의 생존가치를 증대시키기 위한 전략이었을 것이다.

신라의 근친혼적 외양도 애초에 중국식 성씨 관념이 수용되기 이전의 관행을 후대에 와서 혈통에 따른 계보 관념으로 표현할 때 비로소 발생한 괴리로 보는 게 좋겠다. 즉 문헌들에는 처음 신라를 구성한 6촌이 6부가 되었고 유리이사금(儒理尼師今, 재위: 24~57) 때 그 각각에 6개의 성씨를 분급해 주었다고 하지만, 이는 훨씬 뒷날 중국식 성씨 관념을 이해한 이후에 계보를 소급하여 헤아린 편의적 발상에 불과하다. 6부의 성은 이씨, 최씨, 손씨, 정씨, 배씨, 설씨라고 하였다.

물론 왕성인 박씨, 석씨, 김씨는 별도의 시조 탄생과 칭성의 유래가 있다. 그러나 6세기 금석문 자료들에는 지도로 갈문왕(至都盧葛文王, 지증마립간)[194] 과 그의 아들인 법흥왕이 각각

그림 34 포항 냉수리 신라비

사탁부(沙喙部)와 탁부(喙部) 소속으로 기록되었다. 이를 보면, 적어도 부가 곧 다른 혈족 집단을 분별하는 기준이 아니었다는 것은 명백하다. 따라서 왕실 내의 근친 간 혼인에도 어떤 형태의 외혼율이 작동하였을지도 모른다.

여하튼 신라 왕실혼에서 보이는 광범한 형태의 족내혼 관행은 뒷날 필연적으로 중국의 엄격한 부계 가족 윤리와 충돌하게 되었다. 특히 현저한 계급내혼 사회였던 신라의 김씨 왕실은 중국에 보내는 문건에서 본래 동성인 왕비의 성씨를 왜곡하거나 은폐하는 모습을 보이기 시작하였다.

예컨대 애장왕(哀莊王, 재위: 800~809) 대에 당에서는 원성왕의 비와 소성왕(昭聖王, 재위: 799~800)의 비를 각각 신씨(申氏)와 숙씨(叔氏)로 하여 책봉하였다. 그러나 두 여성은 모두 김씨로서, 그들의 아버지는 각각 김신술(金申述)과 김숙명(金叔明)이었다. 그러므로 당의 책봉 문건에 보이는 신씨와 숙씨란 아버지의 첫 번째 이름자를 따서 성씨로 삼은 것이다. 즉 신씨와 숙씨의 칭성은 신라 측에서 외교의 필요상 동성 간 족내혼의 양상이 당 측에 알려지는 것을 꺼린 의도에서 비롯한 것으로 본다.[195] 따라서 이것은 관념적 금혼 규범과 현실적 근친혼 관행의 갈등을 회피하는 미봉책이요 소극적 대안이다.

그러나 사실 이러한 문제를 해결하기 위해서는 근친의 혼인 대상 여성을 금혼 범주 밖으로 설정하는 것이 더욱 편리한 방식일 것이다. 고려의 왕실 혼인은 그 전형을 보여 준다.

태조 왕건의 딸들은 경순왕 김부(金傅)에게 하가(下嫁)한 낙랑공주를 제외하면 모두 이복남매끼리 혼인하였다. 즉 태조 왕건의 아들과 딸이 혼인한 것이다. 물론 이것은 건국 초기 취약한 왕실의 강고한 유대를 겨냥한 정치적 고려가 우선한 결과이다. 그러나 동시에 이 경우 공주들은 어머니 측, 즉 외가의 자손으로 간주되었다. 실제 공주 출신 후비(后妃)들은 모후(母后)의 성을 따랐다. 왕자의 경우에도 모향(母鄕)에 따라 봉군(封君)되는 경우가 없지 않았다.[196] 이 매력적 방안은 고대의 근친혼 관행을 포기하지 않는 한편, 역설적으로 조선 이후 확고해지는 부계 중심 동성불혼의 지향을 미세하게나마 암시한다.

간음과 투기의 제재와 처단

한편 부여 사회에서 간음과 투기에 대해 가혹하게 제재를 가하였다는 기록을 다시 환기해 본다. 일단 여기에서 부여의 부가장제 가족 윤리와 일부다처제 가족 형태를 어렵지 않게 읽어 낼 수 있다.[197] 부여인들이 특히 혐오했다고 하는 여성의 투기 문제는 다처제 가족 형태의 안정적 영위를 위해 간과할 수 없는 요소였을 것이다. 이와 관련하여 고구려 중천왕이 관나부인(貫那夫人)을 처단한 사례를 음미해 본다.

중천왕은 동천왕의 아들이다. 왕은 연나부 출신 왕후 외에 관나부인, 즉 관노부(灌奴部) 출신 여성과도 혼인관계에 있었다. 관나부인은 얼굴이 아름답고 고왔으며 머리채 길이가 9척이나 되었다. 왕이 사랑하여 장차 그녀를 소후(小后)로 삼으려 하였다. 일찍이 산상왕이 동천왕의 생모인 주통촌 출신 여성을 소후로 삼은 선례가 있었다. 이에 왕후 연씨는 관나부인이 중천왕의 총애를 독차지할까 염려한 나머지 기발하지만 허술한 논리로 왕에게 제안하였다.

"제가 듣건대 서쪽 위나라에서 긴 머리채를 구하여 천금으로
산다 합니다. 옛날 우리 선왕께서는 중국에 예물을 보내지 않
았다가 병화를 입어 궁궐을 나와 달아났으며, 하마터면 나라
를 잃을 뻔했습니다. 이제 왕께서는 그들이 바라는 바를 좇아
사신 한 명을 보내서 긴 머리채의 미인을 진상하시면, 저들
은 반드시 반겨 받아들이고 다시는 침공하는 일이 없을 것입
니다."

왕후가 환기한 과거의 병화란 위의 유주자사(幽州刺史) 관구검
이 침공하여 동천왕이 왕도를 유린당하고 옥저 지역까지 내몰렸던
사건을 이른다. 사실 고대사회에서 여성 자체가 정치 집단 간 역학관
계에 따라 주요한 빙물(聘物)로 간주되었던 예는 드물지 않게 찾아볼
수 있다. 불과 6년 전에도 중천왕
의 부왕인 동천왕이 동해 출신 미
녀를 후궁으로 헌상받은 적이 있
었다.

물론 왕후의 기발한 제안
은 장차 중천왕의 소후가 될 가능
성이 유력했던 관나부인에 대한
질투에서 발로된 것이었다. 그러
나 좀 더 넓게 살펴보면, 옥저와
예 등 고구려 주변 사회로부터의
여성 공납 관행이 왕후로 하여금

그림 35　관구검기공비(毌丘儉紀功碑) 비편탁
본. 중국 요녕성박물관

그와 같은 처리 방식을 안출해 내게 만든 배경이 되었음에 틀림없다. 더구나 이때는 동천왕 대에 있었던 위나라 관구검의 침습에서 전례 없는 타격을 입었던 경험의 충격이 미처 가시지 않은 때였던 것이다.

이에 중천왕은 왕후의 속내를 짐작하고 잠자코 대답하지 않았다. 왕후의 정서는 분명 투기였다. 그런데 왕후 연씨의 음모가 관나부인 귀에도 들어갔다. 관나부인은 조만간 자신에게 왕후의 제안과 같은 위해가 미쳐 올까 두려웠다. 그녀는 도리어 왕후를 왕에게 참소하여 살길을 찾기로 마음먹었다.

"왕후가 늘 저를 욕하여 '시골년이 어찌 여기에 있겠느냐? 제 발로 돌아가지 않는다면 반드시 후회할 날이 있을 것이다'라고 합니다. 아마 왕후가 대왕께서 나가 계시는 틈을 타 저를 해치려는 것 같사오니 어찌 하오리까?"

왕후의 속내를 짐작하였던 중천왕이 관나부인의 전략을 헤아리지 못했을 리 없다. 아마 왕은 이번에도 역시 잠자코 응대하지 않았던 듯하다. 그 후 왕이 기구(箕丘)로 사냥을 나간 적이 있다. 기구는 왕들이 즐겨 찾던 사냥터였던 것 같다. 왕이 사냥에서 돌아오니 관나부인이 가죽 주머니를 들고 마중을 나와 울면서 호소하는 것이었다.

"왕후가 저를 여기에 담아 바다에 던지려고 하옵니다. 바라옵건대 대왕께서는 저의 미천한 목숨을 살려 주시어 집으로 돌아가게 해 주소서. 어찌 감히 다시 옆에서 모실 것을 바라겠나이까?"

왕후와 마찬가지로 관나부인도 위험한 투기죄를 범하고 있는 것이다. 중천왕이 문초해 그녀의 호소가 거짓임을 드러내고 격노하였다.

"네가 정녕 바다에 들어가고자 하느냐?"

결국 왕은 관나부인을 서해 바다에 던지게 해 버렸다.[198] 투기한 부인의 경우에 살해는 물론 매장조차 해 주지 않았던 부여의 풍습을 환기할 만하다. 관나부인 역시 투기하다가 매장조차 허락되지 않았던 것이다.[199]

한편 혼인한 남녀가 간음을 했을 경우, 극단적 남성 중심주의의 결과 여성에 대한 일방적 처단에 그쳤을 것인지,[200] 아니면 관계된 남녀 모두가 가혹한 처벌을 받았을 것인지[201] 단정하기 어렵다. 사실 이 문제는 개별 사례에 따라 다른 형태로 나타날 수 있을 것 같다. 즉 남녀 모두가 처벌 대상이 되었을 것이라고 판단을 하는 경우에도, 그 전제는 간음이라는 표현이 겨냥하는 바가 같은 씨족 내의 근친성교를 말했을 가능성이 있다는 것이었다. 그러나 다른 한편으로는 오히려 해당 사건의 '사회화'가 극단적 처단을 강요하는 데 더 주요한 조건이었을지 모른다.

예컨대 물길(勿吉)과 말갈(靺鞨)의 풍속에서는 아내가 외간 남자와 간통한 것을 어떤 사람이 그 남편에게 알려 주면 남편은 즉시 아내를 죽인다. 그러나 죽이고는 곧 후회하여 간통 사실을 알려 준 사람도 반드시 죽였다. 이로 말미암아 이들 사회에서 간음 사건은 끝내 발설되지 않았다고 한다.[202]

요컨대 남녀가 음행을 하면 모두 죽였다고 한 부여의 사례는, 처벌의 극단성을 고려할 때, 오직 사회적 금혼 규정 위반에 대한 제재 방식이라고 하기는 지나치게 가혹하다. 특히 투기한 여성에 대한 처벌과 마찬가지로 간음의 경우도, 그 속성상 배타적 성관계를 독점하고 있는 혼인관계 당사자들에 의한 직접적 응징이었을 가능성이 크다. 그렇다면 간음과 투기를 당한 당사자의 격분이란 단순한 질투의 표출을 넘어서서, 사회적으로 공인된 독점적 혼인 맥락의 구체적 손실에 기인하였을 가능성이 크다.

설사 그것이 외양으로는 질투에서 비롯된 것이라 해도 질투 자체의 근거에는 합법적 혼인관계에서 획득한 제반 권리가 부당하게 침탈된 데 대한 분노가 있다고 보아야 할 것이다. 한 예로 극단적 남성 우월주의로 저명한 야노마뫼(Yanomamö)족의 경우 단위 집단의 인구 규모가 커질수록 간통과 관련된 유혈의 격투가 잦아진다.[203] 그런데 남녀의 밀회가 발각될 경우 남편은 성적 질투 때문이 아니라 선물이나 봉사로 그들의 접촉에 대한 보상 행위가 이루어지지 않은 데 분노한다고 알려져 있다.[204]

혼외정사의 경제적 측면은 여성의 입장에서도 다르지 않다. 카리브 지역 트리니다드(Trinidad) 공동체의 남녀에게, 결혼이란 오직 '지금 여기의 일'로서 어떠한 결합도 임시적인 것으로 간주된다. 성적 관계에서 남녀는 평등하므로 비밀만 유지된다면 혼외정사가 얼마든지 허용된다고 그들은 생각한다. 그러나 부부간 협동의 지속 ─결혼관계의 지속 조건이기도 하다─ 에서 획득된 수입이 다른 여성에게 쓰인다는 사실은 견딜 수 없는 일로서 부부 갈등의 주요 요인이 된다.[205]

이처럼 유교적 가치관이 일상의 세부에 속속들이 침투하기 전 단계에서는, 가족 윤리의 본질과 기능에서 경제적 측면의 비중을 간과해서는 안 될 것이다. 부여나 고구려보다는 후대의 정보이지만, 백제에서는 부인이 간음했을 경우 남편 집안의 비(婢)가 되었다.[206] 부인을 집에서 내보내거나 형벌을 가하지 않고 남편 집의 종으로 삼은 것은 부인이 가진 경제적 가치를 고려한 것일 수도 있다.[207]

남성 중심의 가족관계

다만 대체로 왕실 중심의 정보들에서는 부부의 윤리 문제가 대개 정치적 외양을 띠거나 실제로 경제적 측면보다는 애정 다툼의 측면이 본질이었던 경우가 많다. 산상왕의 왕후 우씨가 주통촌 여인을 죽이려 하고, 중천왕의 왕후 연씨가 관나부인을 제거하려 한 데는 질투의 정서가 중심 동인이었다. 신라 효성왕(孝成王, 재위: 737~742)의 경우에도 후궁으로 들어와 있던 파진찬(波珍湌) 영종(永宗)의 딸을 끔찍이 사랑하여 은총이 갈수록 더하다가, 끝내 왕비의 족당(族黨)이 그녀를 죽이려고 모의하기에 이르도록 만들었다. 그러자 영종 측에서는 왕비의 족당들에게 원한을 품고 선제적 반격을 모색하다가 도리어 반역의 형국에 빠져 처형당하고 말았다.

서로 다른 친족 집단을 대변하는 부부 사이의 관계에 비해 부모와 자녀의 관계에서는 복잡한 갈등이 발생할 여지가 비교적 적다. 믿음을 바탕으로 삼는 부부관계의 윤리가 상호·쌍방적이라면, 부자의 그것은 대개 일방적이기 때문이다. 물론 부부의 믿음이란 것도 기본적으로는 남성 중심의 편향을 벗어나지 않는다. 한 예로 7세기 신라의 문장가로 저명한 강수(強首)는 대장장이 집안의 딸과 살뜰한 부부의 정을 쌓았는데, 문득 부모가 용모와 행실이 좋은 여자를 중매해 결혼시키려 하자 거부하였다. 다만 서로 충돌하는 부자의 대화 가운데는 의연히 남성 중심의 부부관이 보인다.

"너는 일세의 명망이 있어 나라 사람들이 다 아는 인물인데 미천한 여자를 배우자로 삼는 것은 역시 부끄러워할 만한 일이 아니겠느냐?"

"가난하거나 신분이 천한 것은 부끄러워할 바가 아닙니다. 도리를 배우고서도 행동하지 않는 것이야말로 진실로 부끄러워할 바인 것입니다. 제가 일찍이 옛 사람의 말을 들었거니와 '고생을 같이 하던 아내는 홀대하지 아니하고, 가난하고 비천하던 시절의 친구는 잊을 수 없다'라고 하였습니다. 그러므로 미천한 아내를 차마 버리지 못하는 것입니다."[208]

가장 극단적인 남성 중심 부부관계 역시 비슷한 시기 신라에서 그 예를 발견한다. 문무왕의 아우 차득공(車得公)이 민정을 살피기 위해 거사(居士) 차림으로 전국을 잠행하고 다니던 때의 일이다. 무진주(武珍州), 즉 지금의 전라남도 지역에 왔는데, 안길(安吉)이라는 지방 관리가 차득공의 비범함을 간파하고 집으로 이끌어 성심껏 접대하였다. 밤이 되자 안길이 처첩(妻妾) 세 사람에게 말하였다.

"오늘 밤에 거사 손님을 모시고 자는 사람과 죽을 때까지 함께 살겠다."

마치 미개사회에 대한 민족지 자료 가운데 종종 보이는 것처럼, 장거리 여행자가 집을 방문했을 때 남편은 자기 부인이 손님과 동침하는 것을 허락하고, 추후에 그 자신이 손님으로부터 같은 대접을 받기를 기대하는 관습을 연상케 한다.[209]

두 명의 아내는 말하였다.

"차라리 함께 살지 못할지언정 어찌 다른 사람과 동침할 수 있겠습니까?"

그러나 다른 한 아내는 이렇게 말하였다.

"당신이 만약 평생토록 함께 살기를 허락한다면 말씀을 따르 겠습니다."

그녀는 차득공과 동침하였다. 안길이 아내들과 한 약속이 어 떤 방식으로 실현되었는지는 알 수 없다. 다만 재상이 된 차득공은 뒷날 수도로 자기를 찾아온 안길을 맞아 '부인까지 불러내서' 후대하 였다 한다.[210]

이와는 달리 부자 윤리의 일방성은 유리명왕의 아들 해명과 대무신왕의 아들 호동이 죽음으로 내몰린 정황이 웅변하고 있다. 둘 은 모두 무고하게도 불효가 빌미가 되어 자결하지 않으면 안 되었다. 유사한 사례로, 신라 김유신 부부와 아들이 어떻게 비극적으로 어긋 나고 말았는가를 본다.

문무왕 12년(672), 고구려 유민들의 저항을 겨냥하여 당의 거센 공세가 전개되던 때였다. 신라는 고구려의 전력을 수습하여 치열하 게 당의 동방정책에 대항하였다. 석문(石門) 전투에서 신라는 당군에 크게 패하였다. 여러 지휘관이 전사하였다. 가까스로 수도로 귀환해 온 패잔군 가운데 김유신의 둘째 아들 원술(元述)도 있었다. 김유신은 원술이 왕명을 욕되게 하였을 뿐만 아니라 가훈 역시 저버렸으니 목 을 베어야 한다고 주장하였다. 문무왕은 사면하였지만, 원술은 치욕 과 두려움에 감히 아버지를 뵙지도 못하고 시골로 달아나 숨었다.

김유신은 그로부터 2년 뒤 죽었다. 원술이 이제 어머니를 뵈려 하였으나, 어머니 또한 그를 만나 주지 않았다.

"여인에게는 세 가지의 좇아야 할 의리가 있거니와, 지금 이미 홀로 되었으니 마땅히 아들을 따라야 하겠지만, 원술 같은 놈은 이미 돌아가신 남편에게서 아들 취급을 받지 못하였거늘 내가 어찌 그 어미가 될 수 있겠는가?"[211]

여인이 좇아야 할 세 가지 의리란 이른바 '삼종지의(三從之義)'를 말한다. 즉 부인의 일생을 셋으로 나누어 어릴 때는 부모를 좇고, 혼인해서는 남편을 좇으며, 남편 사후에는 아들을 좇아서 스스로 독단하지 않는다는 것이다.[212] 비통한 원술은 통곡하며 가슴을 치고 길길이 날뛰면서 차마 떠나지 못했지만, 어머니의 고집을 이기지 못하였다. 그렇게 모자는 참혹하게 이별하고 말았다.

5 고대를 사유하는 방식

1) 기호와 상징의 전변

주몽이 부여를 탈출하여 자기 나라를 세운 처음의 일이다. 미처 궁실을 지을 겨를이 없어 단지 비류수 가에 초막을 엮고 지냈다. 그런데 비류수 가운데 채소 잎이 물결을 따라 떠내려오는 것을 보고 상류에 사람이 있는 줄을 알았다 한다.

기호와 상징, 그 유형들
이 경우 채소 잎은 상류 지역에 경작지가, 다시 말해 사람들의 정착 집단이 있다는 것을 지시하는 단서, 즉 기호(sign)와도 같은 것이 되었다. 그것은 마치 몰려오는 '검은 구름'을 보고 조만간 쏟아질 소나기를 예측하는 것과 다르지 않다. 즉 '채소 잎'과 '검은 구름'은 그 자체의 의미에서 경작자와 소나기를 가장 우선적으로 직접 지시한다. 그것들은 반복되고 학습된 일상 가운데, 감각을 통한 의미 포착이 가능한 것들이다. 이처럼 기호가 감각 수단으로 그 의미를 파악할 수 있는 대상이라면, 비감각적 수단에 의해, 다시 말해 감각으로 포착된 대상에 대한 해석을 경유하여 비로소 그 의미가 포착되는 행위나 사태는 상징이라고 할 수 있다.[213]

예를 들어 차대왕 4년(149) 5월에 '5성(五星)'이 동방에 모였다. 5성은 오행에 상응하는 행성들로서 진성(辰星, 수성), 형혹성(熒惑星, 화성), 태백성(太白星, 금성), 세성(歲星, 목성), 진성(鎭星, 토성)을 말한다. 행성들의 공전주기는 다들 다르므로 우연히 같은 방향에서 관측될 수 있다. 고대 중국에서는 이들 5성이 동방에 모이면 중국이 크게 이롭고, 서방에 모이면 반대로 이적(夷狄)의 용병(用兵)하는 이가 이롭게 된다고 여겼다 한다.[214]

여하튼 5행성의 동방 결집은 특이한 천체 현상이라 해석이 필요하다. 왕이 일자(日者)에게 그 의미를 물었다. 일자란 본래 일시의 길흉을 점치는 이를 말하는데, 일반적으로 점후(占候) 및 복서(卜筮)를 담당한 사람을 가리킨다.[215] 문헌에 따라 일관(日官)으로도 쓰인다. 그런데 일자의 대응이 의미심장하였다.

일자는 왕이 노할까 두려워 거짓으로 꾸며 대 말하기를 "이는 임금의 은덕이요 나라의 복락입니다"라고 했더니 왕이 기뻐하였다.[216]

우선 5성이 동방의 하늘에 집결한 현상 자체는 감각적 인식의 대상이다. 그러나 그러한 천문 현상이 무엇을 의미하는 것인지는 특별한 해석을 통해 비로소 파악할 수 있다. 이 점에서 5성의 동방 집결은 상징(symbol)이라고 할 수 있다. 상징의 의미는 전문가의 해석을 기다려야 한다. 일자는 바로 그 상징 해석 전문가이다. 그런 그가 거짓으로 왕에게 보고하였다. 그러므로 그는 그 본래의 의미를 알고 있다.

오성의 동방 회합이 고구려 측에 불리할 것이라는 해석의 전례가 일자에게는 이미 확보되어 있었을 것이다. 다른 조건이 없는 이상, 그 또한 그 해석을 견지하고 있었을 것이다. 그럼에도 불구하고 그가 거짓으로 해석한 이유는 왕이 진실을 반기지 않을 것이라는 두려움 때문이었다. 불과 일 년 전, 흰 여우의 출현이 갖는 상징 해석을 아뢴 자가 그 진실에 불편해진 왕에 의해 살해된 사건을 일자는 기억하고 있었던 것이다. 왕은 과연 거짓 앞에 기뻐하였다.

그런데 일자는 도대체 5성의 집결 현상이 지시하는 바의 상징 의미를 어떻게 파악할 수 있었던 것인가? 그가 어떤 상징이 어떤 의미를 지니는가를 해석해 내는 사유의 기반은 무엇인가? 그 복잡한 요인들과 작동의 원리를 분석할 수는 없지만, 천문 현상과 같이 반복적이거나 주기적인 대상에 대해서는 해당 사회에 축적되고 전승되어 온 경험도 중요한 근거의 자질을 지녔을 것이다. 그와 같은 경험과 관념에 입각한 다른 사례로서, 신라에도 5성제(五星祭)가 시행되고 있었다.

따라서 아마 일찍부터 5성의 운행 법칙과 그 일탈에 대한 독법과 관련해서는 고대인들 사이에 공유된 폭넓은 지적 전통이 축적되어 왔던 것을 인정할 수 있을 것이다. 다시 말해 전문적 해석이 필요한 상징도 반복적 경험을 통해 점차 기호의 영역으로 이입(移入)하게 되었다고 생각한다. 고대 문헌의 특성상 왕들의 죽음에 관한 정보들을 동원하여 이 문제를 더 헤아려 본다.

> 조분이사금 17년(246) 겨울 10월에 동남방 하늘에 흰 기운이 피륙을 편 듯이[如匹練] 뻗쳤다. 18년 여름 5월에 왕이 죽었다.[217]
> 자비마립간 21년(478) 봄 2월 밤에 붉은 빛이 피륙을 편 듯이[如匹練] 땅에서 하늘까지 뻗쳤다. 겨울 10월에 수도에 지진이 있었다. 22년 봄 2월 3일에 왕이 죽었다.[218]
> 아신왕 14년(405) 봄 3월에 흰 기운이 왕궁 서쪽에서 일어났는데, 마치 피륙을 편 듯[如匹練]하였다. 가을 9월에 왕이 죽었다.[219]

신라의 동남방 하늘에 흰 기운이 피륙(아직 끊지 않은 베, 무명, 비단 등의 천)을 편 듯 뻗치더니, 그로부터 일곱 달 뒤에 조분이사금이 죽었다. 자비마립간의 경우는 비슷한 현상이 관찰된 뒤 딱 1년 뒤에 죽었다. 백제에서도 역시 왕궁 서쪽에서 흰 기운이 피륙을 편 듯 솟구친 여섯 달 뒤에 아신왕이 죽었다. 물론 이 자체로는 수직형 빛발과 왕의 죽음을 매개하는 어떤 방식의 명시적 설명도 아니다. 그럼에도 불구하고 위의 사례에서 '피륙을 편 듯한' 기운이나 빛의 뻗침 현상은 왕의 죽음에 대한 예조의 기능을 하고 있다.

다시 말해 신라와 백제의 왕조 편년사에 저록된 저 사건 정보들은 피륙을 편 듯한 흰 기운의 발현에 대한 관찰 경험과 임금의 죽음으로 구성된다. 그런데 두 현상은 마치 인과관계에 있는 것처럼 보인다. 적어도 전승의 맥락에서 피류과 같은 흰 기운과 임금의 죽음은 사건의 전조(원인)와 그로부터 귀결된 사건(결과)임을 은연 암시하거나 감추지 않는다. 전후의 현상 정보는 관찰된 경험의 영역에 있으나, 두 현상에 부여된 선후의 유기적 관계 혹은 인과의 논리는 해석의 영역에 있는 것이다.

단일한 형태와 방식은 아니지만, 왕자(王者)의 죽음은 거의 대부분 일탈적 현상에 대한 경험을 수반하였다. 신라의 경우 혁거세거서간, 유리이사금, 소지마립간, 경덕왕, 경문왕 등이 왕성의 우물에 용이 나타난 다음 머지않아 훙거하였다. 실성왕과 진평왕과 태종 무열왕의 훙거에서도 우물물의 변고가 앞서 나타났다. 탈해이사금, 파사이사금, 일성이사금, 벌휴이사금, 눌지마립간, 진덕왕의 훙거에 앞서서는, 일부 화재와 벼락이 발생한 경우도 있지만, 대부분 성궐의 문이 저절로 무너졌다. 이처럼 왕들의 죽음에 관한 정보들은 많은 경우 몇 가지의 일정한 유형을 벗어나지 않는다.

유사한 유형은 왕에 버금가는 비중의 인물들에게서도 나타난다. 영흥사(永興寺)의 흙으로 빚은 불상이 저절로 무너지더니 얼마 안 되어 비구니가 된 진흥왕의 왕비가 죽었다.[220] 「신라본기」의 이 기사는 영흥사의 소조 불상이 저절로 무너져 내린 사건과, 진흥왕의 비가 죽은 사건으로 구성되었다. 즉 독립된 두 사건 정보가 각각 인과의 요소로 엮여 하나의 설명이 된 경우다. 특히 그녀는 일찍이 진흥왕을 본받아 사신(捨身)하여 영흥사에서 살고 있었던 사실을 환기할 필요가 있다.

그림 36 황룡사지 삼존불상 지대석, 경상북도 경주시

그런가 하면 진흥왕이 죽기 1년 전에도 황룡사 장륙존상(丈六
尊像)이 눈물을 흘려 발꿈치까지 적셨다.[221] 진흥왕이 창건한 황룡사
에 역시 진흥왕이 주조해 모신 장육존상의 변고이다. 그렇다면 이 변
고는 필시 황룡사에서 보살계와 법휘(法諱)를 받고 사신 의례를 하였
을 진흥왕의 죽음과 분리하여 생각할 수 없다.[222] 『삼국유사』 서술자
는 아예 "불상에서 눈물이 발꿈치까지 흘러내려 땅이 한 자나 젖었으
니, 그것은 대왕께서 세상을 떠날 조짐이었다"라고 말한다.[223] 그러므
로 불상이 '눈물을 흘린' 사건과 불상이 '저절로 무너진' 사건은 왕과
왕후의 죽음의 예조로서 그 의미 맥락이 다르지 않다.

　요컨대 신라 왕들의 홍거를 예비한 우물 공간에 출현한 용과
변고, 그리고 무너지는 성문 등은 고대인들 사이에서 왕의 죽음을 이
끄는 전조로 간주되었을 것이다. 그것들은 흑룡이 한강에 출몰한 다
음 곧바로 죽은 백제 비유왕과, 왕궁 남문이 저절로 무너진 이듬해에

죽은 고구려 문자명왕(文咨明王, 재위: 492~519)의 죽음 등을 포괄하는 보편적 현상이나 인자인 것이다.

　이처럼 반복되는 동질적 경험과, 그에 짝하는 유형화된 관찰과 사건들의 사례는 이미 충분하다. 물론 엄밀히 말해, 그 빈도가 반드시 두 사건 사이의 인과적 연관을 직접 지지하고 강화하는 것은 아니다. 그러나 이제 사람들은 저와 같은 현상들을 거의 기호처럼 받아들이게 된다. 다시 말해 5성의 움직임이 상징하는 바가 감각의 포착 대상은 아니지만, 널리 공유되고 통용되는 그것은 이미 기호화한 것이다. 성궐의 문이 저절로 무너지는 현상이나 우물의 변고와 용의 출몰이 빈번하게 왕들의 훙거로 이어졌던 이상, 이제 그것들은 이미 익숙한 설명의 영역으로 전이한 것과 다를 바 없다. 더 이상 전문가의 해석이나, 해석을 둘러싼 논란 따위가 필요 없다.

오행사상의 이해와 적용

　한편 문헌 정보 가운데 기호화된 상징의 대표적 사례들은 오행 및 오방과 관련된 영역에서 자주 보인다. 중국의 경우에는 『사기』「천관서」를 효시로 하여 역대 정사의 「천문지(天文志)」와 「오행지(五行志)」에 천도(天道)와 인도(人道)의 상관관계를 전제로 한 정보들이 정리되어 왔다.[224] 한 대에 '오덕종시설(五德終始說)'과 '오행상생설(五行相生說)'이 정립되고, 후한 대에는 개인의 일상생활에서 국가의 정책에 이르는 모든 활동에 음양과 오행의 원리를 적용하려는 경향이 나타났다.[225]

　그러므로 고구려나 백제의 사신(四神) 모티프 벽화에서 오행의 관념을 추지하는 것이야 널리 공유된 이해이다. 그리고 고구려 후기

고분 벽화로 가면 동 청룡(青龍), 서 백호(白虎), 남 주작(朱雀), 북 현무(玄武)의 사신도 형식에다 중앙 천장의 황룡(黃龍)을 덧붙인 오신도(五神圖) 형식이 발전하였다.[226]

다만 차대왕 대의 5성의 움직임에 대한 관찰과 해석에는 이미 오행사상에 대한 이해가 전제되어 있다. 『삼국사기』에는 주몽이 즉위한 3년째에 황룡이 출현하였다 하고, 광개토왕비에도 주몽이 황룡을 타고 승천하였다고 표현하였다. 그렇다면 고구려 역사에는 필시 건국 초기부터 오행사상과 그로부터 파생된 관념이 투사되고 또 설명을 위한 요소로 활용되었다고 보아야 한다.

이와 관련하여 대무신왕 대에 일어난 매우 흥미로운 사례가 있다. 부여의 왕 대소가 사신을 시켜 머리가 하나인데 몸은 둘인 붉은 까마귀를 고구려에 보내왔다. 부여의 대소왕은 유리명왕 때에도 우월한 물리력으로 고구려를 압박하던 터였다. 그는 고구려가 볼모 파견을 주저하는 것을 빌미로 대규모의 군사를 동원하기도 하였다. 그러한 관계를 염두에 두고 붉은 까마귀에 대한 부여 측의 해석을 음미할 필요가 있다. 부여의 해석자는 대소왕에게 이렇게 말하였다.

"까마귀라는 것은 검은 것인데 지금 변해 붉은빛이 된 데다가,

그림 37 천상열차분야지도 각석. 국립고궁박물관

또 하나의 머리에 두 몸이 달린 것은 두 나라를 아우를 징조이니, 왕
께서 아마 고구려를 차지하시나 봅니다.”

대소왕은 이 말을 듣고 기뻐 까마귀를 고구려에 보내면서 그
해석까지 함께 전하였다. 고구려를 겁박하고자 함이었다. 그러나 고
구려는 붉은 기형의 까마귀에 대해 전혀 다른 해석으로 대응하였다.

“검은 것은 북방의 색인데 이제 변해 남방의 색이 되었으며, 또
붉은 까마귀는 상서로운 것인데 그대가 이를 얻고도 가지지 못하고
나에게 보냈으니, 우리 두 나라의 흥망을 알 수 없겠구나!”

부여의 왕은 이 말을 듣고 놀라고 후회하지 않을 수 없었다.[227]

고구려의 해석에서 주의할 첫째 사항은 검은색과 붉은색을 각
각 북방과 남방의 색이라고 한 점이다. 이것은 5행에 따른 5방색의
논리이다. 둘째, 고구려는 부여 측의 해석 가운데 “하나의 머리에 두
몸이 달린 것은 두 나라를 아우를 징조”라고 한 대목에 대해 이견을
보이지 않았다는 점이다. 고구려와 부여에는 이미 그와 같은 기형의
변이에 대해 공통의 의미 부여가 받아들여지고 있었기 때문일 것이
다. 마지막으로 대소가 놀라고 후회했다는 데 주목한다. 이는 고구려
측 해석이 지니고 있는 우월한 설득력을 반영하고 있다.

결과적으로 열패를 면치 못한 부여 측의 해석에도 나름의 논
거는 있었을 것이다. 부여 왕 대소가 그처럼 득의해 마지않았던 까닭
은 혹시 검은색과 붉은색의 전변에서 북방의 물[水]과 남방의 불[火]을
오행상승(극)[五行相勝(剋)]의 논리에 따라 수승화(水勝火)의 관계로 음미
하였기 때문일지도 모른다. 그렇다고 해도 검은색과 붉은색 사이의
변화 방향을 숙고하지 않은 점과 그 변이를 경솔하게 고구려로 보낸

것은 부여 측의 해석이 면밀하지 못하였던 탓이다. 다만 두 나라의 논리가 서로 방향을 달리하면서도, 결국은 흑색이 적색으로 변한 일탈 현상을 고구려와 부여의 흥망으로 해석한 것은 이른바 오덕종시설의 변용일 것이다.

저러한 상징 해석의 다툼이 있은 이듬해 말에 고구려는 부여를 선제공격하였다. 기형의 붉은 까마귀의 출현과 습득이 실제 대무신왕을 고무시켰을지도 모른다. 고구려군은 초반에 부여 왕 대소를 죽이는 성과를 거두었지만 군량의 고갈로 곤경에 처하였다가 역시 적지 않은 군사와 물자를 잃었다. 그렇긴 하지만 전쟁 직후 대소왕의 아우가 부여를 이탈하여 갈사국을 세우고 대무신왕에게 왕녀를 출가시켰는가 하면, 역시 대소왕의 종제도 백성들을 이끌고 고구려에 투항하여 연나부에 안치되었다. 그러므로 붉은 까마귀의 출현과 행방에 대한 고구려 측의 해석은 현실에서 실제로 이루어진 것으로 보아도 좋았다.

사실 이 변종 까마귀가 출현하기 10년 전에 이미 유사한 조짐이 관찰되고 또 해석되었다. 즉 모천(矛川)이라는 물가에서 검은 개구리와 붉은 개구리들이 떼를 지어 싸우더니, 검은 개구리 쪽이 이기지 못하고 죽었다. 그런데 마침 이를 관찰한 어떤 이가 해석하기를 "검은 것은 북방의 색이니 북부여(北扶餘)가 파멸될 징조다"라고 하였다는 것이다.[228]

물론 이 관찰 정보는 10년 뒤 붉은 까마귀의 출현과 고구려로의 이동 정보와 마찬가지로 대무신왕 대에 부여의 대소 왕이 패배하고 목숨까지 잃게 된 연원(淵源)으로서 뒤늦게 환기되었다고 생각하는

게 온당하다. 두 사례 모두 유서 깊은 부여와 신생 집단 고구려의 위상이 전도되는 중대한 사태에 역사적 필연성을 부여하기 위한 장치로 오방의 색깔 관념이 동원된 것이다.

상징 해석의 보편성

여러 문헌 정보들은 신라와 백제에서도 오행 관념과 오방색에 대한 이해와 응용이 충분히 공유되었다는 것을 명시하고 있다. 그 못지않게 삼국 사이에서 동일한 의미 혹은 보편적인 공감을 확보하고 있었던 것은 해와 달의 운행과 관련된 현상들이었다. 해와 달이야말로 천문의 요소 가운데 가장 익숙하고도 명료한 주기성을 보이는 대상들이다.

백제의 의자왕 말년(660) 6월 18일 김유신이 지휘하는 신라군은 남천정에 도착하였고, 소정방의 당군은 덕물도를 향하고 있었다. 남천정은 지금의 경기도 이천시 일원에 설치된 군단이다. 그 즈음 백제 조정에 웬 귀신 하나가 들어와서 큰 소리로 백제가 망한다고 외치고는 곧 땅으로 들어가 버렸다. 불쾌하고도 두려운 일이다. 왕이 괴이쩍게 여겨 사람을 시켜서 땅을 파 보게 했더니, 웬 거북 한 마리가 있었다. 그 등에 글씨가 쓰여 있었다.

"백제는 둥근 달과 같고 신라는 초승달과 같다."

전형적인 참언(讖言)이라 해석이 필요하다. 왕이 묻자 무당이 대답하였다.

"둥근 달과 같다는 것은 가득 찬 것이니 가득 차면 이지러지는 것이요, 초승달과 같다는 것은 아직 차지 않은 것이니 아직 차지 않은 것이라면 점점 차게 되는 것입니다."

이 담백한 해석은 앞에서도 한 차례 음미했던 것처럼, 백제는 이제 이지러질 것이고 신라는 점점 차오르게 된다는 말이었다. 그러나 고구려 차대왕이 그러하였던 것처럼, 무당의 해석이 못마땅했던 의자왕은 그를 죽여 버렸다. 왕에게 그 해석은 잘못된 것이어야 하였다. 왕은 다시 옳은 해석을 구하였다. 왕의 의도가 분명해진 이상 다른 해석자는 이제 살길을 찾아야 한다. 그는 이렇게 말하였다.

"둥근 달과 같다는 것은 왕성한 것이요, 초승달과 같다는 것은 미약한 것이니, 생각건대 우리나라는 왕성해지고 신라는 차츰 쇠약해지는가 싶습니다."

의자왕은 기뻐하였다. 그러나 둥근 달[滿月]과 초승달[新月]의 형상이 장차 어떻게 변해 갈 것인가를 근거로 한 무당의 설명과 그에 담긴 진실은, 그를 죽인다고 하여 번복될 수 있는 것이 아니다. 그것은 이미 어떤 관찰자도 비켜 갈 수 없는 사실적 경험이다. 해석을 기다려야만 의미를 얻는 참언의 외양을 지닌 것이긴 하나, 둥근 달과 초승달로 상징되는 달의 운행 주기야 굳이 검증할 필요조차 없다. 두려운 예조이지만, 그 해석의 타당성은 당대 사람들의 보편적 사유에 근거한다.

달이 차고 이울어 가는 순환은 계절이 갈마드는 것과도 같아서 신월과 만월은 이미 일상의 기호가 되어 있다. 신라의 수도에도 신월성과 만월성이 있었다. 주로 이 두 성에 기거하였다 한 신라 왕들의 선택에는 신월과 만월의 상징이 고려되었을 게 틀림없다. 그러면서도 신월성은 사방의 금성(金城), 만월성(滿月城), 명활성(明活城), 남산성(南山城)의 중심에 위치한다는 점을 주목한다. 고구려 역시 당에서 파견된 도사(道士)들의 술수로 본래의 신월성 지세의 평양성이 만월성으로 증축되면서 백제와 마찬가지로 망국의 운명을 피하지 못하였다고 전한다.[229]

따라서 거북의 등에 쓰인 참언은 이제 더 이상 예조가 아니다. 그러나 이와 같이 혐오스러운 흉조가 백제의 멸망을 설명하는 경험적 인과관계의 실질적인 한 부분이라고 생각할 수 없다는 것이야 너무나 자명하다. 그럼에도 불구하고 이 전승은 고대인들이 경험한 자기 정서의 고백인 탓에 막중한 함의를 지닌다. 비록 그것들은 상황 종료 후의 설명에 지나지 않지만,[230] 그러므로 마땅히 전승국 신라의 시각을 완전히 배제할 수는 없는 것이지만, "백제 지배층을 비판적으로 인식하려는 백제 유민 측의 시선과 부합되는 것이다."[231]

2) 이상(異常), 일상의 배면

태양과 달의 주기적 운행은 엄연한 자연법칙이다. 낮과 밤이 이어지고 계절이 순차적으로 갈마드는 것은 마땅한 것이며 익숙한 일상이다. 예측 가능한 일상이란 평화롭지만 단조롭기도 하다. 사람들의 주의를 끌 수 없다. 그러므로 일식과 월식과 같이 해와 달의 형상에 생기는 이변은 각별하게 관찰되고 많은 경우 기록되었다. 그러나 그 또한 반복되는 가운데 차츰 일상 경험의 영역으로 들어서게 된다. 아울러 그러한 이변에서 포착되는 의미 역시 현실 조건에 따라 다변적이며 유동적일 수밖에 없다.

자연법칙을 벗어난 천문·기상

여하튼 장구한 시간 동안 고대인들의 일상을 구성하는 자연법칙이 어긋날 때 사람들은 긴장한다. 만약 해가 두 개라면 얼마나 당황할 일인가. 혜공왕 2년(766) 정월에 하늘에 두 개의 해가 나란히 나타났다. 왕은 서둘러 죄수들을 대규모로 사면하였다 하나, 변고의 맥락은 분명치 않다. 문성왕 7년(845) 12월에도 세 개의 해가 나란히 나타났다. 이듬해 봄에 딸을 왕비로 들이는 데 실패한 장보고(張保皐)가 청해진(淸海鎭)에서 웅거하여 맞서게 되었으니 모호하게나마 두 사건을 연결하여 음미해 볼만은 하다. 경덕왕 19년(760) 4월 2일에는 두 개의 해가 나타나 열흘 동안이나 사라지지 않다가 월명사(月明師)가 향가 「도솔가(兜率歌)」를 지어 부르자 변고가 곧 사라졌다고 한다.[232]

여기에는 일상의 순환 법칙을 벗어나는 것은 이상(異常)이라는 관념이 자리하고 있다. 그러므로 대체로 사람들은 이상 현상에 담긴 예조를 서둘러 포착하여 적실한 방법으로 해소시켜서 본래의 일상을 회복해야 옳은 것이다. 여하튼 고대의 일상은 당대인들에게나 후대의 기록자들의 각별한 시선을 끌 이유가 없다. 응시해야 할 것은 이상이다. 즉 일상의 국면을 일탈한 요소들이어야 기록할 가치를 지닌다고 말할 수 있다. 여름에 내리는 눈과 서리, 그리고 겨울에 피는 복숭아꽃이 바로 그런 것들이다. 사람들은 계절의 법칙을 벗어난 그것들에 비로소 눈길을 멈추고 귀를 기울이게 된다. 그 결과 오늘의 독자들은 기록된 일탈과 이상을 단서 삼아 고대의 일상을 헤아려 보는 것이다.

그러나 매우 많은 경우 이상 현상에 대한 관찰 기록과 그것이 어떤 비일상성을 암시하는 것인가가 명료하게 지시되지는 않았다. 예컨대『삼국유사』서술자는 '조설(早雪)'이라는 항목을 만들어 세 차례의 이른 눈, 사실은 계절에 맞지 않는 기상이변을 기록해 두었지만, 단순한 관찰 기록 이상의 맥락을 발견하기가 어렵다.

> 제40대 애장왕(哀莊王) 말년 무자(808) 8월 15일에 눈이 내렸다.
> 제41대 헌덕왕(憲德王) 때인 원화(元和) 13년 무술(818) 3월 14일
> 에 많은 눈이 내렸다.
> 제46대 문성왕(文聖王) 기미(839) 5월 19일에 많은 눈이 내렸다.[233]

문헌 비판에 익숙한 사람들의 눈으로 보자면, 일단 정보의 정확성에 대해 문제를 제기할 수 있다. 애장왕(哀莊王, 재위: 800~809)은『삼국사기』의 관련 정보와『삼국유사』왕력에 모두 기축년(809) 7월에 사거하였다 한다. 그런데 무자년은 애장왕의 말년이 아니라 그 1년 전이었다. 기미년(839)의 대설 기록도 마찬가지다.『삼국사기』의 「신라본기」와 「열전」에는 신무왕(神武王, 재위: 839)이 7월 23일에 훙거했다 하였고, 왕력에는 11월 23일에 죽었다고 한다. 어느 경우이든 대설이 내린 5월은 신무왕의 아들인 문성왕이 미처 즉위하기 전이다.

또『삼국사기』와 대조해 보면, 애장왕 8년(807) 8월에 큰 눈이 내렸다고 하였으며, 헌덕왕 7년(815) 5월에도 눈이 내렸다고 하였다. 신무왕이나 문성왕 대에는 연관 정보가 아예 없다. 사건의 시점이든

그 내용이든 흐트러짐이 많다.

그러나 그렇다고 하여 서술자가 특정한 의도로 사실 정보를 왜곡하였다고 의심할 여지도 눈에 띄지 않는다. 다시 말해 한겨울을 비켜 눈이 내렸다는 것 이외에 다른 문맥적 의미는 없다. 그렇다면 계절에 어긋나는 강설 자체가 사건으로 간주되었다고 할 수밖에 없다.

또한 그렇다면 마땅히 눈이 내려야 할 겨울에 눈이 내리지 않는 것도 법칙 일탈의 사건이 되어야 할 것이다. 아닌 게 아니라 「고구려본기」에는 민중왕 3년(46)과 중천왕 9년(256)과 고국원왕 4년(334)에 각각 12월인데도 눈이 오지 않았다는 기록이 담겨 있다. 「신라본기」에도 탈해이사금 대부터 진성왕 대에 이르기까지 겨울에 눈이 내리지 않았다거나 겨울이 아닌 계절에 눈이 내렸다는 기록이 종종 발견된다. 「백제본기」의 경우도 다르지 않다.

유사한 다른 유형으로는 봄과 여름에 피어야 할 꽃이 겨울에 핀 것을 관찰하고 남긴 기록들이다. 그 가운데 가장 전형적인 사례는 아마 "겨울 10월에 복숭아나무와 자두(오얏)나무에 꽃이 피었다[桃李華]"라고 한 경우일 것이다. 이와 꼭 같은 기사가 경덕왕 대에 한 차례 '8월'의 일로 기록된 것을 포함하여 「신라본기」에 모두 여섯 번 보인다. 「고구려본기」에는 세 번, 「백제본기」에 한 번 같은 내용이 기록되었다.

한편 『고려사』에는 「오행지」에 10월의 '도리화'가 딱 한 차례 기록되었고, 대부분 8월에 해당하는 여섯 번의 '이화(梨華)'가 그와 함께 기록되었다.[234] 음력 2~3월에 피어야 할 꽃들이 가을과 겨울에 피었기 때문에 이변이요, 그리하여 기록되었다. 그러나 그뿐, 제철이 아닌 때 꽃을 피운 복숭아와 자두나무의 의미 영역 역시 헤아려 들어가기가 용이하지 않다.

매우 드물게, 기상이변에 이어 전염병의 창궐을 기록한 경우들이 있다. 예를 들어 경덕왕 22년(763)에는 "겨울 10월에 복숭아나무와 오얏나무에 두 번째 꽃이 피었다. 백성들 가운데 전염병으로 죽는 이가 많았다"라고 하였다. 경문왕 10년(870)에도 "겨울에 눈이 내리지 않았으며, 백성들 사이에 전염병이 많이 돌았다"라고 하였다.

그러나 전체로 보면, 삼국의 역사에서 전염병의 발생에는 수확기나 파종기의 기상 조건이 순조롭지 못하였거나 다른 재해로 인해 초래된 광범한 기근과 환경오염이 더 직접적 요인으로 작용하였다. 더구나 대부분의 기상이변이란 별다른 인과적 정황이 없이 그 자체로서 독립된 형태의 관찰 정보가 압도적으로 많았다는 사실을 외면해서는 안 된다. 결국 범상한 이해에 불과하겠지만, 계절의 순환에 따른 순조로운 기상과 일상이 어그러지는 일탈과 이상 현상을, 고대인들은 주목하고 기억했다고 해야겠다.

생태 교란의 메시지 읽어 내기

천문과 기후뿐 아니라 지상의 여러 변이가 기록되는 과정도 다르지 않다. 특히 동물의 경우, 유전적 변이는 생존과 생식의 기회에서 현저히 불리하다. 그런 만큼 변이의 개체들은 제한된 시공간에서 더욱 강렬한 메신저로 간주될 수밖에 없다. 일탈의 정도가 클수록 그것이 매개하는 현실의 사태는 막중한 것이었다.

무진주(武珍州) 도독(都督)과 청주(菁州) 도독을 거쳐 웅천주(熊川州)

도독으로 있던 김헌창(金憲昌)이 그의 아버지 김주원이 왕이 되지 못한 부당성을 명분으로 거병했을 때의 일이다. 그는 무진주·완산주·청주·사벌주(沙伐州) 및 국원경(國原京)·서원경(西原京)·금관경(金官京)을 위시하여 여러 군·현들을 장악하고 전례 없는 규모의 반체제 군사행동으로 중앙정부에 저항하였다. 그러나 오래지 않아 김충공(金忠恭)과 김균정(金均貞) 등 원성왕계의 유력 귀족들과, 명기(明基)와 안락(安樂)과 같은 화랑의 물리력까지 가세한 왕군에게 궤멸되고 말았다. 김헌창은 자결하였으며, 그에 연루된 '친족과 도당' 239명이 처형되었다. 신라 하대 최대 규모 내란의 주역은 시신이 다시 훼절되는 등 참혹하게 응징되었다.[235]

그런데 사태가 종결되기 전에 이미 흉측한 새의 죽음이 관찰되었다고 한다. 청주의 청사 남쪽 못 가운데 이상한 새가 있었는데, 몸체의 길이가 5척이나 되고 검은 빛깔이었으며, 머리는 다섯 살 난 아이 머리만 하였고, 부리의 길이는 1척 5촌이나 되었다. 또 눈의 모습은 사람처럼 생겼고 모이주머니는 닷 되들이 그릇만 하였다. 이 혐오스러운 괴조(怪鳥)는 3일 만에 죽었는데, 사람들은 이를 곧 김헌창이 패망할 조짐으로 여겼다는 것이다.

일찍이 백제의 왕도에서는 노파가 남자로 변하고 다섯 마리의 호랑이가 궁성으로 들어오더니 온조왕의 어머니가 죽었다.[236] 이 사태에서는 남성과 여성, 인간과 짐승의 경계가 허물어졌다. 이 불길하고도 두려운 사태는 온조왕으로 하여금 신생 왕조의 중심지를 한수의 남쪽으로 옮기게 한 직접적 발단이 되었다.

이러한 설명들을 접하고서 '실제로' 그러하였느냐를 묻는 일은 허망한 일이다. 그러하였다고 주장하거나 그렇게 믿는다는 고대인들의 사유 방식에 오히려 방점을 두어야 한다. 어쨌든 일상의 질서를 교란하는 현상은, 그것이 상상이든 조작이든 착란이든, 두렵고 혐오스럽기 짝이 없다. 그로 말미암아 왕도를 옮겼으니 그것들의 정치적 함의는 막중하였던 것이다.

신라에서 두꺼비가 뱀을 잡아먹은 괴변[237]도 자연의 먹이사슬 구조를 배반한 점에서 일상 법칙의 일탈이다. 많은 신라인들은 이 이변을 바로 다음 달에 왕의 두 숙부가 군사를 동원하여 왕과 왕의 아우를 살해한 모반 사건과 무관하다고 보지 않았을 것이다. 그 사건들이 비록 원인과 결과의 관계가 아니라 해도, 또 실제 두꺼비가 뱀을 잡아먹었다는 관찰 정보가 정작 반역 이후의 가탁에 불과한 것이 아니라는 증거가 없다고 해도, 본질이 달라지는 것은 아니다. 조카 애장왕을 시해하고 즉위한 숙부 헌덕왕(憲德王, 재위: 809~826)의 즉위를 설명하는 데 있어서, 저 해괴한 은유의 설득력은 달리 비할 바가 없었을 것이다.

백제가 멸망하던 시기에 거론된 이상 사태들은 한 왕조의 패멸이라는 비중에 걸맞게 온갖 일탈의 경험들이 모두 집적된 것 같은 느낌을 준다. 본격적인 흉조는 패망 1년 전부터 나타나기 시작하였다.

659년 2월, 여우 떼가 궁궐 안에 들어왔는데 흰 여우 한 마리가 상좌평(上佐平)의 책상에 올라앉았다. 온조왕 대에 호랑이들이 궁에 난입하더니 왕모(王母)가 돌아가셨던 것처럼 불쾌한 조짐인 데다가, 흰 여우가 행정 수반의 자리에 올라앉았으니 더욱 불온하였다. 특히 흰 여우의 출현은 고구려 차대왕이 살해한 사무(師巫)의 해석을 떠올리게

한다. 고구려의 사무는, 여우라는 것은 요사스러운 짐승이라 길하고
상서로운 것이 아니며 더군다나 흰 여우는 더욱 괴이한 존재라고 진
단한 적이 있다. 또한 백제 동성왕 대에는 왕도의 한 노파가 여우로
변해 사라지더니, 그해 자객의 손에 의해 왕이 피살되고 말았다. 이
처럼, 의자왕의 조정에 나타난 여우 떼의 행태가 두려울 만한 경험과
기억은 충분하고도 생생하였을 것이다.

곧 이어 4월에 태자궁의 암탉이 참새와 교미를 하였다. 이 극
단적인 이물교혼(異物交婚)의 혐오스러움은 곧 백제 왕실의 질서와 위
세의 파탄으로 읽힌다. 5월에는 왕도 서남쪽 사비하(泗沘河)에서 큰 물
고기가 나와 죽었는데 길이가 3장이나 되었다. 8월에 웬 여인의 시체
가 왕도 부근의 나루터에 떠올랐는데 길이가 18척이나 되었다. 9월에
는 궁궐의 홰나무가 울었는데 마치 사람이 곡하는 소리 같았으며, 밤
에는 궁궐 남쪽 길에서 귀신이 곡을 하였다.[238]

이듬해인 660년에도 괴변은 이어져, 2월에 왕도의 우물물이
핏빛이 되었다. 서쪽 바닷가에 작은 고기들이 물 밖으로 나와 죽었는
데 백성들이 다 먹을 수가 없을 지경이었으며, 사비하의 물도 핏빛처
럼 붉었다. 이해 여름 고구려 평양의 강물도 3일 동안이나 핏빛이었
다고 하니,[239] 광범한 이상기후와 그로 인한 하천과 근해의 환경오염
이 야기한 현상일 수도 있다. 다만 다른 해에도 있을 수 있었던 일상
적 수자원 오염이라 해도, 그것이 왕조 멸망의 문맥 가운데 자리하고
있다는 점을 주의할 필요가 있다.

4월에는 두꺼비 수만 마리가 나무 위에 모여들었다. 이것은 신
라 선덕왕이 궁궐 서쪽 옥문지(玉門池)에 두꺼비 떼가 모여들자, 두꺼

비의 성난 눈은 병사의 모습이라는 판단을 근거로 서쪽 국경 부근 옥문곡(玉門谷)에 백제의 병력이 매복해 있는 것을 간파해 낸 일을 환기시키는 현상이었다. 그런가 하면 왕도의 시정 사람들이 까닭도 없이 누가 잡으러 오기나 하는 것처럼 놀라 달음질하여 나동그라져 죽은 이가 백여 명이었고, 재물을 잃어버린 것은 이루 셀 수조차 없었다.[240] 백제 왕도의 백성들을 사로잡은 집단 공황의 사태가 통제할 수 없는 지경으로 치달은 것이다.

변이 출현의 해석 유형들

이처럼 왕조의 패망과 관련되어 소환되고 환기된 온갖 자연법칙과 일상에 반하는 현상들 각각의 경험적 의미를 명료하게 분별하기는 쉽지 않다. 다만 생물의 변종에 대한 상징 해석에서는 일정한 유형을 매개로 가늠해 볼 수 있는 경우들이 없지 않다. 예컨대 대소왕대의 부여인들과 유리명왕 대의 고구려인들은 몸뚱이가 둘인데 머리가 하나인 까마귀 개체가 무엇을 의미하는지를 헤아리는 데 별다른 어려움을 지니지 않았다. 온통 붉은 깃털로 뒤덮인 그것을 보고 북방의 부여와 남방의 고구려가 상충하는 해석을 하면서도, 그 본질이 '두 나라를 하나로 아우를 조짐'이라는 데는 이견이 없었던 것이다.

비슷한 사례로, 백제 온조왕 때의 일이 있다. 왕궁의 우물물이 갑자기 넘쳤다. 한성(漢城)의 인가에서는 말이 소를 낳았는데, 머리 하나에 몸이 둘이었다. 일자(日者)가 말하였다.

"우물물이 갑작스레 넘치는 것은 대왕께서 우쩍 융성하실 조짐이요, 소가 머리 하나에 몸이 둘인 것은 대왕께서 이웃 나라를 아우를 징조입니다."[241]

온조왕이 이 말을 듣고 기뻐하여, 드디어 진한과 마한을 아우를 마음을 가지게 되었다. 그리하여 왕은 이듬해에 마한을 습격하여 국읍(國邑)을 장악하였다. 그리고 다시 1년 뒤에는 저항하는 잔여 세력까지 수습하여 마한 병탄(併呑)을 마무리하였다. 고구려에서 분지해 나온 온조 집단과 그들에게 처음 삶의 터를 제공하였던 마한의 위상은 한 세대 만에 이렇게 전도되고 말았다 한다.

온조왕에게 함몰된 '마한'이, 삼한 가운데 하나로서 오늘날 경기 지역으로부터 전라남도 해안에 이르는 광역의 지역 총칭으로서의 '마한'을 가리키는 것이 아님은 물론이다. 그것은 아마 정착 초기의 백제 집단과 남쪽으로 인접해 있던 하나의 유력한 정치 세력을 이르는 것일 뿐이다. 그렇지만 여하튼 유서 깊은 선주 세력인 마한의 배려로 정착의 계기를 확보하였던 유이민 집단이 마침내 그 모태일 수도 있는 마한의 일단을 병탄하는 데 성공한 사건에는, 그에 걸맞은 예조의 출현이 있을 법한 것이었다. 적어도 고대적 사유에서는 그러하였다고 여긴다.

고구려와 백제의 사례를 보면, 두 몸체가 하나의 머리에 부속된 변종의 출현이 암시하는 바에 대해서는 고대인들 사이에서 이미 합의된 해석이 통용되고 있었던 듯하다. 게다가 신라에서도 아마 유사한 변종에 대한 동일한 해석이 저항 없이 받아들여졌던 것 같다. 즉 태종 무열왕이 즉위한 다음 해, 우수주(牛首州)에서 흰 사슴을 바친 데 이어 굴불군(屈弗郡)에서는 흰 돼지를 바쳤다.[242]

고대 삼국에서 흰빛의 동물은 ―본래 요사스러운 동물로 간주한 여우의 경우처럼 예외도 있지만— 대부분 상서로 여겼다. 그런데 이 돼지가 머리 하나에 몸이 둘이었고, 발은 여덟 개였다. 고구려 및 백제와는 달리 이 기형 돼지의 출현에 대해 신라인들이 어떤 논의를 벌인 정황은 드러나 있지 않다. 그러나 중세의 기록자든 오늘의 독자든, 이것이 5년 뒤 백제의 패망과 무관한 것일 리 없겠다고 짐작하는 데는 그다지 특별한 통찰이 필요하지 않을 것이다.

다시 말해 머리와 몸체의 기형적 결합이 무엇을 의미하는가에 관한 한, 고대인들은 이미 하나의 범상한 해석의 유형을 널리 공유하고 있었다. 이 해석에는 한 유기체를 구성하는 머리와 몸체의 통어(統御)관계에 대한, 그야말로 기본적 이해만 있어도 충분하다. 그것은 상징이 아니라 이미 기호의 영역이 된 것이다. 다시 말해 만약 몸체가 하나인데 오히려 머리가 둘이라면, 그 변종이 지시하는 바는 보나마나 분열과 파멸일 것이다.

고구려에서는 648년에 실제로 왕도의 한 여인이 몸 하나에 머리가 둘인 아들을 낳은 적이 있다.[243] 불과 3년 전인 645년에 안시성에서 패퇴한 당 태종이 집요하게 고구려 침공을 이어 가던 때였다. 그로부터 20년 뒤에 고구려는 패망하였다. 최고 권력의 장악을 둘러싸고 연개소문의 아들들을 비롯한 지배계층 사이에 분열이 만연하였으며, 급기야 적전 투항과 배신이 줄을 이은 결과였다.

이처럼 삼국인들의 경험 가운데 특정 현상에 대한 상징 해석이 완연히 일치한다는 것은 제법 흥미로운 일이다. 그것은 우리 고대인들의 일상적 멘털리티(mentality) 가운데 하나라고 할 수 있다. 가만히 생각해 보면, 생식 과정에서 발생하는 유전적 변이란 돌연한 것이긴 하지만, 그 가능성 자체는 항상적으로 열려 있다고 해야 한다. 그 일상적 경험과 사건의 기억들 가운데서 문득 어떤 사태를 설명하고 납득하기 위해 공감과 설득력을 갖춘 특정 패턴의 변이들이 소환되었을 뿐이라고 보아야 옳다.

당대인들 사이에 의미가 공유되지 못한, 다시 말해 특정 유형으로 포섭되지 않는 변이에 대해서는 서로 다른 해석이 난무할 것이라, 대개 포괄적인 괴변에 머물고 만다. 한 예로 신라 헌덕왕 대에 무진주의 여성이 머리와 몸뚱이가 둘이고 팔이 넷인 아이를 낳았다. 더구나 그 아이가 태어날 때 하늘이 크게 천둥을 쳤다. 그러나 이 변이에 의미를 특정할 수 있는 단서가 없다. 반면에 같은 해 가을 우두주(牛頭州)의 여인은 한꺼번에 두 아들과 두 딸의 네쌍둥이를 출산하였고, 이에 정부는 조(租) 백 석을 주어 축하하였다.[244]

천문 현상에 대한 해석의 전통을 미루어, 사람이나 가축의 변이에 대한 해석의 경우도 중국인들과 삼국인들 사이에 관념의 공유대가 있었다고 보아야 한다. 다만 우리 삼국인들 사이에서 확인한 것처럼 비교적 단순하고도 일관된 패턴과는 달리, 같은 시기 중국의 사례들은 자못 다양하게 나타난다.

우선 진(晉)나라 원제(元帝) 즉위년에 출현한 다리가 여덟 개 달린 돼지는 신라 태종 무열왕 대에 진상된 돼지를 연상케 한다. 그러나 진에서는 이를 윗사람이 편벽되이 귀 기울여 실정에 밝지 못하니 아랫사람의 성정이 격절되고 막히게 된 데 대한 징벌로 간주하였다. 즉 이로 인해 몇 년 뒤 변란이 일었다고 한다.[245] 또 같은 해에 몸 하나에 머리가 둘인 송아지가 출산되자, 이는 다시 천하가 둘로 나뉠 예조로 해석되었다.[246] 이 경우는 고구려 왕도의 여인이 출산한 아이의 형국과 근사한 사례이다. 서진(西晉)이 종식되고 동진(東晉)이 들어서는 상황이 그렇게 설명되었던 것이다.

효무제(孝武帝) 재위 때에도 머리 하나에 몸이 둘인 돼지와 사람이 태어났으나, 모두 과거 원제 때와 같은 요사스러움으로 해석되었다. 즉「오행지」서술자들은 이로부터 "재상들이 절제 없이 술에 빠져 조정을 돌보지 아니하고 근신들이 일을 처리하니 점차 나라의 기강이 흐트러져 크게 무너져 내리게 되었다"라고 설명하였다.[247] 그런가 하면 북위에서도 수도에서 머리 하나에 몸이 둘인 기형이 출생하였는데, 뒤이은 동위(東魏)와 서위(西魏)의 분열을 설명하는 단서로 주목하기는 서진 말의 경우와 마찬가지였다.[248] 변이의 맥락이 해당 사회 현실의 정황과 그 귀결에 따라 규정되거나 반대로 소급되었기 때문이다.

신화와 상징을 공유한다는 것은 역사적 경험과 기억을 공유한다는 말이기도 하다.[249] 우리 고대 삼국과 중국 사이에서 보이는 변이 해석의 미세한 분별은 충분히 주의할 필요가 있다. 그러나 그보다 훨씬 본질적이며 광범한 설명력의 보편성을 간과해서는 안 된다. 더욱이 삼국의 구성원들 사이에서 조응하는 상징 해석은 큰 범주에서 그들의 동질적 일상과 생활 정서를 반증하는 것이다. 다만 설명을 전승하는 집단의 경험과 그와 같은 경험이 태생한 자연적이거나 사회적 생태의 차이가 설명의 부분 부분을 변용시킬 뿐이다.[250]

3) 삶과 죽음의 교섭

자연의 일상 질서를 일탈하는 현상과 개체를 두려움과 혐오의 대상으로 여기는 것은 자연스러운 심리 반응이다. 삶과 죽음의 경계도 다르지 않다. 혹시 있을지도 모르는 죽은 이의 개입이란 살아 있는 이들에게는 공포다. 그러나 종종 이종의 개체들 사이에 경계가 허물어지는 괴변이 일상에서 관찰되는 것처럼, 살아 있을 때의 행위와 관계가 어느 일방의 죽음으로 해소되지 않는 경우가 있다는 관념을 고대인들 사이에서 발견한다. 이 또한 특정의 사태를 설명하기 위한 고대인들의 사유 방식에서 비롯한 것이다. 당연히 그러한 설명 역시 고대의 일상을 바탕으로 삼는다.

산 사람에게 개입하는 원혼

고구려 왕실에서는 돼지를 교사(郊祀)의 희생(犧牲)으로 쓰기 위해 각별하게 관리하였다. 매년 3월 3일에는 하늘과 산천에 지낼 제사를 위해 왕과 신료들이 직접 사냥을 나가 돼지와 사슴을 잡아오기도 하였다.[251] 그런데 유리명왕 대에 교사에 쓸 돼지가 달아났다. 왕은 탁리(託利)와 사비(斯卑)를 시켜 쫓아가 잡아 오게 하였다. 두 사람은 장옥택(長屋澤)이라는 곳에 이르러 돼지를 잡아서 칼로 그 다리 힘줄을 잘라 버렸다. 바로 2년 뒤에도 교사용 돼지가 달아난 적이 있었던 것을 보면, 특별하게 사육하던 돼지들이 종종 이탈을 하였던 것 같고, 탁리와 사비는 잦은 돼지 포획을 번거롭게 여겨 돼지의 운동력을 거세해 버린 것이었겠다. 그러나 예기치 못하게도 왕이 이를 듣고 격노하였다.

"하늘에 제사를 지낼 희생에 어찌 상처를 낼 수가 있겠느냐?"

유리명왕은 두 사람을 구덩이에 던져 죽였다. 고구려인들은 소와 말을 죽인 자를 노비로 삼아 처벌하였다고 하지만,[252] 두 사람의 경우는 돼지를 죽인 것도 아닌 터라 얼른 보기에도 지나친 처벌이었던 것 같다. 그런데 이 일이 있던 바로 다음 달에 왕이 질병에 걸리고 말았다. 치병을 위해 무당이 불려 왔을 것이다. 그로부터 뜻밖의 진단이 나왔다.

"탁리와 사비의 귀신이 빌미가 된 것입니다."

죽은 두 사람이 살아 있는 유리명왕의 행위에 항의한 것이라는 설명이었다. 그들이 과도한 처벌로 억울하게 죽었다는 생각이 당시 사람들 사이에 공유되어 있었기 때문일 것이다. 원인이 밝혀진 이상 치병의 방법도 찾아졌다. 유리명왕이 무당을 시켜서 두 사람의 혼령에게 사과하였더니, 곧 그의 병이 나았다 한다.[253]

일단 사후 세계에 대한 설명을 갖춘 사유 체계들인 이상, 유사한 갈등의 발생과 역시 유사한 해소의 방식이 드물지 않다. 원혼을 달래는 방식이 무당의 매개로부터 불교적 공덕으로 바뀌었을 뿐이다.

한 예로, 신라 신문왕에게 문득 등창이 생겼다. 승려 혜통(惠通)에게 치료해 주기를 청하사, 혜통이 와서 주문을 외우니 즉시 낫게 되었다. 이에 혜통은 왕의 등창이 전생에서 비롯된 원혼 때문이라고 하였다.

"폐하께서는 전생에 재상의 몸이 되어 양민 신충(信忠)을 그릇되게 판결하여 종으로 삼았는지라, 신충에게는 원한이 생겨 환생할 때마다 앙갚음을 하는 것입니다. 지금 이 악창 또한 신충의 빌미로 인한 것입니다. 마땅히 신충을 위해 절을 세워 명복을 빌어 원한을 풀게 해야 합니다."

왕은 그 말을 깊이 수긍하여 절을 세우고 신충봉성사(信忠奉聖寺)라고 이름하였다. 절이 낙성되자 하늘에서 외치기를 "왕께서 절을 세워 주셨으므로 괴로움에서 벗어나 하늘에 태어났으니 원망은 이미 풀렸습니다"라고 하였다 한다.[254] 봉성사 자체는 신문왕 5년(685)에 완성되었다고 한다.[255]

원한을 풀지 못한 원혼은 끝내 앙갚음을 하고 말기도 한다. 신라 하대의 왕위 계승을 둘러싼 난맥이 극단으로 치달을 때였다. 희강왕 3년(838)에 상대등(上大等) 김명(金明)과 시중(侍中) 이홍(利弘) 등이 군사를 일으키고 난을 꾸며서 왕의 측근들을 죽였다. 상대등은 귀족회의의 주재자로서 왕에 버금가는 지위였으며, 시중 역시 실무 행정의 수반이었다. 중앙 권력의 두 중핵의 반기 앞에 희강왕 김제륭(金悌隆)은 그만 궁중에서 목을 매 죽고 말았다. 이리하여 김명이 즉위하여 민애왕(閔哀王)이 되었다.

그러자 불과 2년 전에 김제륭과 왕위의 승계를 두고 경쟁하다가 패퇴하여 청해진의 장보고에 의탁해 있던 김우징(金祐徵)과 김양(金陽) 등이 재기의 명분을 확보하고 거병하였다. 이들은 839년 정월에 오늘날 대구 일원에서 왕 측의 저항군을 궤멸하고, 곧바로 민애왕마저 죽였다. 승리한 김양은 민심의 수습에 들어갔다.

"우리는 본디 원수를 갚고자 함이었거니와, 이제 그 괴수가 처단되었으니 상하 남녀 백성들은 모두 안돈(安頓)하여 함부로 동요하지 말라."

그리고 왕성에서 전투의 상흔을 수습하고 복구하였다. 왕도의 주민들은 안도하였다. 특히 김양은 836년 왕위 쟁탈전에서 김제륭의 측근으로서 활로 자신의 다리를 쏘아 맞춘 배훤백(裵萱伯)을 불러서 관대하게 용서하였다.

"개는 저마다 제 주인이 아니면 짖는 법이다. 너는 네 주인을 위해 나를 쏘았으니 의로운 사람인바, 나는 탓하지 않을 터이니 안심하고 두려워하지 말라."

보기에 따라서는 배훤백의 의로움을 한갓 주인을 위해 맹목적으로 달려드는 개의 본성으로 폄하한 것처럼 들릴 수도 있겠다. 그러나 여하튼 배훤백에게는 다행이었을 것이다. 더구나 김양의 입장에서 개인적 원혐(怨嫌)으로 치자면 배훤백에 대한 그것이 가장 심각하다고 여기고 있던 다른 사람들, 즉 희강왕이나 민애왕 편에 서서 김양의 병력과 교전하였던 사람들은 "훤백의 경우가 이와 같거늘, 그 밖의 사람들이야 무엇을 근심하랴!" 하면서 감복하고 기뻐하지 않는 이가 없었다.

그리고 김우징이 즉위하였다. 이 사람이 장보고의 군사력에 힘입어 왕이 된 신무왕(神武王)이다. 신무왕은 곧바로 조부와 부모를 일일이 대왕과 태후로 추봉하고 아들을 태자로 책봉하였다. 장보고에게도 관작(官爵)과 포상으로 보답하였다. 그런데 신무왕은 김양의 처리 방식과는 달리 기병대를 보내서 두려움에 사로잡혀 처자식조차 버려두고 산림으로 도망한 이홍을 추격하여 잡아 죽였다.

그 후 7월, 왕은 병에 걸려 눕게 되었다. 이윽고 꿈속에서 죽은 이홍이 나타나 활을 쏘아 왕의 등을 맞추었다. 왕이 잠을 깨어 보니 활을 맞은 자리에 종기가 생겨 있었다. 그리고 이 달 23일이 되어 죽고 말았다.[256] 이홍의 원혼이 신무왕을 죽인 것에 다름 아니다.

죽은 이의 원혼이 산 사람의 일상에 개입할 수 있다는 생각과 전생의 업보에 따라 이승에서 환생한다는 불교적 윤회관이 어우러져, 더 구체적인 역사적 설명을 이루기도 하였다. 설명이 구체적일수록 설득력은 높아진다.

적국에 환생하여 복수를 하다

백제 왕조의 패망 사태에 대해 기억하거나 상상할 수 있는 온갖 비일상적 이변들이 폭주한 것으로 간주되었듯이, 수백 년의 유서가 장구한 고대국가의 멸망에 대해 당대인들은 납득할 만한 설명을 갈구하게 된다. 사람들은 여러 시각으로 그 파국의 원인과 필연성을 헤아리려 한다. 그 가운데 설명력이 탁월한 이야기들은 광범한 공감과 확산의 동력을 획득하게 된다. 그리하여 후대의 기록자들 손을 거쳐 오늘의 독자들에게로 이어졌다. 고구려와 백제의 멸망을 설명하는 여러 논리 가운데 원한과 그로 인한 환생담을 거론해 본다.

두 나라의 파국을 간명하게 말하자면, 신라와 당의 군사 공격을 받고 저항의 주력들이 괴멸당하면서 왕도인 사비성과 평양성이 함락되고 의자왕과 보장왕이 항복하였기 때문이다. 그러나 그것은 드러난 외양일 뿐이다. 사람들은 700여 년의 왕조가 바로 그렇게 귀결되고 만 데에는 무엇인가 은밀하고도 피할 수 없는 인과관계의 작동이 있었다고 여기려 한다. 그리고 그 어떤 사태가 폭로되고서야 비로소 그들은 당연한 의혹이 해소되었다는 데 동의할 수 있었을 것이다. 어쨌든 두 왕조를 멸망시킨 힘은 신라와 당이었다. 뭔가 신라와 당이 승리할 수밖에 없었던 연유가 드러나야만 한다.

이 문제와 관련하여 『삼국유사』에 인용된 『고려고기』의 내용을 소개한다. 612년에 수나라 양제(煬帝)가 30만 명의 군사를 거느리고 바다를 건너 고구려에 쳐들어왔다. 2년 뒤 10월에 고구려 왕이 표문을 올려 항복을 청하였다. 그 때 한 사람이 몰래 작은 강궁을 품속에 지니고서 표문을 지닌 사신을 따라 양제가 탄 배 안에 승선하였다. 그리고 양제가 표문을 들고 읽을 때 활을 쏘아 양제의 가슴을 맞혔다. 피격을 당한 양제는 군사를 돌이키려 하면서 신료들 앞에 자탄하였다.

"내가 천하의 주인으로서 작은 나라를 직접 치다가 이기지 못하였으니 만대의 웃음거리가 되었구나!"

그러자 신료 가운데 우상(右相)으로 있던 양명(羊皿)이란 자가 고구려 멸망을 맹세하면서 양제를 위로하였다.

"신이 죽어 고구려의 대신이 되어서 반드시 나라를 멸망시켜 제왕의 원수를 갚겠습니다."

양제는 결국 치욕을 씻지 못하고 죽었다. 그 뒤에 양명은 고구려에 태어났다. 장성한 그는 고구려 왕에게 중용되었는데, 스스로 성을 '개(蓋)'라 하고 이름은 '금(金)'이라 하였으며, 벼슬이 '소문(蘇文)'에까지 이르렀다. 마침내 개금은 고구려 왕으로 하여금 당으로부터 도사들을 초치하도록 하여, 적국의 도사들이 고구려의 산천을 진압하고 도성을 왜곡하여 패망으로 이끄는 것을 선도하였다 한다.[257]

양명이 환생하였다는 고구려의 대신이 곧 연개소문(淵蓋蘇文)을 가리킨다는 것을 사람들은 금방 짐작할 수 있다. 연개소문은 642년에 영류왕(榮留王, 재위: 618~642)과 중앙 귀족들을 살육하고 권력을 장악하였으며, 665년 혹은 666년에 죽었다. 그는 멸망기 고구려 25년의 전권을 행사한 권력자였다. 그런데 그가 사실은 수나라 양명의 원혼이 환생한 자라는 것이 『고려고기』 서술자의 생각이었다.

그러나 『고려고기』의 내용에는 여러 가지 오류가 보인다. 612년에 동원된 수양제의 군사 규모를 30만이라고 한 점, 양제의 군사가 바다를 건너 침공했다고 한 점 등은 중국과 한국의 사서에 보이는 정보와 다르다. 또 양명이라는 사람의 실존 여부를 어느 다른 문헌에서도 확인할 길이 없다. 고구려 사신의 일행이 활로 양제를 저격하였다는 것도 사실로 받아들일 만한 다른 문헌 근거가 없다. 하물며 연개소문이 양명의 환생이라는 설정은 역사학이 전제하는 경험적 사실 영역에서 한참 멀리 벗어나 있다.

오히려 독자들이 쉽게 간파할 수 있듯이, 배면의 진실이란 실존 인물 연개소문의 이름 자 가운데 '盖(개)'의 파자(破字)로 허구의 인물 '羊皿(양명)'을 창안해 낸 것에 불과할 것이다. '개'를 성이라 하고 '금'을 이름이라 한 것도 사실과 다르다. 또한 '소문'을 관직으로 해석한 것도 다시 이를 나위 없이 명백한 오류이다. 요컨대 이 이야기는 민중적 상상력이 낳은 것이되, 호전적 군주로 저명한 당 태종과 맞선 연개소문의 비범성과 고구려의 군사적 위용에 대한 기억이 그 토대를 이루고 있다.

특히 항복을 빌미로 양제에 근접하여 저격했다는 설정은 3세기 동천왕 대에 위나라 관구검(毌丘儉)의 침공으로 왕조의 존망이 갈리는 위기에 처했을 때의 경험에서 유래하였을 개연성이 크다. 즉 당시 고구려 동부(東部)의 유유(紐由)는 항복을 가장하여 위의 장수에게 접근하였다가 그를 칼로 찌르고 함께 죽었다 한다. 게다가 그로 인해 동천왕은 위나라 군사를 격퇴시킬 수 있었다고 한다.[258] 그와 같은 전황의 반전은 『고려고기』에서 설정하고 있는 바, 다시 말해 수나라 양제가 패배를 자인하고 철군한 바와도 상응한다.

유유의 영웅적 희생과 근왕의 행적은 명백히 고구려 자체의 전승을 토대로 한 것이다. 그리고 이 사건은 고구려 당대인은 물론 후대 사람들에게도 고구려에 대한 우호적 기억의 맥락 가운데 종종 회자되었을 법하다. 즉 유유의 희생은 중국의 침입 앞에 물리력의 열패를 극적으로 변전시킨 순국 투쟁담이었다. 이 유명한 이야기가 고구려 멸망을 설명하는 데 다시 동원되었다고 생각한다. 비경험적 설화에 담긴 역사성을 웅변하는 적실한 사례라고 해도 좋겠다.

다른 한편 양명 환생담의 궁극적 귀결은 그로 인한 고구려의 멸망이었다. 이로써 패퇴한 제왕의 수치가 설욕된 것이다. 그런데 패배한 제왕은 수양제이고, 그 치욕을 마침내 설욕한 제왕은 현실에서 평양성을 함락시킨 당 고종이었다. 그러나 패배를 자인하며 한탄하는 양제의 말은 안시성에서 좌절당한 당 태종의 자탄을 연상시킨다. 태종은 고구려 정벌을 위한 전략을 논의해온 측근 이정(李靖)에게 "내가 천하의 무리를 가지고서도 (고구려와 같이) 보잘것없는 오랑캐에게 곤욕을 치른 것은 무엇 때문인가?"라고 물었다.[259]

또한 태종은 "만약 위징(魏徵)이 있었더라면 내가 이 원정을 하지 못하게 했을 것이다"라고 하며 후회하였다.[260] 그리고 마침내 고구려에 대한 군사행동을 중단하도록 유언하기에 이르렀으니, 스스로 참괴함이 자못 컸던 것이다. 따라서 양명이 씻어야 할 사무치는 치욕이란, 그와 같은 논리에 일말의 역사성이라도 인정하고자 한다면, 수양제가 아니라 바로 당 태종의 것이었다. 즉 당 태종을 양명 '설화' 속 양제의 자리에 세울 수 있다면, 역으로 그에게 강궁을 당겨 치명상을 끼친 고구려 장수는 '역사' 속의 안시성주(安市城主)일 것이다.

이처럼 양명 설화에는 전후의 서로 다른 경험적 사실들이 양명의 연개소문 환생담을 위한 질료로 동원되고 변용되었다. 사실의 변용은 중국과 고구려의 투쟁이라는 근간의 맥락만 유지되면 폭넓게 허용될 수 있다. 여하튼 연개소문은 적국의 원혼이 환생한 이였던 것이니, 그에게 고구려 멸망의 책임을 묻는 민중들의 정서를 분명하게 읽을 수 있다. 그렇다면 고구려를 파멸시킨 두 주역 가운데 하나인 신라는 또 어떤 방식으로 이 문제에 개입하였던 것일까?

전생과 현생 사이의 인과관계

신라의 7세기 전쟁 주역은 김유신이었다. 민중들의 설명에 따르면, 그 역시 원한을 품고 죽어 적국에서 환생하여 전생의 원분을 풀었다고 한다. 『삼국유사』에 소개된 환생담을 들어 본다.

김유신이 화랑으로서 18세 때의 일이었다. 낭도 가운데 백석(白石)이란 자가 있었다. 그는 김유신이 고구려와 백제를 공략하기 위해 부심하는 것을 간파하고서, 함께 적국을 정탐하자고 제안하였다. 김유신이 그를 따라 가다가 나림(奈林), 혈례(穴禮), 골화(骨火) 등 세 곳의 호국신으로부터 적국의 사람에게 유인당하지 말라는 경고를 들었다. 이에 김유신이 역으로 백석을 속여 집으로 이끌고 돌아와 실상을 추궁하였다. 마침내 백석이 실토하였다.

저는 본래 고(구)려 사람입니다[고본(古本)에는 백제라고 하였는데 잘 못이다. 추남(楸南)은 곧 고(구)려의 복사(卜士)이며, 또 음양에 역행한 일 역시 보장왕(寶藏王) 때의 일이다]. 우리나라의 여러 신하들은 "신라의 유 신은 바로 우리나라의 점치던 복사 추남이다"라고들 말합니 다[고본에는 춘남(春南)이라고 하였는데 잘못이다]. 우리나라 국경에 역 류하는 물이 있었는데 추남에게 점을 치게 했더니 "대왕의 부 인께서 음양의 도를 역행했으므로 나타난 표징이 이와 같습 니다"라고 말하였습니다. 대왕이 놀라고 괴이하게 여겼으며, 왕비도 크게 노하여 이는 요망한 여우의 말이라고 왕에게 고 하면서, 다시 다른 일로 시험해 물어서 그 말이 틀리면 중형 에 처하기로 하였습니다. 이에 쥐 한 마리를 함 속에 감추어 두고 이것이 무슨 물건이냐고 물었더니, 추남이 아뢰기를 "이 것은 틀림없이 쥐인데 그 수는 여덟 마리입니다"라고 하였습 니다. 그러자 말이 틀렸다고 하여 목을 베 죽이려 하자 추남 이 맹세하여 말하기를 "내가 죽은 뒤에 대장이 되어 반드시 고구려를 멸망시키리라!"라고 하였습니다. 곧 목을 베어 죽 이고 쥐의 배를 갈라 보니, 새끼가 일곱 마리나 있었으므로, 그제야 그의 말이 맞은 것을 알게 되었습니다. 그날 밤 대왕 의 꿈에 추남이 신라 서현공(舒玄公) 부인의 품으로 들어갔습 니다. 대왕이 이것을 여러 신하에게 이야기했더니, 모두 말하기를 "추남이 마음속으로 맹세하고 죽더니 그 일이 실제 그렇게 되나 봅니다"라고 하였습니다. 그 때문에 저를 보내 여기에 와서 이런 계획을 꾸미게 한 것입니다.[261]

이에 따르면, 김유신은 고구려의 점술 무당인 추남이 환생한 것이었다. 그는 애초에 탁월한 통찰력으로 왕비의 일탈을 폭로하였다. 그러나 그로 말미암아 억울한 죽임을 당하게 되자, 죽은 후에 대장이 되어 반드시 고구려를 멸망시킬 것이라고 맹세하였다. 그리고 그 맹세대로 신라 김서현의 아들 김유신으로 환생하였다. 그와 같은 환생의 맥락을 인지하고 있던 고구려 측에서는 백석을 첩자로 보내 김유신을 고구려로 유인해 가려 하였던 것이다.

이야기에서도 드러나 있듯이 김유신은 자신의 전생에 대해 전혀 알지 못하였다. 연개소문도 그 자신이 수양제를 위해 보복을 맹세한 양명이 환생한 것이라고는 생각하지 못하였다. 내부의 연개소문과 외부의 김유신이 안팎으로 고구려 멸망을 재촉한 주역이었다는 판단과, 그들은 각각 전생에 고구려에 대해 사무친 원한을 가진 이들의 환생이었다는 설명이 부응하고 있을 뿐이다. 다시 말해 양명의 연개소문 환생담이 고구려 내부에서 비롯한 멸망론이라면, 추남의 김유신 환생담은 외부로부터의 멸망론이라고 할 수 있다.

김유신은 7세기 전쟁에서 삼국의 일통을 이루어 낸 신라의 최고위 군사지휘자였다. 즉 그는, 멸망한 고구려에 대응하는, 승리한 신라의 주역이었다. 연개소문이 패망당한 고구려 측의 표상이라면, 김유신은 고구려를 패망시킨 측의 표상인 셈이다.

물론 김유신은 고구려에 앞서 백제의 멸망 과정에서 훨씬 구체적이고 비중 있는 역할을 수행하였다. 고구려 멸망론의 설화적 도식을 적용하자면, 백제를 멸망시키고 승리한 신라 측의 표상도 역시 김유신이다. 그런데 위의 환생 설화를 인용한 기록자는 '고본'에는 김유신의 전생이 고구려 추남이 아니라 '백제의 춘남'이라고 쓰여 있었다고 지적한다. 이 경우 '고본'의 실체나 그 형성 시기에 대한 추론은 별로 실제적 의미를 가질 수 없다. 김유신의 전생을 다르게 전하는 '고본'의 의의란 오직 서로 다른 전승과 설명의 존재에 대한 증거일 뿐이다.

결국 당대인들의 생각에 따르자면, 김유신은 춘남의 환생으로서 백제를 멸망시켰고, 추남의 환생으로서 고구려를 멸망시켰다. 사실 김유신에게 백제와 고구려의 분별은 본래 무의미한 것이기도 하다. 의자왕이 항복하고 백제가 종국을 고한 660년 7월, 뜻밖에도 고구려 평양성의 강물이 3일 동안이나 핏빛으로 물들었다는 기록도, 백제의 멸망 자체가 곧 고구려 멸망의 명백한 전조였기 때문일 수 있다.

군이 실증의 안목으로 따지자면, 고본에서 이른 '백제 춘남'이 더 그럴듯해 보이기는 하다. 백석의 설명 가운데 역류하는 물이란 백제 멸망을 앞둔 가운데 "왕흥사(王興寺)의 여러 승려들 모두가 마치 웬 배 돛대 같은 것이 큰물을 따라 절 문으로 들어오는 것을 보았다"라고 한 기록을 환기시킨다.[262] 거북의 등 위에 쓰인 참언을 정직하게 해석했다가 죽임을 당한 의자왕의 점무도 마찬가지다. 그런가 하면 『일본서기』에는 "군대부인(君大夫人)이 요녀(妖女)로서 무도하여 국권을 멋대로 빼앗고 현량(賢良)한 이들을 죽였던 까닭에 이런 화를 부른 것이다"라고 증언한 바도 있다.[263] 바로 음양의 도를 역행한 왕비에 대응한다.

그러나 크게 보면 고본의 기록자든 이를 부정한 『삼국유사』 서술자든, 그들이 반드시 이 서로 다른 전승의 진위나 시비를 판정해야 할 까닭도 그럴 만한 근거도 없다고 본다. 그보다는 차라리 전승국 신라의 장수 김유신의 역할이, 실제 역사적 현실에서는 곧 고구려 추남의 환생이자 백제 춘남의 환생이기도 했던 때문에 빚어진 괴리이자 당착이었을 것으로 여긴다.[264]

4) 다른 세계로의 시선들

환생한 김유신이 전생에서 발단이 된 원한을 현생에서 풀었다고 설명하는 사람들은, 다시 방향을 바꿔 죽은 김유신이 현생의 문제에 대한 관심을 거두거나 개입을 포기하지 않았다고 믿기도 하였다. 김유신은 673년 7월에 죽었다. 그로부터 100여 년 뒤인 779년의 일이다.

김유신의 무덤에서 회오리바람이 일더니 준마를 탄 장군과 무장을 갖춘 일단의 사람들이 첫 김씨 왕이었던 미추왕(未鄒王)의 능으로 들어갔다. 능 안에서 들리는 진동과 흐느껴 우는 것 같은 소리를 들어보니, 김유신이 미추왕에게 호소하는 것이었다. 즉 김유신 자신은 평생토록 시절을 살피고 난국을 수습하며 일통을 이룬 공을 세웠다. 이제 혼백이 되어서도 나라를 수호하고 재앙을 물리치고 환란을 구

그림 38 미추왕릉. 경상북도 경주시

제하는 마음이야 잠시도 변한 적이 없다. 그런데 지난 경술년에 그의 자손이 무고하게 죽임을 당하였다. 임금과 신료들이 자신의 공렬을 생각하지 않으니 다른 곳으로 옮겨 가서 더 이상 나라를 위해 애쓰지 않고자 한다는 내용의 호소였다.[265]

김유신의 혼령이 말하는 경술년의 사건이라면, 혜공왕 6년(770) 가을에 대아찬 김융(金融)이 반역하다가 처형당한 일일 것이다. 이에 미추왕의 혼령은 여러 차례 김유신의 혼령을 달랬다. 당신과 내가 이 나라를 지키지 않는다면 저 백성들이 어떻게 되겠느냐는 것이다. 이 보고를 받은 혜공왕은 두려워, 대신을 김유신의 무덤에 보내 사과하고 명복을 빌게 하였다.

김유신의 항의와 미추왕의 위무라는 일련의 서사를 증언한 사람이 어떤 관찰자였는지, 그리고 그가 곧 왕에게 보고한 사람이었는지 알 수는 없다. 다만 이 이야기는 일상 세계의 현상들이 명계(冥界)

에 있는 이들의 정서적 태도 및 의지에 연동되어 있다는 사고방식에서 비롯한 전승이었던 것만은 분명하다. 그러한 생각은 사후 세계에 대한 고대인들의 관념과 불교의 윤회 사상에서 볼 때는 너무나 당연한 것일지 모른다.

정치·경제적 망명자들

특히 흥미로운 것은, 신라 군신들의 부당함에 분개한 나머지 김유신이 신라를 떠나 다른 곳으로 가려고 하였다는 것이다. 죽은 이들 사이에서도 귀속한 나라가 분별되었다는 말이긴 하지만, 내 나라를 버리고 다른 곳으로 가고 말겠다는 논리 자체는 의연히 현실의 방식과 정서의 반영이자 연장이었다. 다시 말해 이 작위적 서사의 바탕에 흐르는바, 현실의 질서와 일상의 조건을 타파하거나 벗어나고자하는 사람들의 시선과 욕망을 발견한다는 것이다. 비근한 예로, 옥저의 동쪽 바다 가운데 남성들은 없고 여성들만 사는 나라가 있다는[266] 3세기 고대인들의 생각은 극단적 남성 우월주의가 낳은 현실 부정적 상상의 소산일 것이다.

김유신의 사례에서처럼 정치적 이유에서 다른 나라로 이탈해 간다는 발상은, 고대국가가 미처 성숙하지 않은 단계에서는 더욱더 드물지 않았을 것이다. 한 예로, 2세기 중엽 신라의 고위 관료였던 길선(吉宣)이 모반하였다가 일이 발각되자 백제로 도망하였다. 아달라이사금이 그의 송환을 요청하였지만, 백제 개루왕은 거절하였으며, 이로 인해 두 나라 사이에 군사 충돌이 빚어진 적이 있다.[267] 진평왕 때도 이찬 칠숙(柒宿)과 아찬 석품(石品)이 반란을 꾀하였다가 발각되어 칠숙 본인은 물론 9족(九族)이 처단되자 석품은 백제로의 망명을 시도하였다.[268] 석품의 계획은 어긋나고 말았지만, 국내의 정쟁에서 패배한 이들은 곧잘 잠재적 적대국이라 할 수 있는 인접국에서 살길을 찾고자 하였던 것이다.

극단적인 갈등을 야기할 사태가 아니라면, 왕들은 경쟁국의 인구 집단을 수용하는 데 마다할 이유가 없었다. 4세기 후반 백제 독산성주(禿山城主)가 무리 3백 명을 거느리고 신라에 투항해 왔을 때의 일이다. 백제 근초고왕(近肖古王, 재위: 346~375)의 송환 요구를 신라는 거절하였다. 비록 내물이사금이 구사한 거절의 명분이란 신라 중심의 분식이 현저한 것이긴 하지만 고대국가 왕권의 속성을 적절하게 반영하고 있다.

"백성이란 변함없는 마음이 있는 것이 아니기 때문에, 생각이 있으면 오고 싫증이 나면 가는 것은 본래부터 그러한 것이거늘, 대왕께서는 백성이 편안하지 못한 것을 근심하지는 않고 도리어 과인을 나무라는 것이 어찌 이리 심합니까?"[269]

이에 근초고왕은 더 이상 이 문제를 거론하지 않았다.

한편 고구려에는 통치 영역을 접하고 있던 중국 측 왕조의 정세에 연동하여 비중 있는 인물들이 망명해 오는 경우가 상대적으로 잦았다. 특히 4세기 중국 남북조 왕조들의 잦은 교체와 내부 정변들은 종종 고구려에 여러 형태의 파장을 미쳤다. 몇 가지 현저한 사례들을 들어 본다.

우선 미천왕 때, 서진의 평주자사(平州刺史) 최비(崔毖)가 요동을 장악하고 있던 전연(前燕)의 모용외(慕容廆)에 쫓겨 고구려에 도망해

그림 39 안악 3호분의 동수 관련 묵서.
황해남도 안악군

왔다.[270] 이어 고국원왕(故國原王, 재위: 331~371) 때에는 전연과 후조(後趙) 사이의 충돌 국면에서 후조 측에 내응하였던 전연의 봉추(封抽), 송황(宋晃), 유홍(遊弘) 등이 모용황(慕容皝)을 등지고 고구려로 망명하였다.[271] 이보다 2년 전 연나라 내부에서 모용인(慕容仁)의 반란 세력이 괴멸될 때도 곽충(郭充), 동수(佟壽) 등이 투신해 온 바 있다.[272] 동수는 지금의 황해도 안악(安岳) 3호분의 묵서(墨書) 명문(銘文)에 보이는 동수(冬壽)와 동일 인물로 판단한다.

여러 이유에서 망명을 택한 장상(將相)들이 모두 이국에서 안착에 성공했던 것은 아니다. 백제와 신라가 상대국에 대해 망명자들의 본국 송환을 요청하였던 것처럼, 국가 간의 정치·군사적 관계에 따라 상황은 유동적일 수밖에 없다. 한 예로 전진(前秦)의 왕맹(王猛)이 전연을 격파했을 때 연의 태부(太傅) 모용평(慕容評)이 고구려로 도망해 왔으나, 고국원왕은 그를 잡아서 전진으로 압송하였다.[273] 고국원왕은 전진의 수월한 위상을 인정하였던 것이며, 전진의 부견(苻堅)은 2년 뒤 고구려에 사신과 승려 순도(順道)를 파견해 불상과 경문을 보내 답하였다.

요동성 공격에 나선 수양제의 휘하에 있다가 양현감(楊玄感)의 반란 사건 파장이 자신에게 미칠까 두려워 전선을 이탈하여 고구려로 망명해 왔던 병부시랑 곡사정(斛斯政)의 경우도 비슷하다. 그의 망명 1년 뒤에 양제가 다시 군사를 동원하여 고구려를 압박하자, 고구려 측에서는 사태를 수습하기 위한 목적으로 항복을 청하는 사신을 보내는 편에 곡사정도 함께 수의 진영으로 압송하였다.[274] 이로써 양제는 가까스로 철군의 명분을 얻긴 하였으나, 여러 차례의 고구려 원정에서 참패한 터라 곡사정을 잔혹하게 유린하면서 죽이고 말았다.

지배계층들의 정치적 득실에 따른 망명과는 달리 일반 백성들은 삶의 안정을 위협하는 여러 요인들로 인해 생존을 위한 이주를 주저하지 않았다. 즉 백성들은 대개 살기 어려운 곳을 벗어나기 위한 '피지(避地)'의 걸음을 감행한 것이다. 백제사에서 몇 가지 사례를 들어본다.

먼저 온조왕 37년(19)에 파종기의 극심한 가뭄으로 흉년이 되자 한수의 동북쪽 부락들에서 고구려로 도망해 들어간 이들이 1천여 호나 되었다. 동성왕 13년(491)에는 여름의 홍수로 인해 심각한 기근이 닥치자 굶주림에 내몰린 백성들 가운데 신라로 도망해 들어간 이가 6백여 가나 되었다. 그로부터 8년 뒤에도 여름철의 가뭄으로 백성들이 굶주려 서로 잡아먹고 도적들이 많이 일어났음에도 불구하고 정부에서 제대로 구휼하지 못하자, 한산(漢山) 지역 사람들로서 인접한 고구려에 도망해 들어간 이들이 2천 명이었다. 무령왕 21년(521)에는 홍수와 충해로 인해 굶주리다가 신라로 도망해 들어간 이들이 9백 호였다.

이처럼 일반 백성들의 경우 자기 삶의 터전을 버리고 쉽게 떠날 수 있었던 것은 일단 그들에게 지켜야 할 사회·경제적 자산이 없었기 때문이다. 그와 함께 고대 삼국인들 사이에서는 '국민 의식'이랄까 특정 왕조에 대한 소속 의식과 같은 것이 아직 미숙한 탓도 적지 않게 작용하였다고 보아야 한다.

승려들의 탈국가적 행보

승려들 역시 보편 종교의 성직자이자, 비교적 세속의 규율로부터 자유로웠을 것이라, 다른 왕조로의 이주가 어렵지 않았을 것이다. 6세기 중엽 고구려 승려 혜량(惠亮)의 경우가 저명하다.

혜량법사는 승려의 복색으로 고구려를 염탐하던 신라의 귀족 청년 거칠부(居柒夫)의 정체를 바로 간파할 정도로 통찰력이 출중하였다. 그는 거칠부에게 우호적으로 충고하여 무사하게 돌아갈 수 있도록 배려하면서 뒷날 자기에게 해를 끼치지 말 것을 당부하였다. 과연 진흥왕 12년(551)에 거칠부 등의 신라군이 백제와 함께 고구려 남변을 공략하던 중에 혜량법사를 조우하게 되었다.

"지난날 유학하던 시절에 법사의 은혜를 입어 생명을 보전하였는데, 오늘 해후해 서로 만나게 되니 무엇으로 보답을 해야 할지 모르겠습니다."

"지금 우리나라는 정치가 어지러워 멸망할 날이 멀지 않았으니 귀국으로 데려가 주기 바란다."[275]

6세기 중엽에 고구려 멸망을 예고하였다는 논리가 지나치다 못해 자못 작위적으로 비친다. 다만 545년에 고구려의 안원왕이 죽고 양원왕(陽原王, 재위: 545~559)이 즉위하는 과정에서 왕위 계승을 둘러싸고 안원왕의 왕비를 배출한 외척들 사이에 대규모의 물리적 충돌이 있었던 정황이 포착되기는 한다.[276] 그뿐 아니라 이 내란은 서로 다른 지역 기반의 정치 세력들 간 갈등과 맞물려 있었던 것으로 가늠되는 지라, 그에 잠복된 위험이 왕조사에 미칠 부정적 파장은 간단치 않았던 것이다. 여하튼 진흥왕은 혜량을 자국의 승통(僧統)으로 삼아 신라 불교의 발전에 기여하게 하였다.

거칠부의 예에서 본 것처럼 승려의 복색을 하고서 잠재적 적성국에 잠입하여 염탐하거나 본국을 위해 암약(暗躍)한 경우들이 종종 보인다. 642년 연개소문의 정변이 발발한 직후, 고구려 정부에서는 군사 요청을 위해 방문한 신라의 김춘추를 두 달 넘게 억류하고 있다가 문득 방환하기로 결정한 사건이 있었다. 신라에서 활동하고 있던 고구려의 승려 첩자 덕창(德昌)의 보고가 들어왔기 때문이었다. 즉 김유신이 김춘추를 구하기 위해 군사행동의 기일을 확정하였다는 부담스러운 첩보였다.[277]

백제 개로왕이 고구려에서 계획적으로 파견한 승려 첩자 도림(道琳)의 농간에 휘둘려 국정을 그르쳤다는 저명한 사건도 환기할 일이다. 암약하던 도림의 보고로 장수왕의 군사는 한성(漢城)을 함락시키고 개로왕을 죽이기에 이르렀다. 그런가 하면 뒷날 무왕(武王)으로 즉위하게 되는 서동(薯童)도 신라 진평왕의 셋째 딸 선화공주를 탐하여 머리를 깎고[剃髮] 경주에 잠입했다 한다.[278] 비록 유쾌한 설화적 서사이긴 하지만, 필시 승려의 복색을 취했을 서동의 책략은 고대사회의 현실을 반영한 것이다.

한편 고구려의 혜량법사가 문도들을 거느리고 신라로 가 버린

지 백여 년 뒤인 650년, 저명한 불교 지식인의 이탈 사건이 또 한 차례 발생하였다. 반룡사(盤龍寺)의 보덕화상(普德和尙)이 제자들과 함께 백제로 옮겨 가고 말았다. 승려 보덕의 이 놀라운 이거(移去)는 연개소문의 종교 정책으로 인해 도교를 받들고 불교를 믿지 않는 보장왕 대고구려 사회의 현상을 명분으로 삼은 것이었다. 게다가 당시 사람들은 그가 본국을 버리자 곧이어 웬 신인(神人)이 나타나 고구려가 패망할 날이 머지않았음을 경고했다고 증언하였다.[279]

보덕화상은 특히 당대에 존경을 받았던 이라, 그의 고구려 이탈 사건은 오랫동안 여러 사람들에게서 회자되었다. 일찍이 신라의 최치원이 그의 전기를 지었으며, 이어 고려의 김부식도 보덕전을 저술했다고 한다. 두 사람의 저술이 전하지는 않지만, 신라와 고려의 지식인들이 이 사태에 함축된 의미를 중시했던 것을 알 수 있겠다.

뿐만 아니라 대각국사(大覺國師) 의천(義天)과 이규보와 보각국사(普覺國師) 일연 등도, 보덕이 단 하룻밤 사이에 불당을 날려 거처를 날려 옮겼다 한 '비래방장(飛來方丈)' 사건을 각별하게 언급하였다.[280] '방장'이란 불교의 사원, 즉 이 경우에는 주지의 처소를 가리킨다. 보덕으로 상징되는 고구려 불교 교단이 사원과 함께 백제의 완산(完山), 즉 지금의 전주(全州) 일대로 날아 옮겨 가 버렸다는 것이다.

그러나 불당을 하룻밤 사이에 날려 백제로 이거하였다는 전승의 사실 여부는 물론이려니와, 그 뒤 귀신이 나타나 고구려의 멸망을 경고했다는 흉흉한 소문 역시 고구려 멸망이라는 충격적 사태 이후에 소급된 기억이자 설명이라는 것은 두말할 나위가 없다. 그러다 보니 보덕이 방장을 날려 이거해 간 시점에 대해서도 이견이 생기게 되었다. 즉 대각국사와 김부식의 저술과는 달리 최치원과 그에 근거한 이규보의 글에는 보덕이 667년에 고구려를 떠나 '신라의' 완산으로 갔다고 하였던 것이다.

650년과 667년 가운데 어느 편을 '경험적 사실' 정보로 삼느냐에 따라 보덕의 이거를 둘러싼 역사적 의미는 제법 달라진다. 즉 이거 시점의 차이는 보덕의 교단이 선택한 대안이 백제인가 신라인가의 차이로 귀결된다. 고려의 지식인이었던 대각국사나 김부식보다는 신라인 최치원의 신라 중심적 사고에서 야기된 혼선이었을 것만 같다. 그러나 그 가운데 어느 하나의 정보를 선택하든, 아니면 두 시점 정보를 그럴듯하게 절충하여 유의미한 설명을 만들어 내든, 연대의 사실성에 집착하는 한 이 전승의 본질을 만나기는 어려울 것이다.

오히려 주목해야 할 바는 7세기 중반 고구려에 이미 만연된 지식인들의 암울한 현실 인식 바로 그것일 것이다. 그와 같은 인식과 정서는 여러 문헌에 반영되어 있다. 한 예로 당 고종에게 고구려 정벌을 고무하고 요동 방면의 군량을 지원하기도 했던 가언충(賈言忠)[281]의 발언을 환기한다. 668년 봄, 가언충은 『고구려비기(高句麗秘記)』에 이르기를 '9백 년이 못 되어 의당 80대장이 멸망시킬 것이다'라고 했는데, 고씨가 한나라 때부터 나라를 세웠으니 지금 9백 년이 되었고, 이적의 나이가 80세이다"라고 주장하였다.[282] 이 발언은 『당회요(唐會要)』에도 수록되었다.[283]

『일본서기』에도 그러한 정서는 흔적을 남겼다. 백제가 멸망하기 바로 전에 일본으로 간 고구려의 승려 도현(道顯)은[284] 쥐[子]가 말[午]의 꼬리에 새끼를 낳는 것을 보고 "북국의 사람이 장차 남국에 붙을 것이니, 아마 고구려가 파멸되어 일본에 부속되는 것인가"라고 하였다 한다.[285] 쥐와 말이 상징하는 자방과 오방은 각각 정북과 정남을 가리킨다. 또 이때가 662년이니 백제에 이어 고구려의 명운이 위태로운 시절이긴 하다. 그러나 고구려가 일본에 부속될 까닭은 없다. 역시 여기에는 일본에 정착한 도현이나 『일본서기』 찬자들의 시선이 담겨 있는 것이다.

이렇게 고구려의 패망은 사람과 신령, 자연현상과 비기·참언 등으로 거듭 예견되었고 마침내 징험되고 만, 말하자면 필연적 사건으로 여겨졌다.

현실을 초탈하려는 열망들

지금까지 예거한 고위 권력자들이나 종교 지식인들과는 달리, 일반 민중들의 정서를 읽을 수 있는 자료는 극히 적다. 그러나 정작 그들 민중이야말로 자신들의 현실을 벗어나고자 하는 강렬한 열망을 지녔을 것이다. 태어나는 순간 이미 그가 누릴 수 있는 정치·사회·경제적 범위가 규정되었다고 하는 신라 골품제의 신분 구조는 특히 많은 구성원들로 하여금 다른 세계를 향한 시선을 키우게 하였을 법하다. 진평왕 대의 일화 하나를 들어 본다. 신라 왕실의 신성족 의식, 즉 성골(聖骨) 의식이 가장 고조되어 있을 때였다.

587년 가을, 대세(大世)와 구칠(仇柒)이라는 두 사람이 바다로 떠나갔다. 우선 대세는 내물왕의 7세손이었고 아버지는 17관위 가운데 둘째에 해당하는 이찬(伊飡)이었다고 하니, 그 역시 진골이었을 가능성이 크다. 그런데도 그는 늘 현실 바깥의 이역(異域)에 뜻을 두었다.

마침내 대세는 가까이 지내던 승려 담수(淡水)에게 제안하였다.

"이 신라의 산골짜기에 묻혀서 한 평생을 마친다는 것은 못 가운데 물고기와 조롱에 갇힌 새가 푸른 바다의 크나큼과 산림의 드넓음을 모르는 것과 무엇이 다를 것인가! 나는 장차 뗏목을 타고 바다에 떠 나가서 오(吳)·월(越)에 이르러 차차 스승을 찾아 따르면서 명산에서 도를 구하고자 한다. 만약 평범한 속세인의 골격을 벗어던지고 신선술을 배울 수 있다면 훨훨 바람을 타고 앉아 허공 드높이 날 것이니, 이야말로 천하의 기묘한 놀이요 볼만한 광경일 것이다. 그대는 나를 따를 수 있겠는가?"

담수가 수긍하지 않았다. 그러자 대세는 다시 동행할 벗을 찾았다. 때마침 구칠이라는 이가 있었는데 지조가 굳고 남다른 절개가 있었으므로 드디어 함께 남산(南山)의 절로 놀러 갔다. 갑자기 비바람에 나뭇잎이 떨어져서 뜰의 괸 물에 떠다녔다. 대세가 구칠에게 말하였다.

"내가 그대와 함께 서역을 유람하려는 생각을 가지고 있는바, 이제 각자 나뭇잎 하나씩을 배로 삼아 누구의 것이 먼저 가는지 보자."

이윽고 대세의 나뭇잎이 앞서 나가니 대세가 흡족해하였다.

"내가 먼저 떠나겠구나!"

이에 구칠이 발끈하였다.

"나 또한 남아인데 어찌 홀로 못 가겠는가!"

이로써 대세는 구칠이 뜻과 행동을 함께할 만한 사람인 것을 알아차리고 은밀하게 자신의 소회를 말하였다. 이를 들은 구칠 또한 "이야말로 내가 바라던 것이다"라고 하였다. 마침내 두 사람은 벗이

되어 남쪽 바다에서 배를 타고 신라를 떠났는데, 그 후 그들이 간 곳을 알지 못하였다고 한다.[286]

자못 고대소설의 원형이라고 할 만하다. 전근대 지식인들은 이 두 사람을 도교의 신선으로 음미하는가 하면,[287] 근대 사학에서는 이 이야기에서 신라와 중국을 잇는 항로의 실체를 가늠하기도 한다. 그러나 대세가 스스로를 '못 가운데 물고기와 조롱에 갇힌 새'라고 자탄한 이상, 신라의 현실을 벗어나고자 한 그들의 지향을 먼저 주의할 일이다.

한 세대 뒤인 641년에 중국으로 건너가 당 태종의 고구려 침공 전투에서 혁혁한 공을 세우고 전사한 설계두(薛罽頭)도 유사한 사례이다. 그 역시 '신라의 세력 있는 집안 자손'으로 소개되었다. 그러나 그가 친한 벗들에게 털어놓은 속내는 골품제 신분 위계에 대한 불만이었다.

"신라에서는 사람을 쓰는 데 골품을 논하여 진실로 그 족속이 아니면 비록 크나큰 재주와 걸출한 공로가 있다 할지라도 자기 신분의 한계를 뛰어넘을 수 없다. 나는 서쪽으로 중화국에 건너가 불세출의 지략을 떨치고 비상한 공로를 세워 스스로 영화로운 길에 들고자 하는바, 비녀와 갓끈을 갖추어 늘이고 검을 차고서 천자의 옆에 드나들면 만족하겠다."

그리하여 배를 타고 당에 들어갔다가 태종 휘하 군관이 되었다. 645년 안시성 공격의 일환으로 치러진 주필산(駐蹕山) 전투에서 적진에 깊숙이 들어가 맹렬하게 싸우다가 죽으니 그의 공로가 1등이었다.

태종이 그가 어떤 사람인가를 묻자 좌우의 신하들이 '신라 사람 설계두'라고 아뢰었다. 이에 태종이 눈물을 흘리면서 말하기를 "내 백성도 오히려 죽음을 두려워해 주저하고 꺼리면서 앞으로 나가지 않는데, 외국 사람이 나를 위해 죽음으로 종사했으니 무엇으로 그의 공을 갚을 것인가!"라고 하였다. 이윽고 태종은 수행하는 이에게 물어 설계두의 평소 소원을 듣고서, 어의를 벗어 그를 덮어 주고 대장군 직을 내려 주었으며, 그에 걸맞은 예우를 갖추어 장사 지내 주었다 한다.[288]

이 소설적 전기 또한 애초에 중국 문인이 찬술한 것이겠다는 추정이 있다.[289] 게다가 저명한 주필산 전투를 소재로 한 고전소설 『설인귀전』에는, 연개소문을 죽이는 당의 장수로 등장하는 설인귀(薛仁貴)가 곧 신라인 설계두라는 혼란된 인식조차 보인다.[290] 그러나 대세와 구칠의 이야기에서와 마찬가지로, 설계두의 발언과 삶을 빌려 읽게 되는 신라인들의 현실 인식과 정서는 충분히 주목할 필요가 있다.

6 고대적 위기의 파장들

1) 전쟁의 명분과 욕망

천문과 기후와 같은 자연현상은 고대인들의 일상에 보편적 요소로 개입한다. 마찬가지로 고대국가의 인위적 행위 가운데 가장 폭넓은 영향을 미치는 것은 아마 전쟁일 것이다. 왕을 비롯한 권력자들은 여러 배경과 동기에서 전쟁을 기획하고, 또 군사적 외압을 방어한다. 전쟁은 직접 전투에 참여하는 군사 집단뿐만 아니라 광범한 생업 전반에도 치명적인 피해를 끼칠 수 있다. 승리하는 측에는 영예와 전리품이 주어지는 한편, 패배한 측은 인명과 물적 손실은 물론 때때로 통치 권력의 위기까지 감내하지 않으면 안 된다. 반대로 기반이 취약한 권력자들은 대외 전쟁의 승리를 매개로 자기 권력 기반의 확충을 기도하기도 한다. 얼른 보아도 전쟁을 주도하고 참여하는 이들의 욕망과 명분은 참으로 복잡다단할 것 같다.

그들은 왜 싸우는가?

농업 생산성에서 매우 열악한 생태조건에 있던 고구려는 옥저
나 예처럼 인접한 사회로부터 다양한 식량 자원은 물론 젊은 여성까
지 탈취하였다. 그리고 이러한 물리적 우위를 지속하기 위해 훈련된
전사 집단들이 일찍부터 조직되고 관리되었다. 이 경우 전쟁은 고구
려 사회 전체의 존립을 위한 일종의 생산 활동 영역에 있게 되는 것
이다. 이처럼 사회 간 물리력의 현저한 격차로 말미암아 어느 일방이
다른 집단 전체를 지속적으로 군사·경제적 예속 상태에 묶어 둔 채
필요한 생산물과 노동력을 공납의 형태로 확보하는 방식을 간접 지
배 방식이라고 부른다. 그러나 군사 조직 역량의 성숙도가 크게 다르
지 않은 고대사회들 간에는 그다지 치명적이지 않은 전투가 매우 잦
았다.

신라 탈해왕 대의 한 대목을 발췌하여 고대국가 초기 대외 전
쟁의 빈도와 강도를 짐작해 본다.

탈해이사금 8년(64) 가을 8월에 백제가 군사를 보내 와산성(蛙
山城)을 공격하였다. 겨울 10월에는 다시 구양성(狗壤城)을 공격
하였다. 왕이 기병 2천 명을 보내 공격해 쫓아냈다.
탈해이사금 10년에 백제가 와산성을 공격해 탈취하고, 2백
명을 머물러 두고 지키게 하였다. 조금 있다가 우리가 다시
빼앗았다.

탈해이사금 14년에 백제가 와서 침범하였다.

탈해이사금 17년에 왜인이 목출도(木出島)를 침범하였다. 왕이 각간(角干) 우오(羽烏)를 보내 막게 하였으나 이기지 못하고, 우오는 그곳에서 죽었다.

탈해이사금 18년 가을 8월에 백제가 변경을 노략하니 병사를 보내 막았다.

탈해이사금 19년 겨울 10월에 백제가 서쪽 변경의 와산성을 공격해 함락시켰다.

탈해이사금 20년 가을 9월에 군사를 보내 백제를 쳐서 와산성을 다시 회복하고, 백제로부터 와서 살고 있던 2백여 명을 모두 죽였다.

탈해이사금 21년(77) 가을 8월에 아찬 길문(吉門)이 황산진(黃山津) 어구에서 가야군과 싸워 1천여 명의 목을 베었다. 길문을 파진찬으로 삼아 그 공로를 포상하였다.[291]

탈해왕 대의 신라는 위에 인용한 것처럼 14년 동안 백제와 6회, 왜인과 가야와 각각 1회 교전하였다. 무려 2년에 한 번을 넘어서는 빈도다. 과연 여기에 보이는 전쟁 기록들의 시간과 공간 정보가 모두 왜곡 없는 사실인지에 대해서는 확신하기 어렵다.

더구나 백제와 치열한 공방이 거듭된 와산성은 지금의 충청북도 보은군에 있었던 것으로 추정되며, 와산성에 인접한 것으로 나타난 구양성은 역시 지금의 충청북도 괴산군에 있었던 것으로 추정되고 있다. 이 지역은 백제의 왕성이 있는 지금의 서울 일원과 신라의 수도인 경주로부터 거의 중간 거리에 해당한다. 아울러 영남지방을 아래로 감싸고 달리는 소백산맥의 서북쪽에 위치한다. 그러나 6세기 중엽 진흥왕 대에 세워진 단양(丹陽)의 적성비(赤城碑)는 신라의 강토가 북쪽으로 소백산맥을 넘어선 데 대한 기념비였다.[292] 따라서 문헌의 기록대로라면 그보다 수백 년 앞선 시기의 신라 영토가 소백산맥을 넘어 보은·괴산 일대까지 미쳤다고 해야 할 것이라 얼른 수긍하기가 어려운 것이다.

그림 40   신라 진흥왕 적성비, 충청북도 단양군

왜인이 출몰한 목출도의 위치는, 특정하기 어렵긴 하나, 신라의 동남방 해역에서 구해야 한다. 가야와 교전한 황산진은 대체로 지금의 양산시와 김해시를 가르는 낙동강 하류의 나루로 짐작한다.

이처럼 탈해왕 대의 교전 지점으로 미루어 본다면 신라의 영토는 적어도 낙동강 동남방, 즉 소백산맥 동남부 일대 전체를 아우르는 형국이다. 그러다 보니 종종 사람들은 여기에 보이는 교전 정보들을, 상당한 후대의 사실이 연대를 소급하여 기록된 것으로 이해하는 형편이다. 이 복잡한 사료 비판의 시각들을 정돈하는 일은 쉽지 않다. 그러나 이처럼 여러 난점들에도 불구하고, 탈해왕 대의 전쟁 정보들은 고대국가들 간 잦은 국지전의 양상을 헤아려 보는 데에 어느 정도 기여한다.

여하튼 전쟁에서는 왜인에게 피살된 각간 우오(羽烏)의 경우처럼 최고위 지휘부가 전사하기도 한다. 고구려 고국원왕과 백제 개로왕은 상대국의 군사에 피살된 경우이다. 또 와산성에 머물던 백제인들처럼 전투와 생산력을 지닌 일반 주민들도 목숨을 잃는다. 그러나 그와 반대로 승리한 측에서는 기왕의 영토와 인민을 적으로부터 보위해 내거나 혹은 새롭게 획득할 수 있다. 확대된 영토는 새로운 주민의 유입을 수반하며, 마침내 무장력과 생산력의 증대로 이어진다.

또한 승전의 가장 직접적 효과는 전투 장비와 군수물자와 노동인구의 획득일 것이다. 그러한 전리품은 승리에 기여한 이들에게 분급될 수 있으며, 그 분여 주체인 왕의 위상을 높여 줄 것이다. 그러므로 최고의 군통수권자인 왕으로부터 전투에 참여하는 사졸에 이르기까지, 그들이 전쟁에서 승리해야 할 동기는 충분한 것이다.

전쟁의 그와 같은 속성은 고대인들이 왜 그렇게 빈번히 싸우는지에 대한 유의한 대답일 수 있다. 특히 건국 초기의 왕들은 통치 영역의 확대를 위해 적극적인 대외 군사 활동을 주도하였다. 고구려 시조는 태백산 동남쪽의 행인국(荇人國) 땅을 빼앗아 성읍으로 만들었고, 북옥저를 쳐 없애 자국의 성읍으로 만들었다.[293] 대무신왕도 개마국(蓋馬國)과 구다국(句茶國)을 직접 공략하거나 항복을 받아 내 자국의 행정 단위에 편입시켜 영토를 확장하였다.[294] 태조대왕은 동옥저를 정벌하여 성읍으로 편입하였고, 한의 요동군 휘하 현들을 경략하였다.[295] 광개토왕비에서도 정복 전쟁의 영토적 성과는 대개 성읍, 즉 성과 촌락의 수효로 표시되었다.

자국민 의식과 국토 관념

노동인구의 확보도 승리의 중요한 결실이다. 지방 관료를 매개로 하는 광역의 지역 지배 방식이 갖추어지기 전에는 오히려 토지보다 인신(人身) 자체가 더 인상적인 전리품이었을 가능성이 크다. 예컨대 미천왕은 현도군(玄菟郡)을 쳐서 8천 명을 사로잡아 평양으로 옮겨 왔으며, 낙랑군을 쳐서 2천 명을 사로잡아 돌아오기도 하였다.[296] 385년, 고국양왕(故國壤王, 재위: 384~391)은 후연의 요동·현도군을 타격하고 남녀 1만 여 명을 사로잡아 돌아왔다.[297] 광개토왕은 391년에 거란을 쳐서 남녀 5백 명을 사로잡고, 그와 함께 본국에서 잡혀가 있던 백성 1만 여 명을 수습하여 데리고 돌아왔다.[298] 또 백제를 비롯한 주변국과의 전쟁에서 수천 명의 병력이나 가축들을 확보해 온 성과가 문헌과 왕의 비문에서 다 같이 확인된다.

특히 광개토왕비에는 왕이 정복 활동에서 확보해 온 포로 집단, 즉 '신래한예(新來韓穢)'를 왕실의 묘역을 관리하는 수묘인(守墓人)으로 활용하고 있는 대목이 눈길을 끈다. 포로로 압송되어 와서 왕릉을 관리한다는 것이 영예로운 일은 아닐지라도, 어쨌든 백제를 위시한 남방으로부터의 이주민들은 고구려에서 단순한 생산 활동뿐 아니라 이른바 국역(國役)의 공식 체계에도 편입되어 역할을 하였던 것이다. 그러한 추이는 삼국 모두에서 확인되었다.

위의 유주자사 관구검이 고구려를 압박하던 때의 일이다. 백제 고이왕은 낙랑군이 관구검의 군사행동에 동원된 틈을 노려 낙랑의 변경 주민들을 습격해 잡아 왔다. 그러나 격분한 낙랑태수의 침공을 우려하다가 그만 그 주민들을 돌려보내고 말았다.[299] 이것은 대외 전쟁의 동인 가운데 차지하는 인간 자체의 비중을 제대로 웅변하는 사건이다. 이처럼 노략한 주민들을 송환하는 것은 보복 전쟁을 방지하거나 화친을 위한 전제 조건이 되었다. 당 고종이 의자왕에게 신라와의 관계 개선을 종용하면서 제안한 바가 그 사례이다.

"왕은 겸병한 신라의 성들을 모두 그 본국에게 돌려주어야 할 것이며, 신라가 잡아간 백제의 포로들 역시 왕에게 돌려보낼 일이다."[300]

이것은 일찍이 당고조가 고구려 영류왕에게 제안하여 실효를 거둔 방식이기도 하다. 고조는 수나라의 많은 전사들이 고구려에 몰입되어 있는 상황을 거론하면서 상호관계를 개선하고자 하였다. 그리하여 그 스스로 먼저 중국 내에서 살고 있는 고구려 사람들을 샅샅이 찾아내서 고구려로 돌려보냈다. 영류왕 역시 국내의 중국 사람들을 전부 찾아 모아서 돌려보내니 그 수가 만여 명에 달하였다고 한다.[301]

무엇보다 삼국이 고대국가로서 경험을 집적해 가는 데 동반하여 일정한 국토 관념도 성숙해 갔던 것 같다. 예컨대 6세기 말 영양왕

대의 온달이 신라를 겨냥하여 토로한 출정의 명분과 목표를 주목한다. 그는 영양왕에게 이렇게 아뢰었다.

"생각하건대 신라가 우리 한수 이북의 땅을 베어 가서 군현으로 삼으니 백성들이 통분하고 한스럽게 여겨 한 번도 부모의 나라를 잊은 적이 없사옵니다. 원하오니 대왕께서는 저를 어리석고 어질지 못하다 하지 마시고 군사를 내주시어 한 번 쳐들어가 반드시 우리 땅을 되찾아오게 하소서."

영양왕의 허락을 받자, 온달은 출정에 앞서서 다시 맹세하였다.

"계립현(鷄立峴)과 죽령(竹嶺) 이서 지역을 되찾아오지 못한다면 나는 돌아오지 않으리라."[302]

즉 고구려가 적극적으로 영토를 팽창하면서 성읍을 확보해 갔던 것처럼, 신라 역시 고구려의 남부 영토를 점유하여 자국의 군현으로 편제하였던 것이다. 특히 온달의 맹세를 보면 이즈음 고구려인들은 자국의 고유한 영토 범위를 계립현과 죽령 이서, 즉 오늘의 영남지역과 충청지역을 가르는 소백산맥의 주요 교통로를 기준으로 설정하고 있었음을 알게 된다. 계립현은 지금의 새재, 즉 조령(鳥嶺) 동북쪽 하늘재로 불리는 교통로로 생각한다. 이보다 앞선 시기에 고구려의 군사적 영향권은 한동안 소백산맥 남쪽 신라 영토 깊숙이 침투해 있었지만, 6세기 말부터 이후로는 적어도 소백산맥 서북방 지역까지는 회복해야 할 자국의 영토라고 인식하고 있었던 것이다.

삼국이 오랫동안 화친과 갈등을 반복하면서 경험한 영역의 추이 가운데 어떤 시점의 현상을 자국의 고유한 영토 공간이라고 인식할 것인가 하는 문제는 사실 지극히 주관적이며 인식 당시의 현재적 사태에 불과하다. 그럼에도 불구하고 저와 같은 국토 의식은 결국 또 다른 전쟁의 명분으로 되살아나곤 하였다.

한 예로 642년 백제 의자왕이 신라의 서변 40여 성을 쳐서 빼앗아 자국 영토로 편입했을 때의 일이다. 대단한 규모의 상실이다. 충격적 사태를 당한 신라는 김춘추를 청병사로 삼아 고구려에 파견하였다. 그러나 고구려는 군사 파견의 전제 조건으로 자국의 '본래 영토'를 회복하고자 하였다.

"죽령은 본래 우리 땅이니 너희가 만약 죽령 서북쪽 땅을 돌려준다면 군사를 내줄 수 있으리라."[303]

이로써 고구려를 향한 신라의 군사 요청 교섭은 실패하였다. 고구려와 백제의 이어지는 군사 압력에 시달리던 신라는 다시 당에 군사 협조를 요청하였다. 당 태종은 신라의 요청에 일부 부응하였다. 그는 고구려에 사신을 파견하여 신라에 대한 군사행동을 제지하고자

그림 41 남한강을 내려다보는 온달산성 성벽, 충청북도 단양군

하였다. 그러나 태종의 사신에게 연개소문이 대응한 논리는 의연히 회복해야 할 자국의 고유한 영토관 그것이었다.

"고구려와 신라는 원수가 되어 틈이 벌어진 지 이미 오래이다. 지난날 수가 침략했을 때 신라가 그 틈을 타서 고구려의 5백 리 땅을 탈취해 성읍을 모두 차지하였다. 그 땅과 성들을 돌려주지 않는다면 이 전쟁은 아마 그만둘 수 없을 것이다."

전쟁의 명분과 승리의 동력

요컨대 전쟁의 명분이 나라의 고토(故土)를 회복한다는 것이라, 자국사 중심의 기억은 늘 불화의 토양으로 작동하게 될 것이다. 실제로 수의 양제와 당의 태종은 바로 저 고토 회복을 중요한 거병의 명분으로 삼아 고구려에 군사력을 집중하였다. 7세기 고구려를 향해 위험한 관심을 키웠던 수와 당의 황제들을 고무시킨 배구(裵矩)의 논리를 본다.

> "고구려의 땅은 본래 고죽국(孤竹國)으로, 주대(周代)에 그곳을 기자(箕子)에게 봉했다가 한(漢)나라 때 나누어 3군(郡)으로 하였으며, 진(晉)나라 역시 요동을 통할하였는데 지금에 와서는 신하 노릇을 하지 않고 별개의 다른 지역이 되어 버렸으니, 이 때문에 선제(先帝)께서 근심하여 정복하려 하신 지가 오래되었습니다. 다만 양량(楊諒)이 못나서 군사를 내었다가 공적을 이루지 못하였지만, 폐하의 시절을 만나 어찌 애써 바로잡지 않아 이 예의가 두터웠던 지역[冠帶之境]을 끝내 오랑캐 소

굴이 되게 할 수 있겠습니까?"[304]

배구의 발언은 '중국의 고토 회복'이라는 인식과 명분을 핵심으로 한 것이다. 이것이 호전적인 양제에게 실제적인 영향을 끼쳤을 것이야 두말할 나위가 없다. 배구의 의견은 저 유명한 백이(伯夷)의 고죽국과, 기자(箕子)의 조선과, 한 제국의 군현을 거쳐, 고구려로 이어지는 역사 공간의 추이에 기반을 두고 있다. 그로 인해 '고구려는 회복해야 할 중국의 고토'라는 도발적 인식은 612년 양제의 동정조(東征詔)에서 한결 단호한 목표로 재현되었다. 그리고 이것이 다시 당 태종에게로 이어졌다.

결국 당 태종에게 '고구려는 본래 4군의 땅'이었을 뿐이다.[305] 그는 마침내 직접 출정군을 거느리고 낙양(洛陽)을 떠나 645년 3월 정주(定州)에 도착하여, 고구려에 대한 개전(開戰)의 명분을 다시 한번 천명하였다.

> "요동은 본래 중국의 땅이다. 수는 네 번이나 군사를 출동시켰으나 이곳을 찾아오지 못하였다. 내가 지금 동방을 정벌하는 것은, 중국을 위해서는 전몰한 자제들의 원수를 갚고자 하는 것이고, 고구려에 대해서는 시해당한 임금의 치욕을 씻어주려는 것일 뿐이다. 게다가 사방의 구석까지 크게 평정되었는데 오직 이 고구려만이 평정되지 않았기 때문에, 내가 더 늙기 전에 사대부들의 남은 힘을 가지고 이 땅을 되찾으려는 것이다."[306]

태종의 논리에는 중국의 고토 회복 외에 중국의 패배에 대한 복수와 시해당한 영류왕의 치욕을 씻어 준다는 명분이 추가되었다. 물론 명분은 명분일 뿐이다. 사실 수의 양제든 당의 태종이든, 그들의 남루한 현시욕은 그만두더라도, 고구려를 마침내 패멸시키고야 말려는 그들의 집요한 승벽 앞에 정작 명분은 궁색하였다.

일찍이 양제에 맞서 양현감(楊玄感)과 거사를 함께했던 이밀(李密)은 617년에 낙양을 포위한 채 여러 군현에 수의 죄상을 나열하여 포고한 적이 있다. 그 가운데 일곱 번째로 든 수의 죄가 곧 고구려를 상대로 한 전쟁이었다. 특히 그는 "요수(遼水)의 동쪽은 조선의 땅으로 우공(禹貢)편에는 이를 황복(荒服)으로 여겼고, 주왕도 밀쳐 두어 신하로 여기지 않았다"라고 지적하였다.[307] 황복은 중국을 중심으로 한 주변 공간 인식에서 만이(蠻夷)가 사는 지역조차도 벗어난 가장 먼 외지를 가리킨다.[308] 하물며 중국이 회복해야 할 고토일 리는 만무하였다. 이밀의 저 논리는 양제 당시 지식인 일반이 지니고 있던 고구려 인식의 일면을 반영한다.

이에 비해 전투 현장에 참여하는 장졸들의 기대는 비교적 분명하다. 진흥왕 대 화랑으로서 가라국(加羅國) 공략 전투에 지휘관으로 참여하여 인상적인 군공을 세운 사다함(斯多含)의 사례로 이 문제를 음미해 볼 수 있다. 승전 후 왕은 그의 공을 포상하여 가라국 사람 3백 명을 내려 주었다. 그러나 사다함은 받는 즉시 모두 풀어 주어 한 사람도 남기지 않았다. 또 하사한 밭도 굳이 사양하다가, 왕이 강권하자 알천의 불모지를 내려 줄 것을 청했을 뿐이었다 한다.[309] 이 이야기는 본래 사다함의 맑은 성품의 증거로 거론되었지만, 대외 전쟁의 승리가 지니고 있는 일반적인 포상 혹은 장졸들의 기대를 짐작하는 소재로도 충분하다.

당 태종이 고구려 백암성(白巖城)을 처리하는 방식도 흥미로운 예증이 된다. 645년, 태종이 요동성을 제압했을 때, 백암성 성주가 항복을 청하였다가 얼마 후 후회하고 번복한 일이 있었다. 이에 태종이 천명하였다.

"성을 빼앗으면 성 안의 사람들과 물건들은 반드시 모두 다 전투에 참여한 사졸들에게 상으로 주겠다."

그러나 곧바로 백암성주는 다시 태종에게 항복할 뜻을 전하였다. 태종은 다시 이에 동의하였다. 그러자 태종과 함께 공성전을 지휘하던 대총관(大總管) 이세적(李世勣)이 갑옷 입은 군사 수십 명을 거느리고 와서 항의하였다.

"사졸들이 다투어 화살과 돌을 무릅쓰고 자신의 죽음을 돌아보지 않는 것은 노획물을 욕심내기 때문일 뿐입니다. 이제 성이 거의 함락되려 하는데 어찌하여 또다시 저들의 항복을 받아들여 싸우는 군사들의 마음을 저버리려 하십니까?"

이적은 육군의 최고 지휘자인 데다가 바로 직전에 요동성을 함락시켜 정에 병력 1만 여명과 남녀 주민 4만 명과 군량 50만 석을 노획한 전공 장군이었다. 게다가 갑옷을 갖춘 채 가시권에 들어온 전리품에 대한 욕망으로 들뜬 수십 명의 휘하를 거느리고 왔으니, 자못 불온한 항의였다. 태종은 곧바로 타고 있던 말에서 내려 사과하고 또 제안하였다.

"장군의 말이 옳도다. 그러나 군사를 풀어놓아 사람을 죽이고 그 처자식을 사로잡게 하는 것은 내가 차마 할 수 없다. 장군의 휘하에서 공이 있는 이들에게는 내가 창고의 물건으로 상을 줄 것이니, 바라건대 장군에게서 이 성 하나를 사고자 한다."[310]

이로써 사태가 수습이 되기는 하였지만, 전투를 감당하는 장졸들의 욕망은 전쟁의 승패에도 적지 않은 비중으로 개입하고 있었던 것을 짐작할 수 있다.

그림 42 고구려 백암성과 태자하(太子河), 중국 요녕성 요양시

전쟁의 규모가 커질수록 전쟁의 승패는 가장 먼저 왕의 권력과 권위에 영향을 끼친다. 668년 9월, 신라가 당군과 함께 고구려 평양성을 함락시킴으로써 삼국의 공간을 휩쓸었던 오랜 전란이 마침내 일단락되었다. 당은 보장왕을 비롯한 왕실 인물과 대신들 그리고 무려 20여 만 명을 당으로 압송해 갔다. 한 달 뒤 문무왕은 평양성 전투에 기여한 지휘부를 포상하였다. 포상은 주로 관위의 수여와 곡물의

지급이었으며, 여기에는 전사자도 배제되지 않았다. 비록 한 차례의 사례에 불과하지만 그 규모를 짐작하기 위해 인용해 본다.

겨울 10월 22일에 김유신에게 태대각간(太大角干)의 관위를 내려 주고, 김인문에게는 대각간을 주었으며, 그 밖에 이찬(伊飡)의 장군 등은 모두 각간으로 삼고, 소판(蘇判) 이하는 모두 관위를 1등급씩 올려 주었다. 대당소감(大幢少監) 본득(本得)은 사천(蛇川) 전투에서 공로가 으뜸이었고, 한산주소감(漢山州少監) 박경한(朴京漢)은 평양성 안에서 군주(軍主) 술탈(述脫)을 죽여 공로가 으뜸이었으며, 흑악령(黑嶽令) 선극(宣極)은 평양성 대문 전투에서 공로가 으뜸이었으므로, 모두 일길찬(一吉飡)의 관위를 수여하고 조(租) 1천 석을 내려 주었다. 서당당주(誓幢幢主) 김둔산(金遁山)은 평양 군영 전투에서 공로가 으뜸이었으므로, 사찬(沙飡)의 관위를 수여하고 조 7백 석을 내려 주었다. 군사(軍師)인 남한산의 북거(北渠)는 평양성 북문 전투에서 공로가 으뜸이었으므로, 술간(述干)의 관위를 수여하고 벼 1천 석을 내려 주었다. 군사인 부양(斧壤)의 구기(仇杞)는 평양의 남교(南橋) 전투에서 공로가 으뜸이었으므로, 술간의 관위를 수여하고 벼 7백 석을 내려 주었다. 가군사(假軍師)인 비열홀(比列忽)의 세활(世活)은 평양의 소성(少城) 전투에서 공로가 으뜸이었으므로, 고간(高干)의 관위를 수여하고 벼 5백 석을 내려 주었다. 한산주소감 김상경(金相京)은 사천 전투에서 전사하였는데 공로가 으뜸이었으므로, 일길찬의 관위를 수여하고 조 1천 석

이른 시기의 전쟁 지휘부가 경략한 토지와 탈취한 인민을 가장 대표적인 승리의 구체적 결실로 간주하였다면, 국가 체제가 완정된 상태에서 이제 왕들은 관료 체계 내의 지위와 국가의 공식적인 재정 운용으로 포상을 정형화해 갔던 것이다.

거듭된 군공을 세운 결과로 특정인이 비대해진 토지와 인민을 직접 장악하는 것은 사실 왕권에 도움이 되지 않는다. 왕들은 세력 있는 이들의 물리적 토대를 경계하지 않을 수 없다. 대무신왕의 큰아들 호동이 낙랑 정벌에 탁월한 공을 세운 뒤 도리어 자살하고 만 비극을 기억할 일이다. 물론 그 사건은 왕위 계승을 둘러싼 정치 세력 간의 갈등에서 비롯한 것이지만, 승리의 주역이었던 호동의 정치력이 비상하게 증대한 탓인 것만은 부정할 수 없다. 숙신(肅愼) 경략에 큰 성과를 거두어 중외의 정치력과 백성들의 중망(衆望)이 지대하였던 서천왕의 아우 달가(達賈) 역시, 바로 그 실력과 중망 때문에 서천왕의 아들 봉상왕에 의해 살해당하고 말았던 것이다.

2) 고대적 질서의 균열

전리품에 대한 욕망이 전투력의 동인이 되고 마침내 승패를 가르는 사회라면, 국가로서는 아직 미숙한 단계라고 해야 할 것이다. 동북아시아의 주요 국가들이 모두 명운을 건 쟁패전으로 치닫게 되는 7세기에 접어들면서 삼국인들 사이에서는 얼마간 국가 의식, 국민 의식이 발아하고 무르익기 시작했다고 생각한다. 다시 말해 전쟁의 동기와 명분 가운데 물리적 토대나 추상적 복수가 아니라 자신들이 속한 국가의 국민으로서 지녀야 할 윤리 의식이 비교적 자주 거론되고 개입하게 되었다. 다 아는 것처럼 7세기의 국제 전쟁에서 신라가 마지막 승자가 된 데에는, 바로 그와 같은 국민 의식을 바탕에 둔 순국의 윤리가 고구려나 백제에 비해 현저하게 강렬했기 때문이라고 판단한다.

길항하는 왕과 귀족

전쟁 지휘부나 사병들의 전리품에 대한 기대는 일반적으로 그들의 전투력에 기여한다. 그러나 교전 상대가 정착 공간을 특정할 수 없을 정도로 유동적 집단이거나, 전쟁에서 승리하더라도 현실적으로 점유의 실익이 없는 경우도 있다. 고대 삼국의 역사 전개에 빈번하게 등장하는 말갈은 여기에 근사한 사례가 된다.

말갈로 불린 세력은 고구려와 백제에서는 건국 시조 대에 이미 우호적이지 않은 외압으로 출몰하고 있었다. 어떤 경우든지 그들은 기동력을 발휘하여 인민과 재물을 노략하고 사라졌다. 온조왕은 초기 왕도를 한강 남쪽으로 옮기기로 결정하게 만든 주요 요인으로 이들의 잦은 침략을 거론한 바 있다. 그러나 천도는 결과적으로 말갈에 대한 항구적인 대비책이 되지는 못하였다. 말갈의 침입은 이후에도 그치지 않았다.

그런데 천도 후의 교전에서 말갈 포로들에 대한 온조왕의 조치가 흥미를 끈다. 대개 수확기를 노려 약탈을 감행하는 경향을 보여 온 말갈을 맞아, 온조왕은 직접 전투를 지휘하여 승리하였다. 왕은 말갈의 추장을 마한의 왕에게 압송하는 한편, 나머지 포로들은 모두 파묻어 죽여 버렸다.[312] 물론 이후의 교전에서 사로잡은 말갈 포로들을 전투에 참여한 장수와 사졸들에게 나누어 준 경우도, 딱 한 번의 사례이지만 없지는 않다.[313] 병사들은 노동력을 지닌 남성들일 것이므로, 어떤 경우든지 전쟁 포로는 승리한 장병들에게 베푸는 포상의 주요 물목이었다. 그러나 그 때문에서라도 온조왕이 포로들을 파묻어 버린 조치는 흥미를 끄는 것이다.

이와 관련하여 당 태종이 안시성을 구원하러 왔다가 항복한 고연수(高延壽)와 고혜진(高惠眞)의 병력을 처리하는 방식도 주의할 만하다. 포로 규모는 군사 3만 6천 8백 명이었다. 태종은 이 가운데 욕살(褥薩) 이하 지휘관 3천 5백 명을 가려내 당나라 경내로 옮기고, 나머지는 다 풀어주어 평양으로 돌아가게 하였다. 반면, 고구려의 전력으로 동원된 말갈 군사 3천 3백 명은 모두 파묻어 죽여 버렸다.[314] 풀려난 고구려 병사들이 당에 대항하는 전투력으로 회귀하지 않을 것임을 확신한 처사이자, 고구려에 군사적으로 통제되고 있던 일부 말갈 집단에 대한 엄중한 경고였다.

비록 시기가 크게 차이나는 두 사건이지만 말갈 포로에 대한 처리 방식은 그들이 고구려나 백제의 주민 속성과는 분별되는 존재였음을 짐작하게 한다. 이러한 처리 방식에는 물론 일차적으로 전쟁 상대 집단에 대한 적개심이 작용하였겠지만, 그 이면에 자리한 사회·문화적인 이질성을 고려해야 할 것이다. 말갈은 뒷날 발해국이 건국

되기 전까지는 스스로 국가 단계를 구성해 본 경험이 없었다. 또한 농경을 중심에 둔 삼국의 주민들과는 다른 생업 전략을 취하였던 집단으로 보인다.

이를 확대하여 말하자면, 출처가 유동적이며 근거 또한 불투명한 그들은 경제적 혹은 문화적 측면에서 삼국의 주민들에 비해 활용가치가 저열하였을 것이다. 일방적으로 방어전을 치르기에 급급하였던 백제와 신라 측에서는 말갈과의 교전에서 승리한다 하여 기대할 바가 그다지 없었다는 말이기도 하다.

2세기에 들어서면서 말갈의 침탈은 신라에 집중하였다. 특히 일성이사금(逸聖尼師今, 재위: 134~154) 대에 말갈은 자주 신라 북변을 침탈하여 방어 시설을 파괴하고 주민들을 약탈하였다. 목책을 수리하여 다시 방비 태세를 다잡으면서도 왕은 근본적인 해결을 모색하였다. 전략을 세워 말갈을 선제적으로 쳐서 제압하자는 것이다. 논의에 참여한 주요 신료들의 구체적인 의사는 지금 확인할 길이 없다. 그러나 중앙과 지방의 군사 관련 일을 아울러 관장하던 이찬 웅선(雄宣)이 왕의 구상은 가능하지 않다고 답하였다. 이로써 논의는 중단되었다.[315] 웅선이 불가능하다고 주장한 이유 역시 지금으로서는 알 도리가 없다.

그러나 신라의 처지에서는 오직 '북쪽에 위치한 공격적 침구 세력'이었을 뿐인 말갈을 효과적으로 공략할 방안이 마땅치 않았을 것이다.[316] 그런 만큼 실제 전투를 지휘하고 참여하는 당사자들에게 제공할 구체적인 실익도 기대하기 어려웠을 것이라고 추측한다. 다시 말해 말갈이란 고대 삼국 특히 백제와 신라에게는 유동적 침구 세력으로서, 전쟁의 승리가 의미하는 바의 토지와 노동력의 확보라는 가시적 전리품을 기대하기 난망한 존재였다. 삼국의 주민에게 그들은 두려우면서도 혐오스러우며 미개하고 광포한 약탈자였을 뿐이다.

말갈의 사례와 마찬가지로, 신라 상대(上代)의 역사 경험에 개입되어 있는 여러 형태의 왜 역시 '바다 건너에 위치한 유동적 침략 세력'으로 규정되었다. 왜는 신라에 대한 우호와 침습을 반복하면서, 『삼국사기』 「신라본기」 가운데 어느 다른 세력보다도 빈번하게 기록된 존재였다. 신라는 수세적 방어와 곤혹스러운 대안 마련에 부심했지만, 물자와 인명의 손실을 수습하지 못하였다. 왜 혹은 왜인이나 왜병으로 표기된 이 집단들의 근거와 실체를 둘러싸고 그동안 많은 논의가 있어 왔다. 그들을 그저 오늘의 일본 열도 주민들로만 보기에는 집단의 규모나 약탈의 정황, 그리고 항해 기술이나 조직 역량 등이 당시의 역사적 대세를 벗어나 있기 때문이다.

여하튼 마땅한 대안을 찾지 못한 신라인들에게 왜는 무척 두려운 존재였다. 수도의 주민들은 심지어 왜병이 몰려온다는 헛소문만 듣고도 앞을 다투어 산골짜기로 도망가 숨을 지경이었다.[317] 아마 해변의 주민들이나 해변에서 가까운 수도의 주민들은 왕조의 군사적 대응 이전에 이미 왜인들에게 크게 유린되는 상황을 피할 수 없었던 듯하다. 따라서 일반 백성들에게 왜의 침탈은 일종의 불가항력적 통제 불능의 대상이었을 것이다. 그들은 동쪽에서 거센 바람이 불어와 나무가 꺾이고 기와가 날아가는 자연현상에서조차 왜병의 공격을 예단할 정도였다.

그럼에도 불구하고 몇 차례 왕이 주도한 선제공격의 제안은 귀족들에 의해 번번이 좌절되었다. 295년, 유례이사금은 백제와 연합해 바다를 건너가 왜국을 공격할 것을 모색하였다. 그러나 서불한(舒弗邯) 홍권(弘權)이 수전의 불리함과 백제에 대한 불신을 들어 반대하였다. 서불한은 17관위 가운데 1등인 이벌찬(伊伐湌)을 가리키는 말이니, 귀족 집단의 대표라 할 수 있다.

"왜인들이 우리 성읍을 여러 차례 침범해 백성이 편안하게 살 수가 없으니, 내가 백제와 함께 계책을 내서 일시에 바다를 건너 들어가 그 나라를 치고자 하는데 어떻게 생각하는가?"

"저희들은 수전에 익숙하지 못하니 위험을 무릅쓰고 멀리 나가 싸우다가 예측하지 못한 위험이 있을까 두렵고, 더구나 백제는 속임수가 많아서 늘 우리나라를 집어삼킬 마음을 가지고 있으니 역시 함께 일을 도모하기는 어려울 것 같습니다."[318]

물론 이들의 대화는 「백제본기」에 왜 관련 기사가 처음 등장하는 아신왕 6년(397)보다 무려 백여 년이나 앞서는 시기의 일일 뿐만 아니라, 백제와 신라가 군사적 협력을 실현할 만한 조건이 갖추어져 있지 않았으므로, 왕의 제안이나 홍권의 반대 모두 그 실제를 수긍하기가 쉽지는 않다. 그런데 그 뒤 실성이사금이 왜인들의 대마도 군영을 치고자 했을 때도 역시 서불한 미사품(未斯品)의 반대에 부딪쳤다. 왕은 왜인들이 대마도에 군영을 설치하고 무기와 군량을 비축하고서 우리를 습격하려 한다는 말을 들었기 때문에, 그들이 군사를 미처 일으키기 전에 먼저 정예병을 뽑아 그들의 군사시설을 치자는 것이었다. 적들의 근거와 동태가 명료한 경우이므로 타당한 대비책이라고 할 만하다. 그러나 서불한이 반대하였다.

"제가 듣건대 '무기란 흉한 도구요, 싸움이란 위험한 일이다'라고 하였습니다. 하물며 큰 바다를 건너서 다른 나라를 치다가 만일 실패한다면, 그때는 후회해도 소용이 없을 것입니다. 차라리 험한 곳에 의지해 관문을 설치하여 그들이 오면 막아서 우리를 침범해 어지럽히지 못하게 하고, 유리할 때는 나가 사로잡는 것만 못합니다. 이것이 이른바 '남을 이용할 것이요, 남에게 이용당하지 않아야 한다'라는 것이니, 대책 가운데 으뜸일 것입니다."[319]

반대의 논변은 "무기란 흉한 도구요, 싸움이란 위험한 일이다"라는[320] 다소 추상적 당위론과 함께, 적대 세력에 대한 대책으로 "남을 이용할 것이요, 남에게 이용당하지 않아야 한다"라는[321] 역시 소극적 전술로 구성되어 있다. 그와 같은 논변이 당시 왜의 약탈적 침구에 시달리는 신라에게 적실한 현실적 대응이라고 보기 어렵다는 것이야 명백하였다. 그러나 왕들은 서불한들의 반대를 이겨 내지 못하였다. 이처럼 왜에 대한 대책이 무위에 그치고 만 두 차례의 사례는, 일성이사금이 말갈을 선제공격하려 하였으나 이찬 웅선의 반대에 부딪치면서 논의가 무산되었던 것과 매우 유사하다.[322]

요컨대 말갈과 왜는 주로 경제적 약탈을 자행하는 유동적 집단으로서, 신라의 처지에서는 선제공격을 통한 전리품의 획득이 사실상 불가능한 방어의 대상일 뿐이었다. 이 때문에 대외 전쟁의 실질적 주체라고 할 수 있는 귀족 세력의 대응은 국왕의 적극적 태도와는 달랐던 것이다.[323] 또 다른 예로, 흘해이사금(訖解尼師今, 재위: 310~356)은 금성을 공격하는 왜병을 서둘러 퇴치하려 했으나, 이벌찬 강세(康世)가 반대하여 군량이 다한 왜병이 스스로 퇴군할 때까지 방관하였다.[324] 이처럼 방어 전쟁에서도 귀족 세력은 대체로 자신들의 이해관계에 직결되지 않은 왜병에 대해 소극적이었다.

왕권의 고양과 통치 이념의 성숙

한편 고대국가의 경험이 쌓이고 체제가 정비되면서 사회가 성숙하는 과정은, 사회 구성원들 사이에서 일상의 생활 정서뿐 아니라 한 나라의 국민으로서의 자의식이 점차 형성되는 과정과 짝한다. 당연히 국왕은 그의 신민 사이에 공유된 국민 의식이 국가에 대한 강렬한 충성심으로 전화되기를 바랐겠다. 그러나 천제의 아들이라거나 알을 깨고 태어났다는 등의 비상한 출생으로 증명되는바, 하늘로부터 왕에게 부여된 비현실적 신성성의 설득력은 이미 크게 약화되었다. 물론 5세기 이후 불교는 한결 세련된 논리로 삼국 왕실의 신성성에 기여할 수 있었다. 사실 불교를 적극적으로 수용하게 된 왕들은 그로부터 새로운 통치 이념을 발견하였던 것이다.

신라 법흥왕부터 진덕왕에 이르는 여섯 왕들이 즉위하였던 이른바 중고(中古) 시기는 바로 그 불교 교리가 통치 이념의 주요 기반을 이루었던 전형적 시대였다. 중고 왕권은 불교의 진종설(眞種說)과 왕즉불(王卽佛) 사상을 통해 왕권의 신성화를 표방함으로써 불교식 왕명의 시대를 열었다. 진종설이란 신라의 왕족을 석가모니의 출신 종족인 찰제리종(刹帝利種)과 동일시하는 왕권 강화책이었다. 왕즉불 사상 역시 현실의 왕과 부처를 동일시하는 관념인 셈이다. 이로써 왕권 의식은 또 한 차례 고양되었다. 그것은 자주적 연호(年號)의 제정과 사용, 국사(國史)의 편찬, 순수비(巡狩碑)의 건립 등으로 표출되었다.[325]

그러나 예컨대 법흥왕과 진흥왕은 물론 그 두 왕의 비(妃)들까

지 거듭 사찰에 사신(捨身) 행위를 한 것은 결국 왕법(王法)에 대한 불법
(佛法)의 우위를 의미하는 것이다.[326] 불교는 전생의 업보로 현생을 설
명하되, 그와 함께 내세를 위하여 현세는 준비되고 다스려져야 한다
고 말한다. 말하자면 불법은 지금 여기의 질서와 지향이 각각 전생과
내세에 의해 규정되거나 제한된다는 논리이기도 한 것이다.

이와 관련하여 7세기의 문장가 강수(强首)에게 그의 아버지가
불교와 유학 가운데 어떤 지식 체계를 전공할 것인가 물었던 적이 있
다. 강수의 대답은 이 문제와 관련하여 대단히 함축적이다.

"제가 듣기로는 불교는 세속을 떠난 가르침이라 하니, 저와 같
은 세속의 사람이 어찌 불교를 공부하겠습니까? 유학의 도를 배우고
자 합니다."[327]

요컨대 세속의 권력은 유학의 논리가 필요하였다. 왕들은 유
학의 군신 간의 불변적이고도 수직적인 위계가 훨씬 더 유력한 가치
인 것이다. 가족 윤리로서 효(孝)를 국가 윤리의 충(忠)으로 확충해 가
는 것이 유학의 논리이거니와, 그에 따르면 효의 극단은 충마저 온전
하게 한다. 그러나 일가의 문제가 곧 일국의 안위와 일체를 이룬다는
생각은 사람들의 일상적 본성에 반하는 것이며, 또 다른 의미에서 비
현실적 이념이라고 할 것이다. 그리고 그러한 위압적 태세가 휩쓸게
되는 7세기에 종래의 고대적 정서와 가치들은 균열과 파괴를 피할 수
없었다고 판단한다. 이른바 왕사(王事)를 위하여 목숨을 던져 버리는
폭력적 순국주의가 그 진원이었다.

백제 멸망기의 충신으로 회자되는 계백 장군을 이 문제와 관
련하여 다시 생각해 본다. 2003년에 개봉한 〈황산벌〉이라는 영화가

있다. 말기적 상황에 처한 의자왕은 계백으로 하여금 5천 명의 결사대를 이끌고 신라 김유신의 5만 병력을 막게 하였다. 영화 〈황산벌〉은 출정을 앞둔 계백 장군이 그의 처자와 작별하는 대목을 적극적으로 재해석하여 건조한 문헌 정보에 생동감을 불어 넣었다. 애초에 『삼국사기』 「열전」 서술자는 그 대목에서 계백이 말한 바를 이렇게 전하고 있다.

그림 43 계백 표준영정, 삼충사(三忠祠)

"한 나라의 백성으로 당과 신라의 대군을 맞이하였으니, 이 나라의 존망을 알 수 없도다. 내 처자식이 적들에게 잡혀 노비가 될까 두려운바, 살아서 욕을 당하느니 차라리 장쾌하게 죽는 편이 나으리라."[328]

그리고 처자식을 다 죽였다고 한다. 그러나 영화 〈황산벌〉에서는 계백의 저 논리에 정면으로 맞서는 아내를 환기해 냈다. 계백은 저항하는 아내에게 자진(自盡)할 것을 절방석으로 호소한다. 그러나 계백의 아내는 남편이 붙들고 있는 명분이 얼마나 허망한가를 신랄하게 폭로한다.

"호랭이는 죽어서 꺼죽을 냉기고, 사람은 죽어서 이름을 냉긴다고 혔다! 제발 깨끗하게 가장께?!"

"뭣이 어쩌고 어쩌? 아가리는 삐뚤어졌어도 말은 똑바로 씨부

려야제. 호랭이는 가죽 땜시 디지고, 사람은 이름 땜시 디지는 거여, 이 인간아!"

이러한 재구성에 동의하지 못할 수도 있다. 그러나 그것은 온전히 진위 판별의 대상은 아니다. 다만 계백의 행위 자체와, 이를 『삼국사기』「열전」에 입전한 이의 정서에 대해서는 다시 돌아볼 이유가 많다. 계백은 그렇게 처자를 죽이고 나가 일당천의 기세로 신라의 대군에 맞서 싸우다가 결사대 전원과 함께 전사하였다.

횡행하는 국가주의

「열전」서술자는 계백에 대해 별다른 평의를 덧붙이지 않았다. 그러나 백제 장군 계백의 이야기는 「열전」7 가운데 12명의 신라인들과 함께 배치되어 있다. 해론(奚論), 소나(素那), 취도(驟徒), 눌최(訥催), 설계두(薛罽頭), 김영윤(金令胤), 관창(官昌), 김흠운(金歆運), 열기(裂起), 비령자(丕寧子), 죽죽(竹竹), 필부(匹夫), 그리고 종종 그들의 전기에 부속된 아들과 종들은 모두 7세기 신라인들로서 나랏일을 위하여 싸우다가 죽었다. 그 가운데 열기와 필부는 고구려와 교전 중에 죽었고, 특이하게도 설계두는 고구려를 침공한 당 태종의 휘하에서 싸우다가 죽었으며, 나머지는 모두 백제와의 전쟁에서 순국한 이들이다. 더구나 김영윤의 아버지이자 김유신의 조카인 반굴(盤屈)과 저 유명한 관창은 바로 황산 전투에서 계백과 싸우다가 전사하였다. 그러다 보니 그들의 순국 영웅담의 마지막에서 만나는 백제 장군 계백은 오히려 낯설기조차 하다.

반굴로 하여금 무모하게도 적진으로 돌진하게 한 것은 그의 아버지 김흠춘(金欽春)이었다.

　"신하된 이에게는 충성보다 귀중한 것이 없고, 자식의 도리로
는 효도만한 것이 없다. 이 위기를 당해 목숨을 바친다면 충성과 효
도가 함께 온전히 갖추어지리라."

　반굴은 아버지의 말을 좇아 내달려 싸우다가 죽었다. 그 뒤를
이어 관창의 아버지 김품일 장군 역시 열여섯 살의 아들에게 공명과
부귀를 독려하였다. 널리 알려진 바와 같이 계백은 관창을 사로잡았
으나 어린 그의 용기를 아껴 차마 해치지 못하고 돌려보냈다. 그러나
본진으로 돌아온 관창은 다시 적진으로 돌입하였다. 처음부터 죽지
않고서야 치욕을 피할 도리가 없는 형국이었기 때문이다. 마침내 계
백이 그의 목을 베어 말안장에 매 신라 진영에 돌려보냈다. 김품일은
아들의 목에서 흐르는 피를 닦으며 자부하였다.

　"내 아들의 얼굴이 살아있는 것만 같구나! 나랏일에 죽을 수 있
었으니 다행이로다!"

　결국 신라 지휘부가 의도했던 것처럼, 신라의 3군이 이 광경을
보고 의기가 끓어올라 전세를 반전시켜 백제군을 궤멸시켰다 한다.
그리고 보면 계백은 바로 저 신라의 젊은 순국자들의 비장감을 더욱
고양시키는 역할을 하는 것 같다. 여하튼 계백 자신은 물론 그가 주
도한 5천 결사대의 죽음 또한 이 무모한 순국주의에서 빚어진 것이
다. 어떤 이해득실의 논리나 전리품 획득의 동기가 아니라 국가주의
의 맹목성을 발견한다. 충과 효를 온전히 이루기 위해서라면 가족의
파탄을 주저하지 않아야 한다는 국가주의의 논리는 고대인들의 오랜
일상 정서에 비춰 오히려 낯선 것이다.

그러나 한껏 고양된 왕권을 중심으로 국가주의는 거의 모든 가치를 그 아래 종속시켰다. 유교적 가치야 다른 무엇보다도 그러한 사태의 중심을 이룬 사상적 기반이었으나, 불교의 사찰 조영과 불탑의 건립에도 왕조의 현세적 여망은 담겼다. 그 가운데 가장 대표적인 사례가 황룡사 구층탑(皇龍寺九層塔)일 것이다. 경문왕 12년(872)에 황룡사를 중창할 때 박거물(朴居勿)이 작문한 글에 의하면, 7세기 선덕왕(善德王) 대 신라인들은 황룡사에 구층탑을 세워 주변의 여러 나라가 귀복해 올 것을 염원하였다. 그리고 그에 힘입어 삼한을 일통하였다고 여겼다.[329]

물론 이것은 신라가 거둔 일통의 결과에서 역으로 창안된 이데올로기적 성격이 강한 전승이다. 신라가 제압할 구한(九韓)을 층별로 안배하여 1층은 일본, 2층은 중화, 3층은 오월, 4층은 탁라(托羅), 5층은 응유(鷹遊), 6층은 말갈, 7층은 단국(丹國), 8층은 여적(女狄), 9층은 예맥(穢貊)이라는 설명도 있지만[330] 시대착오가 심하다. 그러나 진골의 정치 승려 자장(慈藏)이 주도한 건탑의 시대 배경에는 7세기 전반 신라인들의 위기의식과 그로부터 비롯한 대국주의(大國主義)에 대한 열망이 있는 것이다.

불교 신앙의 주요 대상인 탑에 국가의 욕망을 담는 사고는 신라만의 일이 아니었을 것이다. 황룡사 구층탑을 세운 이가 백제에서 파견된 공장(工匠) 아비지(阿非知)였다는 전승은 여러 이유에서 의미심장하다. 그가 목탑의 심주(心柱)를 세우려는 날 꿈에 그의 나라 백제가 멸망하는 형상을 보았다. 의혹에 사로잡힌 아비지는 일손을 멈추었다. 갑자기 땅이 진동하더니 캄캄한 어둠 속에서 노승 한 사람과 장사 한 사람이 금전문(金殿門)으로부터 나와서 기둥을 세우고 사라졌다. 이에 아비지는 마음을 고쳐먹고 그 탑을 완성시켰다.[331] 어쩌면 본국의 멸망을 필연으로 받아들여 버린 셈이다.

아비지의 자포적 정서를 담은 전승이야, 10여 년 뒤 실제 징험된 백제의 멸망이라는 사태를 구층탑 조영에 담긴 신비한 위력을 설명하기 위해 가탁한 것으로 이해하면 된다.[332] '패전국 역사가 감수해야 할 운명의 한 단면'인 것이다.[333]

다만 아비지의 본국 백제에서는 그보다 몇 해 앞서서 미륵사(彌勒寺)의 서탑(西塔)을 건립한 바 있었다. 그런데 2009년에 탑신 내부 심주에서 발견된 「사리봉안기(舍利奉安記)」에 따르면, 백제 왕후인 사택적덕(沙乇積德)의 딸이 재물을 희사하여 가람을 창건하고, 기해년(639)에 사리를 봉안하였다고 한다. 이 서탑은 동북 방향의 6층까지 일부가 남아 있을 뿐이었지만, 완연히 목조 건축의 결구를 반영한 석탑이다.

그림 44 　금제사리봉영기(金製舍利奉迎記), 국립익산박물관

그림 45 해체되는 미륵사지 서탑, 전라북도 익산시

특히 미륵사는 3탑 3금당으로 기획된 사찰로서, 역시 9층으로 추정되는 중앙의 목탑이 가장 먼저 조영된 것으로 판단한다.[334] 목조탑의 명장으로 설정된 아비지의 존재란 바로 이 미륵사 목탑 건립의 경험에 기반하고 있었던 것이다.

결국 미륵사와 황룡사의 건탑에는 두 고대국가의 자기중심적 주변 인식과 이를 위한 종교의 복무가 함께 간취된다. 이것이 과연 이른바 삼국 일통의 발상과 염원에서 비롯한[335] 기획인가에 대해서는 얼른 단정하기 어렵다. 그러나 7세기 전쟁에서 고구려와 백제가 패멸한 이후의 역사는, 그러한 질문과 이해에 얼마간 힘을 실어 준다.

3) 왕조사의 파탄과 미봉

자장이 당으로부터 귀국하여 황룡사 목탑의 명분을 발의한

643년은, 신라가 대야성(大耶城)을 비롯한 40여 성을 백제에게 탈취당한 이듬해였다. 642년 가을, 대야성 성주 김품석(金品釋) 일가족이 백제 군사에게 살해당하였다. 김품석과 함께 희생된 그의 아내 고타소랑(古陀炤娘)은 김춘추의 딸이다. 이 소식을 들은 김춘추는 기둥에 기대어 서서 온종일 눈도 깜박이지 않았으며 사람이나 물건이 앞에 지나가도 깨닫지 못하더니, 이윽고 말하였다 한다.

"아아! 대장부가 어찌 백제를 집어삼키지 못할쏘냐!"[336]

그 직후 김춘추는 고구려에 군사를 청하기 위해 갔다가 실패하였으나, 다시 왜로 당으로 그야말로 동분서주하면서 백제 타멸을 위한 군사·외교적 방략을 모색하였다. 이렇게 하여 신라와 당의 군사 협약이 비롯되었다. 그러므로 642년의 대야성 공함(攻陷)은 7세기 당시 동아시아 주요 정치 세력들이 고대 삼국을 주 무대로 벌인 광범한 쟁투의 발단처럼 보인다. 실제로 660년 7월 13일, 김춘추의 아들 김법민(金法敏)은 의자왕에 앞서 항복한 왕자 융(隆)을 말 앞에 꿇어앉히고 얼굴에 침을 뱉으며 대야성의 일을 거론하였다.

"지난날 네 아비가 내 누이를 억울하게 죽여 옥중에 묻어 버린 탓에 나로 하여금 20년 동안 가슴이 아프고 골치를 앓게 하더니, 오늘에야 네 목숨이 내 손 안에 들었구나!"[337]

파국의 전조와 그 주역들

여하튼 미륵사 서탑에 사리가 봉안된 때가 639년이고 그에 앞서 구층 목탑이 건립되었을 것으로 보이므로, 신라의 황룡사 구층 목탑의 건조와 그 논리를 선구한 것은 백제였을지도 모른다. 또한 미릉사 건조 자체를 주도한 백제 무왕은 실제로 통일제국의 전륜성왕(轉輪聖王) 이념을 매개로 당시의 현실을 장악하고자 했을 가능성이 크다.[338] 백제에서 미륵사 서탑에 사리가 봉안되던 그해에 왜에서도 백제천(百濟川) 옆에 사찰과 구층탑을 세웠다. 대장(大匠)은 백제계의 서직현(書直縣)이었다.[339] 여기에서 창건이 비롯한 백제대사(百濟大寺)는 황룡사나 미륵사에 버금가는 규모였다고 한다. 백제와 왜에서 구층탑 조영을 주도한 왕들은 공교롭게도 같은 해에 사거(死去)하였다.[340]

고구려 역시 유사한 일통의 지향과 이념을 지녔을 것으로 판단한다. 동명왕이 아홉 사다리를 타고 하늘에 왕래한 것을 기념한 건물 구제궁(九梯宮)을[341] 그 열망의 표현으로 보기도 한다.[342] 그와 함께 도교를 진작하는 연개소문의 종교 정책에 반발하여 백제로 이거한 승려 보덕이 세운 영탑사(靈塔寺) 관련 연기 설화를 주목할 필요가 있다.

보덕이 『열반경(涅槃經)』 강의를 마치고 평양성 서쪽의 대보산(大寶山) 바위굴 밑에서 참선할 때였다. 웬 신인(神人)이 와서 그곳에 주

그림 46 복원된 미륵사지 서탑과 동탑

석하기를 청하면서, 땅 속에 8면 7층의 석탑이 있을 것이라고 하였다. 보덕이 땅을 파 보니 과연 그의 말과 같은지라 그곳에 영탑사를 세웠다고 한다.[343]

보덕이 조우한 신인의 역할은, 자장이 중국의 태화지(太和池)에서 황룡사 호법룡의 아버지를 자처하는 신인을 만나 구층탑 건조에 대한 조언을 얻었다 하는 전승을 환기시킨다.[344] 보덕에게 칠층 석탑을 갖춘 영탑사의 조영을 권면하였던 신인이, 보덕이 고구려를 버리고 백제로 이거한 이후 마령(馬嶺)에 나타나 고구려가 패망할 날이 머지않았다고 경고한 신인과[345] 전혀 다른 존재는 아닐 것이다. 백제에서도 전성을 구가할 때에는 왕도의 세 산에 신인들이 상주하면서 아침저녁으로 날아다녔다 한다.[346] 그러나 백제가 패망하기 한 달 전에는 신인이 아닌 귀신이 궁중에 들어와 백제가 망할 것이라고 외치고 땅으로 들어가 버렸다.

신라의 황룡사에 서린 호법룡의 존재가 신인의 지시로 알려진 것처럼, 백제의 신인 역시 백제의 운명과 함께한 호국룡의 형태로 관념되었다. 다시 말해 백제의 멸망도 용의 몰락으로 상징되었다. 멸망기 백제 왕도를 휘감아 흐르는 사비하(泗沘河) 가에 용암(龍巖)이라는 바위가 있는데, 당의 선봉장 소정방이 그 바위 위에 앉아 용을 낚았고 그로 인해 바위 위에는 용이 꿇어앉은 자취가 있다 하였다. 즉 소정방이 백제를 공격할 때 강에 임하여 건너려 하는데 홀연히 비바람이 크게 일어나므로 백마를 미끼로 용 한 마리를 낚아 올리니 잠깐 사이에 날이 개어 드디어 군사가 강을 건너 공격할 수 있었다 한다.[347] 이용의 운명은 곧 백제의 그것을 대변하는 것이었다.

위기의 7세기 중엽, 세 나라에서 방불한 건탑의 전승과 신인의 존재를 확인하는 것은 참으로 공교롭다. 그러나 신불의 조력이나 경고는 실효를 발휘하지 못하였다. 7세기의 파멸적 전쟁의 토양은 빠르게 무르익었다. 전쟁의 주역들 가운데서는 백제의 의자왕이 가장 먼저 부상하였다. 그는 즉위한 이듬해(642)에 외척을 중심으로 한 귀족 세력 40여 명을 섬으로 내쳤다.[348] 사태를 목도한 왜의 조문사는 이를 '대란(大亂)'이라고 표현하였다.[349]

이 왕권 측의 정변은 의자왕의 즉위 과정에서 이미 배태되었을 저항을 암시한다. 왕권의 정통성은 왕조 구성원의 동의 여하에 따라 강고할 수도 취약할 수도 있다. 의자왕은 일단 전국 규모의 사면 조치를 내린 후, 신라에 대한 대규모의 군사행동을 감행하였다. 취약한 권력 기반을 대외 전쟁의 성과로 보강하고자 하는 인습적 타성의 연장으로 보인다. 이 전쟁에서 신라는 대야성을 비롯한 서변 40여 성을 상실하였다. 이 전례 없는 손실은 신라의 정계에 큰 파장을 던졌고, 뒷날 국운을 건 극단적 쟁패전의 단초를 배태하였다.

백제의 공습과 그로 인해 고조된 위기감은, 신라 김춘추로 하여금 고구려에 대한 청병사(請兵使)를 자임하도록 강요하였다. 성골 왕위 계승 원칙이 현실적으로 난관에 봉착한 즈음 김춘추는 가장 유력한 진골 왕위 계승 후보였다. 그는 선덕왕과 진덕왕 치세를 통해 왕위 계승을 위한 정지 작업을 면밀하게 주도하고 있었다. 더구나 폐위된 진지왕(眞智王, 재위: 576~579)의 친손이었던 그로서는 자신에게 결코 우호적이지 않았을 당시 정치 귀족들이 구축해 놓은 기존의 권력 구도와 굴레를 극복하기 위한 권력 기반의 창출이 절실하였다. 그가 고구려를 향한 청병 외교에서 실패한 이후에도 왜국에 건너가 모종의 유대를 강화하고, 곧이어 648년에 당에 들어가 군사 결속을 추진한 것도 그와 같은 맥락에서 이해할 수 있다.

공교롭게도 연개소문의 정변은 김춘추가 경주를 떠나 고구려에 입경하는 사이에 발발한 듯하다. 642년 10월, 연개소문은 영류왕과 기성의 중앙 정계를 일소하고 전권을 장악하였다. 그의 가문은 장수왕이 평양으로 수도를 옮긴 이후 두각을 나타낸 비교적 신흥 정치 세력으로 이해되고 있다. 정변 즈음 연개소문은 부여성으로부터 요하를 따라 발해만에 이르는 천리장성 축조 공역의 책임자였다 한다. 아직 중앙 정계에 두각을 드러낸 바 없던 그가 영류왕을 비롯한 중앙 정치 귀족들을 척살하고 미증유(未曾有)의 권력 집중화를 꾀한 사건은, 동북아의 주요 왕조들에게 비상한 관심을 불러 일으켰다.

정변 직후 평양을 방문한 김춘추부터, 전혀 예측하지 못한 고구려 정정의 급변에 갈피를 잃었다. 이 두 사람의 운명적 조우는 시종 접점을 찾지 못하였다. 고구려 조정에서는 군사적 협력의 전제로 신라가 차지하고 있는 죽령 서북 일대 고구려 고토의 반환을 거론하였다. 고구려 측의 그와 같은 영토적 지향이야, 590년 출정에 임한 온달의 비장한 맹세로 미루어 볼 때, 그 진정성을 의심할 필요까지는 없겠다. 그러나 신라의 정상 외교 사절을 억류하는 것으로 당면한 목표가 실현될 리도 만무한 일이었다. 상례를 벗어난 이 사건이야말로 미처 중앙만을 장악한 연개소문 정권의 미숙성을 반영하는 징표일 수도 있다.

사실 김춘추 역시 신라의 기성 권위 체계의 본류에서 비켜서 있는 장본인으로서의 한계와 부담에서는 연개소문과 다를 바 없다고 해야 옳다. 그는 뒷날 654년 진덕왕 사후에 열린 화백회의(和白會議)에서 상대등 알천(閼川)을 추대한 최초의 의결을 번복시키며 왕위를 장악하였다. 이로부터 성립된 김춘추 직계 왕들의 집권 시기를 신라사의 중대(中代)라고 부른다.

한편 김춘추의 권력 장악 과정에는 7세기 전쟁의 걸출한 주역인 김유신이 그의 충직한 우익으로 기여하고 있었지만, 연개소문의 경우는 상황이 사뭇 달랐다. 뒷날 고구려의 안위를 결정적으로 위협하는 당 태종을 막아 낸 요동 지역의 세력부터 연개소문을 향해 매우 배타적인 정치 지향을 드러내고 있었다. 7세기 국제 전쟁의 전개에서 명암이 갈리는 두 사람의 전도에는, 그와 같은 국내 정치 환경의 차이가 유의미한 기저로 작동하였을 것이다. 그러나 그러한 차이에도 불구하고 두 사람은 기성 주류 정치 세력 사이에서 내연하는 저항을 마주하였으며, 결국 자기 권력의 안정을 위해 대외적 강경책을 선택하였다는 점에서는 다르지 않았다.

7세기의 국제적 위기의 증폭에 기여한 또 다른 변수는 당의 동방 정책이었다. 한 제국의 해체 이후 기나긴 시간 동안 분열된 남북조의 현상은, 고구려를 비롯한 우리 고대 왕조들이 일방적인 중국 중심 구심력으로부터 어느 정도 자유로울 수 있는 국제 환경이었다. 그러나 수와 당이라는 통일 제국의 출현은 전혀 새로운 국제 질서를 강요하는 변수였다. 수양제는 이른바 '탈종(奪宗)'의 황제라는 흠결에 대한 강박관념과 그에 비례하여 대외 전쟁의 성과로 스스로를 현시하고 싶은 욕망으로부터 자유롭지 못하였다. 당 태종 역시 '현무문(玄武

門)의 변(變)'이라는 일종의 쿠데타를 통해서 권력을 차지한 터라, 본질에서 양제와 다를 바 없었다. 그러나 바로 그 이유에서 그는 자신이 양제와 비교되는 것을 가장 불쾌하게 여겼다.[350]

덧붙여 645년 왜국의 대화개신(大化改新) 역시 대화정권(大和政權)을 동북아 단위의 국제관계에 비로소 의미 있는 일원으로 부상케 한 사건이었음을 지적해야 한다. 여기에 말갈과 거란 등 새외(塞外) 유목 종족들의 귀속을 둘러싼 국가들 사이의 경합과 불안한 유동성도 함께 고려할 필요가 있다. 요컨대 7세기 전반 동아시아 고대사회는 비상한 권력자들과 맹목적 국가주의의 위력이 횡행하고 있었다. 그리고 그 과정은 삼국을 무대로 한 격렬한 쟁패전으로 귀결되었다.

위기의 미봉과 위태로운 소강

전쟁의 결과 고구려와 백제는 멸망하였다. 고대인들의 설명 방식을 빌려 말하자면, 신인의 도움으로 칠층탑을 드러내 세운 보덕은 고구려를 떠났고, 구층 목탑의 명장 아비지도 백제를 떠난 때문일 것이다. 승전국인 신라와 당은 승리를 기반 삼아 안정된 왕조 질서를 구가하게 되었다. 신라와 당 사이의 영역적 갈등은 마무리되지 않았지만, 이제 신라에서는 무열왕의 직계 왕들로 이어지는 중대 왕권의 시대가 열렸다.

그로부터 머지않은 698년, 고구려의 유민 대조영(大祚榮, 재위: 698~719)이 중심이 되어 발해가 건국되었다. 발해는 고구려의 인민과 영토를 회복하면서 신라에 대치하는 태세의 왕조로 자리를 잡았다. 사람들은 이를 일러 각자의 시각에 따라 '신라의 삼국통일' 혹은 '남북국시대의 성립' 등으로 부른다.

애초에 전단을 연 것은 의자왕과 김춘추와 연개소문과 태종이었으나, 승리의 영예는 신라 문무왕과 당 고종이 향유하였다. 특히 신라는 백제와 고구려뿐 아니라 676년까지 이어진 당과의 전쟁을 수행하느라 자국민은 물론 고구려와 백제 유민들의 역량을 결집시키며 분투하였다. 세 나라가 한 집안이 된다는 일통의 명분은 이 과정에서 제법 주효한 역할을 하였을 것이다. 태자 시절부터 20여 년 동안 전장을 누벼 온 문무왕은, 죽음에 임박하여 곡진한 조서와 함께 "태자는 장사 지내기 전에 곧장 관 앞에서 왕위를 이어 오르라"는 유언을 남기고 사거하였다.

뒤이어 즉위한 신문왕은 한 달 만에 진골 고위층에 대한 대규모의 숙청을 단행하였다. 왕의 교서에 따르면, 그들은 문무왕의 상중에 반란을 도모하였다는 것이다. 거의 한 달 가까이 연루자들의 처단이 이어졌다.[351] 평화 시기가 도래하자마자 전승국에서 대규모의 반역 사건이 발생했다는 것은 왕권의 입장에서 두 가지 측면을 고려하게 한다. 하나는 오랜 전란 동안 비대해진 귀족들의 정치·군사적 실력을 탈거해야 할 필요성이다. 다른 하나는 역시 전시 상황으로 인해 그동안 방기하였던, 무열계 왕권에 반하는 정치 세력들을 거세할 필요성이다.

물론 처단된 귀족들이 실제 왕권에 반하는 움직임을 보였을 수도 있다. 문무왕 생전에도 당과의 갈등을 배경으로 반 왕적 행태를 보였다가 처형당한 한성 도독 박도유(朴都儒)나 아찬 대토(大吐)의 사례가 있었다. 좀 더 거슬러 올라가 진평왕의 사거를 앞두고 고위 귀족들이 반란을 꾀한 일이나 선덕왕 말년에 상대등이 주도한 귀족들의 반란 역시 필시 진골 왕위 계승권자들의 욕망이 빚은 일이었을 것이다.[352] 이렇게 점증하는 긴장의 국면에서도 무열왕과 문무왕 부자가 재위하던 동안의 소강상태가 가능했던 것은, 장기간의 전시 사태로 인하여 서로가 본격적인 권력 쟁투를 억지한 때문이었을 뿐이다.

따라서 승리한 왕실임에도 불구하고 중대 신라에서는 상대(上代)에는 거의 없었던 반역의 사단이 빈번하게 발생하였다. 특히 중대 무열왕가의 마지막 왕인 혜공왕 대에는 대규모의 반란이 끊이지 않다가 끝내는 왕과 왕비도 난병에게 살해되고 말았다. 그 이후 하대 신라에서는 그야말로 무장력으로 왕위를 경합하는 쟁란이 거듭되었다. 하대의 김씨 왕들은 모두 원성왕의 후손들이지만 소 가계 사이의 쟁투가 종식되지 않았으며, 물리적으로 취약한 귀족들은 장보고와 같은 군진(軍鎭) 세력에 의존하여 권력을 추구하기도 하였다. 그러다가 9세기 말이 되면 지방관들이 행정권을 집행하지 못하고, 생업을 잃은 민중들은 봉기하여 저항하는 등 국가가 혼란에 빠지고 말았다. 이른바 한국사상 가장 격렬한 분권 시대가 도래한 것이다.

왕권이 다른 귀족들에 비해 초월적 권력을 확보하게 되면서 오히려 반역의 현상이 나타나는 것은 신라만의 일이 아니었다. 우선 고구려의 경우, 비교적 이른 3세기 중천왕과 서천왕 대에 반역의 기록이 있지만, 모두 왕의 아우들이 획책한 것들이었다.[353] 따라서 이처럼 왕위 계승권에 근접한 형제들의 반란이란, 직계 아들로의 안전한 승계를 위한 국왕 측의 정략이 그 본질일 가능성이 크다. 그러나 6세기 말 양원왕 대 간주리(干朱理)의 반란은 오랫동안 도성의 지위를 누렸던 환도성(丸都城) 지역을 근거지로 삼아 중앙 권력에 도전한 반란이었다.[354] 그리고 가장 전형적인 반역은 바로 7세기 연개소문의 정변이었다.

백제의 경우도 다르지 않다. 4세기 초 비류왕의 아우가 내신좌평(內臣佐平)으로서 반역했다가 토벌을 당하였는데,[355] 역시 왕권의 선제적 조치였던 것 같다. 비류왕의 아들은 저 유명한 근초고왕이다. 그 뒤 475년에 수도 한성(漢城)을 장수왕에게 빼앗기면서 개로왕이 적의 손에 피살되었다.

그런데 왕도를 상실하고 급히 웅진으로 천도한 문주왕은 자신이 임명한 병관좌평(兵官佐平) 해구(解仇)의 자객에게 피살되었다. 해구의 무리는 다시 문주왕의 아들인 삼근왕(三斤王)을 향해 대두성(大豆城)을 근거로 반란을 일으켰다가 처단되었다.[356] 그 뒤 위사좌평(衛士佐平) 백가(苩加)가 자객을 시켜 동성왕을 저격해 살해하고, 가림성(加林城)을 근거지로 삼아 반란했다가 동성왕을 이어 즉위한 무령왕의 손에 참수당하였다.[357] 외부적 요인에 떠밀려 천도하다 보니 그 직후 왕실의 지역 기반이 취약한 상황이었지만, 왕의 지위가 신성불가침한 것이 아니라 물리적 실력으로 쟁취할 수 있다는 인식에서 비롯한 사건들인 것이다.

요컨대 서로 유사한 위기의 현실과 대안을 지닌 채 국제 전쟁에 휩싸였던 세 왕조들 가운데 신라는 요행히도 자기 질서를 지켜 냈다. 다른 두 나라의 인민과 영토의 전부는 아니라 해도 이들을 아우르게 된 신라의 역량은 개전 이전에 비해 월등히 비대해졌다. 삼한은 '한 집안'을 이루었으며, 그것은 9주(九州)로 관념되었다. 3국의 종래 영토에는 각각 3주씩 설정되었다. 다소 작위적으로 보이는 이 조치는 중대 신라 지배계급의 천하관을 반영한다. 9주는 중국 고대에 천하를 아홉으로 나누어 사유하던 것을 모방한 것이었다.[358] 이제 신라는 '일통삼한(一統三韓)'의 완성을 전제로 하는 독자적 천하관을 구축하게 된 셈이다.[359]

새로운 일통을 향하여

그러나 문무왕과 신문왕의 전후 수습 노력은 당대를 넘기지 못하였다. 신문왕의 아들 효소왕(孝昭王, 재위: 692~702) 대부터 고위 귀족 관료들의 반역 사건이 이어졌다. 신문왕의 손자인 효성왕 대에도 후궁과 왕비 족당(族黨)들의 음모가 난무하다가 끝내 반역으로 치달았다. 그런데 이 사건이 있기 직전에, 왕후의 성상(星象)으로 알려진 진성(鎭星, 토성)이 황후를 상징하는 헌원좌(軒轅座)의 큰 별을[360] 침범하였다. 그러므로 효성왕 대에 관찰된 다른 이변들, 즉 흰 무지개가 해를 꿰뚫고, 소부리군(所夫里郡)의 강물이 핏빛으로 변하는가 하면, 여우가 월성의 궁궐에 들어와 울어 대고, 정체 모를 붉은 옷의 여인이 조정 정치를 비방하고 홀연히 사라지는 현상들은, 모두 치명적인 파국에 대한 설명적 자질을 담은 예조들인 셈이다.[361] 거의 백제 말년의 분위기를 연상케 할 정도였다.

마침내 신문왕의 증손에 해당하는 혜공왕이 즉위한 이듬해 정월에는 두 개의 태양이 하늘에 나타나고 말았다. 이어 다리가 다섯 개이면서 다리 하나는 위를 향하고 있는 송아지가 태어났다.[362] 전례 없이 흉측한 변이이면서 위아래의 질서가 전도된 도발이었다. 그리고 고대인들이 상상할 수 있는 거의 모든 난맥과 참상이 빗발쳤다. 지진과 흙비가 해마다 거듭되었고, 재산과 인명의 피해가 막심하였다. 왕궁과 황룡사 쪽에 요란한 낙성들이 이어졌다. 호랑이가 궁중에 난입하더니, 다음 해에는 치악현(雉岳縣)에서 수십 마리의 쥐 떼가 평양을 향해 갔으며, 또 이듬해에 다시 호랑이가 집사성(執事省) 청사에 출몰하였다. 온갖 천문 기상의 이변과 지상의 재해는 물론, 헤아리기가 무의미할 정도로 빈번하게 고위 귀족들의 반란이 줄을 이었다. 혜성은 한 달 동안이나 이울지 않았고, 왕궁이 반역의 무리에게 한 달 넘게 포위당하기도 하였다.

이렇게 하여 681년 문무왕과 신문왕 부자가 열망하였던 신라적 천하는 딱 100년 만인 780년에 혜공왕 부부가 최고 귀족들의 실력 쟁투 현장에서 누군가에게 피살되면서 명실을 모두 잃게 되었다. 승전의 영광과 짧은 평화는 고대 왕조 질서의 균열을 잠시 억지하였을 뿐, 위기는 오히려 일상화되었다. 그리고 다시 100여 년 뒤 견훤이 후백제 왕을 일컫게 되었다.[363] 이어 궁예(弓裔, 재위: 901~918)가 송악군(松岳郡)에 도읍을 정함으로써[364] 전삼국(前三國)의 형국이 재연되었다. 이를 후삼국이라고 부른다. 이 새로운 삼국시대의 주역들은 심지어 일통의 열망을 희구한 7세기 왕들의 건탑 이념조차 답습하였다.

애초 백제 무왕이 왕흥사(王興寺)와 함께 대규모의 공역을 동원하여 익산에 미륵사를 조영하였던 것은, 당시 팽만해 있던 고대적 위기에 당한 백제 지배계급 측이 강구한 대안의 성격을 지닌다. 신라 선덕왕 대에 자장의 발의로 착수한 황룡사 구층탑의 건조 역시 유사한 불교 사상적 대안이었다. 다만 신라는 전쟁에서 승리함으로써 고대적 질서의 위기를 미봉할 수 있었기 때문에 구층탑의 이념이 더욱 고양된 반면, 미륵사와 그 석탑은 왕조와 운명을 같이 한 차이가 있을 뿐이다. 그런데 견훤은 922년 바로 이 익산의 미륵사 개탑(開塔)을 거행하였다.[365] 그는 백제 당시 미륵사 탑의 이념적 맥락을 환기시킨 것이다.

그러나 새로운 일통은 고려 왕건에 의해 실현되었다. 태조 왕건은 거의 모든 면에서 신라의 일통 관념을 답습하였다. 일찍이 그는 황룡사 구층탑이 가지는 신라사의 성쇠 혹은 '일통삼한'과의 인과관계에 주목하였다. 그리하여 새로운 '삼한일가'의 염원을 구층탑과 칠층탑의 조영에 담아내려고 하였다.

어느 날 태조가 최응(崔凝)에게 말하기를 "옛날 신라가 구층탑을 만들어 마침내 일통의 위업을 이루었거니와, 이제 개경에 칠층탑을 세우고 서경에 구층탑을 세워서, 그 현묘한 공업을

그림 47   고려 태조 왕건의 능, 황해북도 개성시

빌려 뭇 나쁜 무리를 없애고 삼한을 합해 일가를 이루려 하
니, 그대가 나를 위해 발원의 글을 지으라"라고 하였다.[366]

또한 문무왕이 고구려 안승(安勝)의 망명정부를 안돈시키고 왕
실 혼인을 주선한 것처럼,[367] 태조는 경순왕 김부(金傅)와 후백제 왕 견
훤을 상보(尙父)로 삼고 신라 왕실과의 혼인을 솔선하였다.[368] 상보란
임금이 마치 아버지와 같이 받들어 높이는 사람으로 대우하는 신하
를 이르는 존칭이다. 더 나아가 발해의 대광현(大光顯) 일행을 우대하
여 왕씨(王氏)를 사성(賜姓)하고 우대한 것도[369] 유사한 맥락의 정치적
고려 결과였다. 요컨대 고려의 본질은 신라의 태내에서 비롯하여 신
라적 가치와 이념을 성공적으로 재현한 것이었다.

4) 고대에 대한 기억의 정리

고대 삼국의 경험에 대한 기억은 여러 형태로 전승되었으며,
그 과정에서 변형되기도 하였다. 경험 당사자들의 설명들도 이미 단
일한 것이 아니라 입장과 관점에 따라 분지하기 마련이다. 하물며 7
세기 전쟁에서 패망한 고구려와 백제의 경우에는 자기 왕조의 역사
를 스스로 정리할 기회를 잃었다. 물론 몇 종의 금석문들이나 희소한
목간(木簡) 자료 등 왕조가 존속해 있던 당대의 설명이 후대까지 전승
된 경우들도 있지만, 대체로 고구려와 백제의 역사는 전쟁에서 승리
한 신라인들의 손을 경유하는 일이 불가피하였다. 다시 말해 신라 지

식인들은 당연히 패망한 두 나라의 역사를 자기중심적 시각으로 정돈하였을 것이다.

삼한 삼국 계통론의 난맥

신라가 일통의 주역으로서 확고한 지위를 차지하고 있는 동안에는 그와 같은 시각과 설명이 유효하였겠다. 그러나 이른바 후백제와 후고구려가 발흥하면서 신라 본위의 설명은 일부 도전을 받게 되었다. 한 예로 서남해안의 군관으로서 거병하여 오늘날의 전주에 입성한 견훤은 백제의 역사적 유구성을 신라에 건주어 강조한 바 있다. 즉 효공왕 4년(900), 견훤이 서쪽을 휘돌아 완산주(完山州)에 이르자, 완산주 사람들이 그를 열렬히 맞이하였다. 견훤은 인심을 얻은 것에 흡족하여 좌우의 사람들에게 이렇게 말하였다.

> 내가 삼국의 시초를 상고해 보건대 마한이 먼저 일어나고 그 뒤에 혁거세가 발흥하였으므로, 진한과 변한은 그를 따라 일어났던 것이다. 이렇듯 백제는 금마산(金馬山)에 나라를 연 지 6백여 년이 되었는데, 총장(總章) 연간에 당 고종이 신라의 요청으로 장군 소정방을 보내 수군 13만 명을 거느리고 바다를 건너오게 하고, 신라의 김유신이 다시 세력을 회복하고 전력을 기울여 황산(黃山)을 지나 사비(泗沘)에 이르러 당나라 군사와 합세해 백제를 쳐 없앴다. 이제 내가 어찌 감히 완산에 도읍을 세워 의자왕의 오랜 분원[宿憤]을 씻지 않으랴![370]

그의 말 가운데 두 가지 점을 주목한다. 하나는 금마산에서 나라를 연 백제를 마한의 연속체로 언급한 것이다. 다른 하나는 자신의 정치 운동에 나당 연합군에 의해 패망한 백제 복국의 의의를 내세운 것이다. 이 가운데 특히 마한과 백제와의 연속성 천명은 신라의 발흥과 진·변한의 등장 시기를 마한 이후로 설정한 것과 맞물려서, 신라 중심이 아니라 백제 중심 고대 인식이라고 부를 만한 것이다. 따라서 견훤의 삼국에 대한 역사 인식은 신라시대의 일반론과는 다른 것이었다. 최치원의 다음 발언은 신라 지식인들의 생각을 웅변한다.

"삼가 듣건대 동해 밖에 세 나라가 있었으니 그 이름이 마한, 변한, 진한입니다. 마한은 고려요, 변한은 백제이며, 진한은 신라입니다."[371]

최치원에 따르면 마한은 고(구)려요 변한은 백제이다. 이것은 우선 『삼국지』 한전의 삼한 관련 강역관과 어긋나며,[372] 뒷날 한백겸 (韓百謙)에 의해 정돈된 삼한의 위치와도 다르다. 무엇보다도 이들의 경우 마한은 한반도 중부 이남 서변에 해당하므로, 고구려를 마한의 후속 실체로 볼 수는 없다.

사실 7~8세기의 금석문들에 보이는 지난 시기 삼한의 공간 인식은 매우 혼란스럽다. 예컨대 660년에 당의 소정방은 신라와 함께 사비성을 함락한 후 그 공업을 기려 세운 기공비에 삼한을 평정하였다고 하였다.[373] 이때는 아직 백제의 전역을 장악한 것도 아니며, 더구나 삼한으로 표상되는 현실 공간을 아우르는 일은 미처 전망조차 불투명한 때였다.

그런가 하면 소정방은 백제를 공격하기 위해 당을 출발할 때,

신구(神丘)·우이(嵎夷)·마한·웅진 등 14도(道) 대총관의 직을 부여받았다. 또한 뒤에 당은 백제의 영토에 웅진도독부, 마한도독부를 비롯한 5도독부를 분치하였다. 일련의 정황은 당 측에서 백제를 삼한 가운데 오직 마한과 연계하여 파악하고 있었던 사실을 지지한다. 그럼에도 불구하고 그의 군사적 승리를 삼한 평정[定三韓]이라고 하였던 것이다. 그 외에도 연개소문의 장남 천남생(泉男生)과 그의 아들인 천헌성(泉獻誠)의 묘지명, 혹은 백제 의자왕의 넷째 아들인 부여융(扶餘隆)의 묘지명 등에서 삼한은 고구려를 가리키기도 하였으나, 혹은 고구려와 백제를 분별하지 않은 채로도 쓰였다.[374]

한편 청주 운천동사적비(雲泉洞寺蹟碑)는 7세기의 전운이 가신 얼마 후, 전쟁의 승리를 쟁취한 신라인들의 삼한관을 보여 주고 있다. 비 자체는 신라의 승려 보혜(普慧)와 해심법사(海心法師) 등을 비롯한 불사 관련 내용으로 판단되지만, 거기에는 승리의 주역 신라인의 자긍심이 반영되어 있기도 하다. 즉 신라인들은 삼한을 합한[合三韓] 주역이라고 한다.

비가 세워진 때로 추정되는 7세기 말은 이미 백제와 고구려가 멸망하였고 당과의 전쟁도 수습되어 가는 즈음이었다.[375] 뒷날 일통의 위업을 근저에서 손상시키는 발해도 아직은 분명한 실체로 완정되지 않았다. 현실에서 삼한은 하나가 되었다. 게다가 신문왕은 기나긴 전란이 종식된 뒤 최초의 평화 시기 군주로서, 전쟁 수행 기간 동안 비대해진 귀족들의 물리력을 거세하는 데도 성공하였다. 이로써 승리의 광영과 그 주역으로서의 자부심이 일층 고양되어 갔다. 이를 바탕으로 신라는 삼한 통합[合三韓]의 영예를 누렸으니, 그것은 당 측

에서 이른바 삼한 평정이라는 인식에 대응하는 주체적 가치 수립이
라 할 만한 것이었다.[376]

　　요컨대 당 대 중국인들의 삼한 관련 타성적 인식은 현실을 옳
게 반영하지 못한다. 고구려나 백제는 오직 삼한을 구성하는 분자들
일 뿐이다. 보장왕의 손자인 고진(高震)의 묘지명에는 그를 일러 '진한
의 영족(令族)'이라고 표현하기조차 하였다. 다만 그와 같은 이해 방식
이 백제와 마한의, 그리고 진한과 신라의 영토적 혹은 역사적 연계를
인지하지 못한 탓만은 물론 아니다. 그들은 동방 삼국에 대한 분별적
언급까지 배려할 필요를 지니지 않았을 뿐이다. 삼국은 그저 삼한이
기도 하였을 뿐, 삼국 각각과 삼한의 대응 인식은 물론, 도대체 삼국
과 삼한의 공간적 부합 여부도 관심 영역에 포착되지 않았다.

　　반면에 신라인들에게 삼한은 중대한 이념적 인자였다. 그것은
추상이 아니라 역사적 현실을 바탕으로 한다. 운천동사적비에서 드
러난 삼한관은 통일기 신라에서 널리 받아들여졌다. 하대의 경문왕
12년(872)에 작성된 「황룡사찰주본기(皇龍寺刹柱本記)」에는 황룡사의 이
탑을 만들어서 삼한을 통합하고 한 집안을 만들었다고 하였다. 황룡
사 구층 목탑은 삼한의 통합을 염원하여 건립한 일통의 표상이었다
는 것이다. 진성왕 4년(890)의 월광사원랑선사탑비(月光寺圓朗禪師塔碑)에

그림 48　황룡사 구층 목탑 찰주본기, 국립중앙박물관

도 태종 무열왕이 삼한에 전쟁을 그치게 하고 일통을 이루었다고 하였다. 이른바 신라인들의 이른바 '삼한일가'라는 언표에는 신라가 세 나라를 통합하였다는 자긍의 의식이 자리하고 있다.

그러나 9세기 말의 신라에서는 이미 일통의 영광과 명분에 점차 도전과 균열이 번지고 있었다. 사실 7세기 신라가 거둔 일통의 본질이란 해체와 붕괴의 위기에 직면한 고대적 질서를 잠시 미봉한 것에 지나지 않았다. 위기의 속성을 공유했던 동북아시아의 주요 왕조들은 패권주의의 길을 선택했으며, 여기에서 패배한 단위들은 파멸하였다. 반면에 신라의 전쟁 지휘부는 승리의 영광을 차지할 수 있었으나, 고대적 모순의 본질은 해소되지 않았다. 왕을 정점으로 한 소수 지배 귀족들만이 정치·사회적 권력을 분점하는 길항관계가 여전히 왕조사의 중심 변수였다. 따라서 통일기 신라 왕조는 고대의 불안한 연장에 불과하며, 새로운 질서를 향한 진통의 과도기였다고 평가하고자 한다.

흔들리는 명분 '일통삼한'

이 내연하는 모순을 효과적으로 억누른 것은 바로 '일통삼한'의 명분이었다. 그러나 고구려의 대부분 영토를 포섭하지 못한 현실에서 그 또한 역사적 실제를 왜곡한 것에 불과하다. 즉 그것은 역사적 현실에 적실한 각성 앞에서는 언제든 와해될 수 있는 취약한 명분일 뿐이었다. 일통의 자부심과 고양된 왕권이 힘을 잃어 가면서 잠복된 위기는 곧 표면화되었다.

'명분'에 갇혀 있던 '실제'의 회복은 우선 기존 명분의 부정을 요구하였다. 당연히, 새로운 명분은 실제에 충실한 형태로 추구되었다. 이에 따라 삼한은 다시 후삼국으로 분립되었다. 견훤은 백제의 복국을, 궁예는 고구려의 복국을 자부하였기 때문이다. 그에 따라 새로운 일통은 삼한의 역사 공간을 벗어나 고구려의 영토를 포함한 본래의 삼국을 겨냥할 가능성이 열릴 수도 있었다.[377]

후삼국의 분립과 반목을 목도한 최인연(崔仁渷)은 당대 신라 사회를 평하여 재이(災異)의 별이 삼한을 비추고 독 이슬이 4군에 만연했다고 하였다.[378] 신라인의 세계가 다시 삼한 혹은 4군으로 지칭되었다. 후삼국을 비롯한 지방 분권의 세태를 이른 것이다. 그리고 그 결과는 고려의 재통합으로 귀결되었다.

주의할 것은 고려 역시 자신들의 강토를 삼한으로 함축하고 표상하였다는 점이다. 태조부터 광종(光宗, 재위: 949~975) 대에 걸쳐 조성된 승려들의 탑비에서, 삼한과 4군은 예외 없이 고려의 통치 공간을 가리킨다. 이렇듯 신라든 고려든 일통의 대상 공간은 삼한이었다. 신라가 아우른 세 나라의 영토적 한계는 고려에서도 극복되지 못하였기 때문이다.

그러한 바탕에서 최치원이 언급한 바와 같이 삼국을 삼한과 일대일 대응시키는 방식이 점차 수긍되었던 것이다. 『삼국사기』는 최치원의 삼한 삼국 연계론에 대해 본격적인 이견을 드러내지 않았다. 후백제의 견훤이 마한과 백제의 역사적 연속성을 강조하였지만, 일통의 주역은 고려 태조였기 때문에, 패망한 견훤의 인식은 더 이상 파장을 남기지 못하기도 하였다. 그러나 고려가 일통의 활력을 거의 잃어버린 13세기 말을 배경으로 한 『삼국유사』 서술자의 입장은 달랐다. 그에게 고려 사회의 위기는 이미 깊었다.

긴 안목으로 본다면, 묘청(妙淸)의 서경 천도를 비롯한 정치 운동이 야기한 고려 지배 체제의 균열과 지배 세력의 분열은, '일통삼한'의 명분 아래 잠복되어 있던 분립적 갈등 요인이 표출될 수 있는 바탕이 되었다고 생각한다. 게다가 무신정권의 수립이 고려 전기 체제에 대한 전반적 부정을 의미한다면, 이후 전개된 삼국 부흥 운동은 현실에 대한 퇴영적 반응이었다.

명종 20년(1190) 이래 경상도 지역의 농민 반란군이 신라 부흥의 기치를 내걸었다. 고종 4년(1217)에는 다시 서경에서 고구려 부흥을 표방한 거사가 발생하였다. 이어 고종 24년(1237) 담양 일대의 이연년(李延年) 형제 역시 백제 부흥을 내걸고 농민 세력을 규합한 바 있었다.[379] 견훤의 가계와 연결되는 것이 아닌가 여겨지기도 하는 이연년의 '이가당(李家黨)'[380]에 이르는 일련의 사태는, 거의 지난날 후삼국 분립의 형국에 근접하는 것이었다.

따라서 『삼국유사』는 한결 강경한 어조로 견훤이 거론한 마한과 백제의 관련을 부인하였다. 서술자는 우선 마한에 관한 최치원의 이해에 동의한다. 견훤의 말 가운데 마한이 먼저 일어났다고 한 것은 위만조선 성립기 준왕(準王)의 남천(南遷)을 염두에 둔 것이겠고, 이렇게 성립한 마한과 고구려의 연계는 동명(東明)이 일어난 다음 마한을 아울렀기 때문일 것이라고 추론하였다.[381] 또한 간혹 사람들이 금마산을 들어 마한을 백제라고 하는 것은 잘못이며, 고구려에 마읍산(馬邑山)이 있었기 때문에 마한이라고 하였다는 것이다. 마찬가지로 그는 "변한은 백제다"라고 한 최치원의 견해를 받아들이면서, 백제 땅

그림 49　후백제 왕 견훤의 능. 충청남도 논산시

에 있는 변산(卞山)의 존재로 인해 변한이라 했다고 판단하였다.[382] 얼른 보아도 궁색한 논리이다.

　　다만 『삼국유사』 서술자의 논조 한편에는 단군의 조선을 시원(始原)으로 하는 자국사의 계통성에 대한 관심이 고조되던 시대 배경이 반영되어 있다. 특히 준왕의 남천과 마한을 연결시켜 설명한 부분은 향후 적지 않은 설득력을 가지고 재론되었다.[383] 어쨌든 비슷한 시기 이승휴 역시 고구려가 "마한의 왕검성(王儉城)에 개국했다"라고 하였고, 백제는 변한에 나라를 세웠다고 하였다.[384]

　　그러나 '한지(韓地)'로 들어와 '한왕(韓王)'을 자칭했다고 하는 조선의 준왕을 주목할수록, 그 경우의 마한은 공간적으로 고구려보다는 백제와 중첩되게 마련이다. 실제로 계통과 명분이 개입할 필요가 없는 영토 공간만의 사건 맥락에서는 일찍이 견훤이 피력한 마한 인식야말로 오히려 당연시되고 있었다. 예컨대 후조선(後朝鮮) 준왕의 남천에서 마한이 성립했다고 보는 『고려사』 찬자는 "금마군은 원래 마

한국인데, 백제 시조 온조왕이 이를 합쳤다"라고 하였다.[385]

그와 같은 단정이 역사적 실제에 부합하느냐 아니냐는 별도의 숙제일 따름이다. 여하튼 마한과 백제 사이의 역사 공간의 중층관계는 이미 범연한 '사실'로 간주되었던 것이다. 따라서 적어도 고려 후기 이후에는 마한을 백제와 연계하여 이해하는 시각이 널리 공유되었다고 해야겠다. 권근(權近)의 논증은 이를 반영하고 있다.

> 삼한에 관한 설들이 서로 다르다. 그러나 조선 왕 준(準)이 위만의 난리를 피해 바다에 떠 남쪽으로 와 나라를 열고 마한이라 하였는데, 백제 온조가 서서 마침내 이를 병합하였다. 지금 익주(益州)에 옛 성이 있고 지금도 사람들이 기준성(箕準城)이라 하니 마한이 백제가 된 것은 의심의 여지가 없다. 진한은 신라 시조 혁거세가 일어난 곳이다. 『신당서』에 '변한은 낙랑의 땅에 있다' 하였고, 또 '평양은 옛 낙랑군'이라 하였으니, 진한이 신라가 되고 변한이 고구려가 된 것 역시 의심의 여지가 없다. 『후한서』에는 변한이 남쪽에, 진한이 동쪽에, 마한이 서쪽에 있다고 하였는데, 그 가운데 변한이 남쪽에 있다 한 것은 대개 한의 영토인 요동 지역으로부터 그러하다는 것을 이른 것일 뿐, 변한이 진한과 마한의 두 한 남쪽에 있다고 이르는 것은 아니다. 최치원이 이를 연유로 마한이 고구려요 변한이 백제라 한 것은 잘못이다.[386]

권근은 『신당서』를 근거로 최치원의 견해를 비판하였다. 김부식과 일연이 최치원의 파악을 받아들여 『신·구당서』를 수용하지 않은 것과는 반대다. 여하튼 이제 일단 마한은 백제가, 그리고 진한은 신라가 되었다는 데는 대강의 합의가 이루어진 셈이다. 그러한 상황은 조선 초기의 지리서들에서도 마찬가지였다.[387] 그러나 마한이 백제로 옮아가면서 고구려는 변한에 배당되고 말았다. 이 문제적 상황은 17세기 한백겸의 논증을 기다려서야 비로소 해소되었다.

> 한(漢) 초에 기준(箕準)이 위만에게 쫓겨 바다에 떠 남쪽으로 한지(韓地)의 금마군에 이르러 도읍하고 한왕(韓王)을 일컬었으니 이것이 마한이다. … 신(新)의 왕망(王莽) 시건국(始建國) 원년(9)에 온조가 마한을 멸하고 백제가 흥성하였다. … 최치원이 처음 마한이 고구려이고 변한이 백제라 한 것이 첫째 오류였고, 권근이 비록 마한이 백제가 되었음을 알았으나 역시 고구려가 변한이 아니었던 것은 몰라 혼란스럽게 설명하였으니 이것이 둘째 오류였다.[388]

일통 이념에 희생된 발해사

일통의 주역을 자부하였던 신라인들의 전대사 인식은 태조의 후삼국 일통 이후 다시 고려 지식인들에게 승습되었다. 그 가운데 핵심은 고구려를 삼한의 분자로 포섭하기 위하여 마한이나 변한에 무리한 대응을 시도하였다는 것이다. 그처럼 고구려를 삼한의 공간 속에 강요해 넣는 발상은 일통의 명분을 흠결 없이 정립하는 데 긴요하게 기여하였다. 그러나 그 대가는 한국의 고대에 대한 기억과 설명의 체계에 상당 기간 엄중한 사태를 낳게 하였다.

즉 고구려는 신라에 의해 일통이 되었으므로, 사실상 그 복국을 천명하였던 발해의 역사가 들어설 여지를 상실시켜 버렸다는 것이다. 이처럼 신라 중대를 지배한 '일통삼한'의 시대정신은 발해와 고구려의 역사적 의미관계를 차단하도록 강요하였다. 고구려는 이미 소멸되었거나 혹은 신라 속에 용해된 것이며, 발해는 말갈로 설정되었다. 그렇게 함으로써 이제 발해의 존재가 '일통삼한'의 완결을 방해할 수 없게 되는 것이다.

건국기의 고려 왕조는 7세기 이후 통일기 신라의 '일통삼한' 의식을 다시 재현하였다. 아울러 고려의 실질적 토대는 통일기 신라의 그것을 벗어나 있지 못한 것이기도 하였다. 물론 발해사는 고려 지식인들 일부에서 신라사와 함께 고려 왕조의 전대 역사로 받아들여졌다. 그러나 중대 신라의 경우와 마찬가지로 '일통삼한'의 완결을 위해 발해는 다시 배제되지 않으면 안 되었다. 그에 따라 고구려 유민들을 포섭한 신라의 조처와 논리들은 고려 왕조에 의해 발해 유민을 수용하면서 새롭게 고려되었을 것이다. 즉 『삼국사기』가 편찬되기까지의 고려 사회가 파악하고 있었던 자국사의 위상과, 통일기 신라인들이 규정했던 자국사의 위상은, '일통삼한'이라는 정치 이데올로기적 의의에서 공명하고 있었다.

이렇게 배제되었던 발해의 역사가 정당하게 회복되기 위해서는 역시 고구려가 삼한의 표상으로부터 자유로워질 것을 전제로 한다. 즉 18세기의 실학자 유득공(柳得恭)이 "김씨가 남방을 차지하고 대씨가 북방을 차지하고는 발해라 하였으니 이것을 남북국이라 하는

그림 50 발해의 연꽃무늬 수막새, 국
립중앙박물관

바, 마땅히 남북국사가 있어야 하거늘
고려가 이를 편찬하지 않은 것은 잘못
이다"[389]라고 갈파한 다음에야, 비로소
발해사가 제 위상을 회복하게 된 이유
가 여기에 있다. 신라의 그것은 고구려
가 아니라 남방, 즉 삼한을 아우른 것
에 지나지 않았다는 각성인 셈이다.

　　　그 후 유득공의 남북국사 개념
은 김정호(金正浩)를 거쳐[390] 신채호(申采浩)의 양국시대(兩國時代)로 이어
졌다. 이로써 발해에 대한 건강한 각성은 이제 한국사 인식 체계에서
의문의 대상이 아니다.

　　　다만 유득공이 고려 지식인들을 겨냥하여 마땅히 편찬했어야
할 남북국사를 편찬하지 않았다고 한 비판은, 고려의『삼국사기』편
찬자들에게는 복잡한 당혹감을 안겨 주는 논리였을 것이다. 발해를
신라와 등치시키는 고대 인식이란 발해를 온전히 포섭하지 못한 고
려의 일통 의식을 근저에서부터 뒤흔드는 것이기 때문이다. 신라와
공존했던 북국(北國) 발해와는 달리 고려의 북국은 오랫동안 거란의
요(遼)였다.『삼국사기』편찬 당시에는 요를 대신하여 여진의 금(金)이
과거 고구려와 발해의 영토와 주민을 장악하고 있었다.

　　　물론 고려의 지식인들은 과거의 발해가 고구려의 정치·문화적
계승 주체임을 인지하고 있었다. 그러나 신라가 발해를 말갈의 나라
로 강변하여 고구려와 단절시키려 하였던 것처럼, 고려 역시 신라의
일통 논리를 계승하는 가운데 발해를 전대 역사의 중심으로부터 짐짓

밀쳐놓았던 것이다. 그 결과 고려 이후 오랫동안 고대의 시공간은 삼국 중심으로 편제되고 만 것이다. 즉 삼국이란 신라와 고구려와 백제를 이르지만, 종국적으로 그들을 아우른 것은 고려 태조였으므로 이른바 후삼국의 종말까지를 고대 삼국의 시간대로 삼게 되었다. "삼국시대란 과거 그 자체가 아니라 고려가 왕조국가의 역사적 정체성을 정립할 목적으로 범주화한 과거다"[391]라고 한 지적을 환기할 만하다.

그로 인해 고려의 지식인들은 고대 삼국의 역사를 자기 왕조의 전대사로 정돈하여 관찬『삼국사기』를 기획하면서 후백제와 후고(구)려를 백제와 고구려의 연장으로 처리하였다. 즉 전삼국과 후삼국은 비록 상당한 시간을 격절하였으나 삼국의 인자들로서는 동질적이었다. 다만『삼국사기』찬자들은 후백제와 후고구려에 완정(完定)된 국가의 지위를 부여하지는 않았다.『삼국사기』의 연표는 삼국의 이름으로 전·후의 삼국을 모두 포괄하였지만, 후백제와 후고구려의 역사는 견훤과 궁예의 전기가 감당하게 하였다. 찬자들의 이 편향은 물론, 그들의 현실 왕조인 고려의 현재적 이해에서 비롯한 것이다. 여하튼 『삼국사기』는 '실질적으로' 전·후삼국의 역사를 다 포섭하였으며, 그렇게 함으로써 삼국사와 별개로 발해사가 한 축을 담당하는 남북국사 편찬의 필요성과 당위성을 함께 해소했던 것이다.[392]

01 『삼국유사(三國遺事)』 기이(紀異), 고조선(古朝鮮).

02 『제왕운기(帝王韻紀)』 下 전조선기(前朝鮮記).

03 『세종실록지리지(世宗實錄地理志)』, 평안도(平安道) 평양부(平壤府).

04 『사기(史記)』 1 제왕본기(帝王本紀) 1 집해(集解).

05 『동국통감(東國通鑑)』 외기(外記) 단군조선(檀君朝鮮).

06 『삼국사기(三國史記)』 1 신라본기(新羅本紀) 1, 시조 혁거세거서간.

07 『삼국사기』 4 신라본기 4, 진평왕 51년(629).

08 『서경(書經)』 반경(盤庚) 上.

09 『동인지문사륙(東人之文四六)』 10; 『동문선(東文選)』 44 표전(表箋) 「진삼국사기표(進三國史記表)」.

10 『신당서(新唐書)』 「진당서표(進唐書表)」.

11 『삼국사기』 4 신라본기 4, 진흥왕 6년(545).

12 단적인 예로 편찬자에 대한 논의조차 미처 마무리되지 않았다. 남동신, 2019, 「『삼국유사(三國遺事)』의 성립사 연구 — 기이(紀異)를 중심으로」, 『韓國思想史學』 61.

13 이강래, 2005, 「『삼국유사』의 사서적 성격」, 『韓國古代史研究』 40.

14 『삼국유사』 기이 序.

15 『논어(論語)』 술이(述而).

16 이규보, 『동국이상국집(東國李相國集)』 3 고율시(古律詩), 「동명왕편병서(東明王篇并序)」.

17 권덕영, 2004, 「조우관을 쓴 사절 그림 이야기」, 『고대로부터의 통신』, 푸른역사, 193~195쪽.

18 Jonathan W. Best, 1996, Concerning the Date of the Paekche Bureaucratic Rank System, 『百濟研究』 26, 136쪽.

19 『송서(宋書)』 97 열전(列傳) 57 이만(夷蠻) 동이(東夷), 백제국(百濟國).

20 강종훈, 2017, 「〈양직공도〉의 사료적 가치와 독법」, 『한국고대사 사료비판론』, 교육과학사.

21 김석형, 1966, 『초기조일관계연구』, 사회과학원출판사.

22 『한서(漢書)』 99上 왕망전(王莽傳)과 그에 충실한 『자치통감(資治通鑑)』 39 한기(漢紀) 29에는 '高句驪侯騶'라 하였고, 『후한서(後漢書)』 85 동이열전(東夷列傳) 구려(句驪)조에는 '句驪

侯驕'라 하였으며, 『삼국지』 30 위서(魏書) 30 동이전 고구려조에는 '句麗侯駒', 『양서(梁書)』 54 열전 48 제이(諸夷) 고구려조에는 '句驪侯驍', 『북사(北史)』 94 열전 82 고구려조에는 '句麗侯驍'라고 하였다.

23 『삼국사기』 13 고구려본기(高句麗本紀) 1, 유리명왕 31년(12).

24 『삼국사기』 1 신라본기 1, 시조 혁거세거서간 즉위년.

25 『삼국사기』 50 열전 10, 견훤(甄萱).

26 『자치통감』 197 당기(唐紀) 13, 정관(貞觀) 18년(644) 11월.

27 『삼국사기』 22 고구려본기 10, 보장왕 8년(649) 4월.

28 『신당서』 163; 『구당서(舊唐書)』 165 열전 115, 유공권(柳公權).

29 『신당서』 93 열전 18, 이적(李勣).

30 『삼국사기』 23 백제본기 1.

31 『삼국사기』 1 신라본기 1.

32 『삼국사기』 15 고구려본기 3.

33 『동사강목(東史綱目)』 부권(附卷) 上下 잡설(雜說), 삼국시기(三國始起).

34 『해동역사(海東繹史)』 속 3 지리고(地理考), 마한(馬韓).

35 『삼국사기』 13 고구려본기 1, 유리명왕 3년(기원전 17).

36 辛東鎭, 1984, 「高句麗 初期의 婚姻體系 分析」, 建國大學校 석사학위논문, 36~38쪽.

37 『삼국사기』 13 고구려본기 1, 유리명왕 20년(1).

38 『삼국사기』 13 고구려본기 1, 유리명왕 27년(8).

39 『삼국사기』 14 고구려본기 2, 대무신왕 15년(32).

40 『효경(孝經)』 간쟁(諫諍).

41 『삼국사기』 14 고구려본기 2, 모본왕 6년(53).

42 『삼국사기』 14 고구려본기 2, 대무신왕 27년(44).

43 이은창, 1971, 「高靈良田洞岩畵調査略報 — 石器와 岩畵遺蹟을 中心으로」, 『考古美術』 112.

44 鄭雲龍, 1999, 「『三國史記』를 통해 본 三國時代의 天文觀」, 『史學硏究』 58·59.

45 이상 『삼국사기』 1 신라본기 1, 시조 혁거세거서간.

46 『삼국사기』 28 백제본기 6, 의자왕 20년(660).

47 『삼국사기』 5 신라본기 5, 태종 무열왕 7년(660).

48 『삼국유사』 3 흥법(興法), 寶藏奉老普德移庵[보장왕이 도교를 신봉하자 보덕화상이 암자를 옮기다].

49 『삼국사기』 34 잡지(雜志) 3 지리(地理) 1.

50 이강래, 2011, 「고대의 경험과 중세의 인식」, 『삼국사기 인식론』, 일지사.

51 李熙德, 1999, 「고대의 자연관과 유교정치사상」, 『韓國古代 自然觀과 王道政治』, 혜안; 1986, 「韓國古代의 自然觀과 儒教政治思想」, 『東方學志』 50.

52 李成珪, 2002, 「史官의 傳統과 中國 歷史敍述의 特色」, 『강좌 한국고대사』 5, 가락국사적개발연구원, 224쪽.

53 『삼국지(三國志)』 8 위서 8 공손도(公孫度), 경초(景初) 2년(238).

54 『사기』 3 은본기(殷本紀); 『서경』 고종융일(高宗肜日).

55 『좌전(左傳)』 소공(昭公) 19년(기원전 523).

56 『삼국사기』 41 열전 1, 김유신(金庾信) 上, 선덕왕 16년 정미(647).

57 『삼국사기』 25 백제본기 3, 아신왕 7년(398).

58 『삼국지』 30 위서 30 동이전, 고구려.

59 『삼국사기』 32 잡지 1, 제사(祭祀).

60 『삼국사기』 13 고구려본기 1, 유리명왕 21(2).

61 『고려사(高麗史)』 고려세계(高麗世系).

62 한국고전번역원, 1980, 이식(역), 「동명왕편」, 한국고전종합DB.

63 『사기』 진세가(晉世家); 『설원(說苑)』 군도(君道).

64 『삼국사기』 45 열전 5, 온달(溫達).

65 박용옥, 2003, 「고구려의 혼인 풍속과 평강공주의 자매(自媒)혼인과 그 역사적 성격」, 『梨大史苑』 35 · 36, 64~66쪽.

66 임기환, 1993, 「온달 · 서동 설화와 6세기 사회」, 『역사비평』 22, 120쪽.

67 김창룡, 2002, 「바보 온달과 평강 공주」, 『고구려 문학을 찾아서』, 도서출판 박이정, 243쪽.

68 『삼국사기』 48 열전 8, 설씨(薛氏).

69 『위서』 100 열전 88, 고구려.

70 『장자(莊子)』, 「추수편(秋水篇)」.

71 『안자춘추(晏子春秋)』 내편(內篇), 간상(諫上).

72 『삼국사기』 1 신라본기 1, 시조 혁거세거서간 즉위년.

73 『삼국유사』 기이, 가락국기(駕洛國記).

74 조영광, 2006, 「河伯女신화를 통해서 본 고구려 국가형성기의 상황」, 『북방사논총』 12.

75 『고려사』 고려세계.

76 『삼국유사』 기이, 후백제견훤(後百濟甄萱).

77 『삼국사기』 12 신라본기 12, 경순왕 9년(935) 사론.

78 『고려도경(高麗圖經)』 17 사우(祠宇).

79 『북사』 94 열전 82, 고구려.

80　채미하, 2006, 「高句麗의 國母信仰」, 『북방사논총』 12, 366쪽.

81　『삼국유사』 기이, 신라시조혁거세왕.

82　『삼국유사』 감통(感通), 仙桃聖母隨喜佛事[선도산 성모가 불사를 좋아하다].

83　『신증동국여지승람(新增東國輿地勝覽)』 29 고령현(高靈縣) 건치연혁에 인용된 「석이정전(釋利貞傳)」 및 「석순응전(釋順應傳)」.

84　이와 관련한 서술의 대강은 이강래, 2010, 「한국 고대사회의 물, 그 문화적 맥락」, 『역사에서의 물과 문화』, 엔터, 9~58쪽에서 발췌하였다.

85　申瀅植, 1981, 『三國史記 研究』, 一潮閣, 187쪽 참조.

86　『삼국사기』 2 신라본기 2, 벌휴이사금 즉위년(184).

87　『삼국사기』 9 신라본기 9, 경덕왕 8년(749).

88　『삼국사기』 8 신라본기 8, 성덕왕 17년(718).

89　이규보, 『동국이상국전집』 3 고율시, 「동명왕편」.

90　삼국유사 기이, 신라시조혁거세왕.

91　전덕재, 2003, 「신라초기 농경의례와 貢納의 수취」, 『강좌 한국고대사』 2, 가락국사적개발연구원, 360~361쪽.

92　『삼국유사』 기이, 신라시조혁거세왕.

93　『삼국유사』 기이, 제2남해왕.

94　『삼국유사』 기이, 제4탈해왕.

95　『삼국사기』 5 신라본기 5, 무열왕 8년(661) 6월.

96　『삼국사기』 27 백제본기 5, 법왕 2년(600).

97　『삼국유사』 의해(義解), 賢瑜珈海華嚴[유가종의 대현과 화엄종의 법해].

98　『삼국사기』 4 신라본기 4, 진평왕 50년(628).

99　『삼국유사』 기이, 만파식적(萬波息笛).

100　『삼국사기』 4 신라본기 4, 진흥왕 14년(553) 2월.

101　『삼국유사』 탑상(塔像), 魚山佛影[어산에 부처이 그림자가 비지다].

102　『삼국사기』 26 백제본기 4, 문주왕 3년(477).

103　『삼국사기』 25 백제본기 3, 비유왕 29년(455).

104　『삼국유사』 기이, 제4탈해왕.

105　『예기(禮記)』 왕제(王制)편에 "옛날에는 주척(周尺) 8척을 보(步)로 하였는데 지금은 주척 6척 4촌(寸)을 보로 한다"라고 하였으며, 『설문해자(說文解字)』에 "척은 10촌이다"라고 하였다. 주척 1척은 대개 19.5cm 내외에 해당한다. 한 대의 1척은 23cm가 좀 넘었으며, 일본에서도 사용된 이른바 '고려척'은 대략 35cm정도이다. 통일기 이후 신라에서는 29.7cm에 해당하

는 당척(唐尺)을 사용하였다.

106 『삼국유사』 기이, 가락국기(駕洛國記).

107 『삼국유사』 기이, 천사옥대(天賜玉帶).

108 『삼국사기』 12 신라본기 12.

109 『삼국유사』 기이, 지철로왕(智哲老王).

110 『삼국유사』 기이, 태종춘추공(太宗春秋公)·사십팔경문대왕(四十八景文大王)·처용랑망해
사(處容郎望海寺).

111 『삼국사기』 11 신라본기 11, 진성왕 9년(895).

112 『삼국사기』 5 신라본기 5, 선덕왕 즉위년(632).

113 『삼국유사』 기이, 善德王知幾三事[선덕왕이 미리 안 세 가지 일].

114 『삼국사기』 13 고구려본기 1, 유리명왕 28년(9).

115 『삼국사기』 25 백제본기 3, 아신왕 즉위년(392).

116 『삼국사기』 2 신라본기 2, 유례이사금 즉위년(284).

117 『삼국사기』 14 고구려본기 2, 모본왕 즉위년(48).

118 사무는 '샤먼(shaman)'의 음사(音寫).

119 『삼국사기』 15 고구려본기 3, 차대왕 3년(148).

120 『삼국사기』 17 고구려본기 5, 봉상왕 9년(300).

121 『삼국사기』 26 백제본기 4, 동성왕 22년·23년(501).

122 『삼국사기』 7 신라본기 7, 문무왕 14년(674); 같은 책, 신라본기 10, 경덕왕 19년(760); 이규
보, 『동국이상국집』 5 고율시, 「次韻吳東閣世文昌詰院諸學士三百韻詩」.

123 『삼국사기』 25 백제본기 3, 진사왕 7년(391); 같은 책 27, 백제본기 5, 무왕 37년(636).

124 『삼국사기』 17 고구려본기 5, 동천왕 즉위년(227).

125 『삼국유사』 기이, 景德王忠談師表訓大德[경덕왕·충담사·표훈대덕].

126 『삼국사기』 10 신라본기 10, 원성왕 즉위년(785).

127 『삼국유사』 기이, 원성대왕(元聖大王).

128 『삼국사기』 15 고구려본기 3, 태조대왕 90년(142).

129 『삼국사기』 15 고구려본기 3, 차대왕 2년(147).

130 1균은 30근(斤)이다.

131 『삼국사기』 48 열전 8, 검군(劍君).

132 관료로서 '사인'과 지식인으로서 '군자'에 대해 각각 깊이 음미한 연구로는 田美姬, 1993, 「新
羅 眞平王代 家臣集團의 官僚化와 그 限界 ―《三國史記》48, 實兮·劍君傳에 보이는 舍
人에 대한 檢討를 中心으로」, 『國史館論叢』 48, 국사편찬위원회; 김기흥, 1992, 「『三國史記』

「劍君傳」에 보이는 7세기 초의 시대상」, 「水邨朴永錫敎授華甲紀念 韓國史學論叢 上」, 論叢刊行委員會.

133 서정주, 1994, 「劍君」, 「미당시전집」 2, 민음사, 296~297쪽.

134 국립한글박물관, 2015, 「여러 여성들의 이야기 열녀전 — 소장자료총서 2」, 국립한글박물관.

135 「삼국사기」 48 열전 8, 실혜(實兮).

136 「사기」 84, 굴원(屈原).

137 「사기」 87, 이사(李斯).

138 「삼국사기」 48 열전 8, 도미.

139 黃亨柱, 2001, 「「三國史記 列傳」 撰述過程의 研究 — 資料的 源泉의 探究」, 성균관대학교 박사학위논문, 70~72쪽.

140 김윤우, 2004, 「都彌史話에 관한 역사지리적 고찰」, 「京畿鄕土史學」 8, 文化院京畿道支會.

141 「고려사」 71 지(志) 25 악(樂) 2 삼국속악(三國俗樂), 백제.

142 「방등산」의 경우 「증보문헌비고(增補文獻備考)」 106 악고(樂考) 17 속부악(俗部樂)에는 「반등산곡(半等山曲)」이라 하여 신라조에 편입되어 있는데, '신라말'로 제시된 사건 배경 시기 때문인 듯하다. 安東柱, 1998, 「百濟 詞不傳 歌謠 研究」, 「南畊朴峻圭博士停年紀念論叢 國語國文學研究」 참조.

143 「중용(中庸)」 第一章.

144 「삼국사기」 25 백제본기 3, 개로왕 20년(474).

145 「삼국사기」 25 백제본기 3, 개로왕 21년(475) 사론.

146 「좌전」, 소공(昭公) 14년(기원전 528) · 정공(定公) 4년(기원전 506).

147 「사기」 66 열전, 오자서(伍子胥).

148 「양자법언(楊子法言)」 중려편(重黎篇).

149 「동국통감」 4, 백제 개로왕 21년(475).

150 이상의 논의는 이강래, 2007, 「고려와 조선 전기의 백제 인식」, 「百濟史 總論」(충청남도역사문화연구원)에서 발췌하였음.

151 Elman R. Service, 1985, A Century of Controversy : Ethnological Issues from 1860 to 1960, New York: Academic Press.

152 江守五夫, 1981, 「日本의 婚姻成立儀禮의 史的 變遷과 民俗」, 「日本學」 1, 44~56쪽.

153 혼인 재화 관련 서술은 이강래, 2009, 「한국 고대 혼인에 보이는 財貨의 성격」, 「韓國史研究」 147의 내용을 간추린 것이다.

154 Thomas Hakansson, 1987, Bridewealth, Woman and Land: Social Change among the Gusii of Kenya, Uppsala University, Sweden, p.14.

155 李光奎, 1967, 「蒙古族의 婚姻考」, 『歷史敎育』 10.

156 『삼국지』 30 위서 30 동이전, 진한(辰韓).

157 『주서(周書)』 49 열전 41 이역(異域) 上, 고려; 『북사』 94 열전 82, 고려; 『수서(隋書)』 81 열전 46 동이, 고려.

158 『삼국사기』 16 고구려본기 4, 산상왕 12년 · 13년(209).

159 申瀅植, 1981, 『三國史記 硏究』, 一潮閣, 113쪽.

160 『삼국사기』 14 고구려본기 2, 대무신왕 15년(32) 3월; 같은 책 16 고구려본기 4 고국천왕 12년(190) 9월.

161 Napoleon A. Chagnon, 1977, Yanomamö, the fierce people, Holt, Rinehart and Winston, p.40 · pp.74~75 · p.123.

162 Marvin Harris, 1982, 『문화의 수수께끼(Cows, Pigs, Wars and Witches: The Riddle of Culture)』, 박종열 역, 한길사, 72~80쪽.

163 『삼국사기』 14 고구려본기 2, 민중왕 4년(47) 9월; 같은 책 15 고구려본기 3, 태조대왕 55년(107) 10월; 같은 책 17 고구려본기 5, 서천왕 19년(288) 4월.

164 『삼국사기』 24 백제본기 2, 책계왕 즉위년(286).

165 『삼국사기』 3 신라본기 3, 소지마립간 15년; 같은 책 26 백제본기 4, 동성왕 15년(493).

166 주보돈, 2012, 「백제 聖王의 죽음과 신라의 '國法'」, 『百濟文化』 47.

167 『삼국사기』 12 신라본기 12, 경순왕 9년(935) 사론.

168 『삼국유사』 기이, 태종춘추공.

169 『제왕운기』 下 백제기.

170 『가정선생문집(稼亭先生文集)』 5 記, 「주행기(舟行記)」.

171 『태평어람(太平御覽)』 783 사이부(四夷部) 4 동이 4, 고구려 인용 『위략(魏略)』; 『양서』 54 동이열전 고구려; 『남사(南史)』 79 이맥열전(夷貊列傳) 고구려.

172 『삼국지』 30 위서 30 동이전, 부여(夫餘).

173 『사기』 110 흉노열전(匈奴列傳) 50.

174 『삼국지』 30 위서 30 동이전, 오환(烏桓).

175 『북사』 99 열전 89 돌궐(突厥).

176 鄭容淑, 1994, 「《三國史記》에 나타난 女性像 ─ 高句麗 好童記事를 중심으로」, 『釜大史學』 18; 김선주, 2001, 「호동설화를 통해 본 고구려의 혼인」, 『민속학연구』 8.

177 『삼국사기』 16 고구려본기 4, 산상왕 즉위년(197).

178 엄광용, 2006, 「고구려 산상왕(山上王)의 '취수혼 사건'」, 『史學志』 38.

179 『삼국사기』 17 고구려본기 5, 동천왕 8년(234).

180 『일본서기(日本書紀)』 14, 雄略天皇 5년(461); 같은 책 16, 武烈天皇 4년(502)조의 『백제신찬 (百濟新撰)』 인용 분주.

181 『삼국유사』 왕력(王歷), 신덕왕(神德王).

182 Ernest L. Schusky & T. Patrick Culbert, 1981, 『人類學槪論』(Introducing Culture), 李文雄 譯, 一志社, 245쪽.

183 盧泰敦, 1983, 「高句麗 초기의 娶嫂婚에 관한 一考察」, 『金哲埈博士華甲紀念史學論叢』, 知 識産業社, 88쪽.

184 김선주, 2005, 「『삼국유사』 기이편을 통해 본 한국 고대 혼인」, 『삼국유사 기이편의 연구』, 한 국학중앙연구원, 192쪽.

185 李光奎, 1967, 「蒙古族의 婚姻考」, 『歷史敎育』 10, 407쪽.

186 Grace Harris, 1972, "Taita Bridewealth Affinal Relationships", in Meyer Fortes, eds., Cambridge Papers in Social Anthropology, Cambridge University Press, p.61.

187 『고려사』 84 지 38 형법(刑法) 1, 간비(奸非), 공민왕 16년(1367) 5월.

188 『증보문헌비고(增補文獻備考)』 139 형고(刑考) 13, 제율유기(諸律類記) 4, 교부대시(絞不待時).

189 『삼국사기』 3 신라본기 3, 내물이사금 즉위년(356).

190 『삼국지』 30 위서 30 동이전, 예(濊).

191 李光奎, 1976, 「同性同本不婚의 史的 考察」, 『韓國文化人類學』 8, 2쪽.

192 金哲埈, 1975, 『韓國古代國家發達史』, 한국일보사, 47쪽.

193 전장석, 1961, 「동성 불혼(同姓不婚)에 관한 연구」, 『문화유산』 1, 9~11쪽.

194 '지도로갈문왕'의 한자 표기 '至都盧葛文王'은 포항 냉수리 신라비(국보 제264호)를 따랐음.

195 이강래, 1998, 『삼국사기』 Ⅰ, 한길사, 254쪽; 『동국통감』 10, 애장왕 6년(805).

196 河炫綱, 1968, 「高麗前期의 王室結婚에 對하여」, 『梨大史苑』 7, 7~14쪽.

197 白南雲, 1933, 『朝鮮社會經濟史』, 改造社, 159쪽.

198 『삼국사기』 17 고구려본기 5, 중천왕 4년(251) 4월.

199 李基白, 1996, 「扶餘의 妬忌罪」, 『韓國古代政治社會史研究』, 一潮閣; 1970, 『史學志』 4.

200 김영심, 2002, 「혼인습속과 가족구성원리를 통해 본 한국 고대사회의 女性」, 『강좌 한국고 대사』 10, 駕洛國史蹟開發研究院, 337~339쪽.

201 李基白, 2002, 「한국 고대의 '동성불혼(同姓不婚)'」, 『韓國傳統文化論』, 一潮閣, 119~120쪽; 1996, 『比較文化』 1.

202 『북사』 94 열전 82, 물길(勿吉); 『수서』 81 열전 46, 동이 말갈(靺鞨).

203 Chagnon, 1977, Op. cit., pp.40~41.

204 Harris, 1982, 앞의 책, 89쪽.

205 Morris Freilich & Lewis A. Coser, 1972, "Structured imbalances of gratification: the case of the Caribbbean mating system" in *The British Journal of Sociology*, Vol.23 No.1, pp.8~10.

206 『주서(周書)』 49 열전 41 이역(異域) 上, 백제.

207 김영심, 2002, 「혼인습속과 가족구성원리를 통해 본 한국 고대사회의 女性」, 『강좌 한국고대사』 10, 駕洛國史蹟開發研究院, 338쪽.

208 『삼국사기』 46 열전 6, 강수(强首).

209 韓相福·李文雄·金光億, 1982, 『文化人類學』, 서울大學校出版部, 115쪽.

210 『삼국유사』 기이, 문호왕법민(文虎王法敏).

211 『삼국사기』 43 열전 3, 김유신 下.

212 『의례(儀禮)』 상복(喪服); 『대대례(大戴禮)』 본명(本命).

213 Leslie A. White, 1977, 『文化의 槪念』, 李文雄 譯, 一志社.

214 『한서』 26 천문지(天文志).

215 『사기』 127 일자열전(日者列傳).

216 『삼국사기』 15 고구려본기 3, 차대왕 4년(149).

217 『삼국사기』 2 신라본기 2.

218 『삼국사기』 3 신라본기 3.

219 『삼국사기』 25 백제본기 3.

220 『삼국사기』 4 신라본기 4, 진평왕 36년(614).

221 『삼국사기』 4 신라본기 4, 진흥왕 36년(575).

222 신종원, 2001, 「삼국 불교와 중국의 남조문화」, 『강좌 한국고대사』 9, 駕洛國史蹟開發研究院, 131~132쪽.

223 『삼국유사』 탑상, 皇龍寺丈六[황룡사의 장륙존상].

224 李成珪, 2002, 「史官의 傳統과 中國 歷史敍述의 特色」, 『강좌 한국고대사』 5, 駕洛國史蹟開發研究院, 234~235쪽.

225 전호태, 2000, 『고구려 고분벽화 연구』, 사계절, 300쪽.

226 金一權, 2002, 「한국 고대인의 천문우주관」, 『강좌 한국고대사』 8, 駕洛國史蹟開發研究院, 75쪽.

227 『삼국사기』 14 고구려본기 2, 대무신왕 3년(20) 10월.

228 『삼국사기』 13 고구려본기 1, 유리명왕 29년(10) 6월.

229 『삼국유사』 흥법, 寶藏奉老普德移庵조 인용 『고려고기』.

230 朴星來, 1986, 「百濟의 災異記錄」, 『百濟研究』 17, 209쪽.

231 黃仁德, 1994, 「'백제패망' 전설들로 본 백제사, 백제사의식」, 『百濟研究』 24, 235쪽.

232 『삼국유사』 감통(感通), 月明師兜率歌[월명사의 도솔가].

233 『삼국유사』 기이, 早雪[이른 눈].

234 『고려사』 53 지 7 오행(五行) 1, 화(火).

235 『삼국사기』 10 신라본기 10, 헌덕왕 14년(822).

236 『삼국사기』 23 백제본기 1, 온조왕 13년(기원전 6).

237 『삼국사기』 10 신라본기 10, 애장왕 10년(809).

238 이상 『삼국사기』 28 백제본기 6, 의자왕 19년(659).

239 『삼국사기』 22 고구려본기 10, 보장왕 19년(660).

240 이상 『삼국사기』 28 백제본기 6, 의자왕 20년(660).

241 『삼국사기』 23 백제본기 1, 온조왕 25년(7).

242 『삼국사기』 5 신라본기 5, 태종 무열왕 2년(655).

243 『삼국사기』 22 고구려본기 10, 보장왕 7년(648).

244 『삼국사기』 10 신라본기 10, 헌덕왕 17년(825).

245 『진서(晉書)』 29 지 19 오행 下, 序 및 시화(豕禍), 원제 건무(建武) 원년(317).

246 『진서』 29 지 19 오행 下, 우화(牛禍) 및 원제 건무 원년 7월.

247 『진서』 29 지 19 오행 下, 시화 및 효무제 태원(太元) 10년·13년(388).

248 『위서』 112上 영징지(靈徵志) 8上 17, 인아(人痾), 경종(敬宗) 영안(永安) 3년(530) 11월 정묘.

249 이삼성, 2009, 『동아시아의 전쟁과 평화 1』, 한길사, 151쪽.

250 이 절의 많은 내용은 이강래, 2016, 「경험과 역사 — 고구려 멸망에 관한 고대적 사유를 단
서로」, 『韓國史研究』 173에 의존하였다.

251 『삼국사기』 32 잡지(雜志) 1 제사(祭祀), 고구려조; 같은 책 45 열전 5, 온달.

252 『구당서』 199上 동이전, 고려(高麗).

253 『삼국사기』 13 고구려본기 1, 유리명왕 19년(기원전 1) 8월.

254 『삼국유사』 신주(神呪), 惠通降龍[혜통이 용을 항복시키다].

255 『삼국사기』 8 신라본기 8, 신문왕 5년(685) 3월.

256 『삼국사기』 10 신라본기 10, 신무왕 즉위년(839).

257 『삼국유사』 흥법, 寶藏奉老普德移庵.

258 『삼국사기』 17 고구려본기 5, 동천왕 20년(246); 같은 책 45 열전 5, 밀우(密友)·유유(紐由).

259 『자치통감(資治通鑑)』 198 당기 14, 태종 정관 20년(646) 3월 기사(己巳).

260 『신당서』 97 열전 22, 위징(魏徵); 『자치통감』 197 당기 13, 태종 정관 19년(645) 10월.

261 『삼국유사』 기이, 김유신.

262 『삼국사기』 28 백제본기 6, 의자왕 20년(660) 6월.

263 『일본서기』 26, 齊明天皇 6년(660) 7월 庚子朔乙卯.

264 이 절의 서술은 이강래, 2014, 「고구려 멸망론의 설화적 파생」, 『한국 고대사 연구의 자료와 해석』(노태돈 교수 정년기념논총 간행위원회 편, 사계절)의 내용을 일부 활용하였다.

265 『삼국유사』 기이, 未鄒王竹葉軍[미추왕의 죽엽군].

266 『삼국지』 30 위서 30 동이전, 옥저(沃沮).

267 『삼국사기』 2 신라본기 2, 아달라이사금 12년(165).

268 『삼국사기』 4 신라본기 4, 진평왕 53년(631).

269 『삼국사기』 3 신라본기 3, 내물이사금 18년(373).

270 『삼국사기』 17 고구려본기 5, 미천왕 20년(319).

271 『자치통감』 96 진기(晉記) 18, 함강(咸康) 4년(338).

272 『자치통감』 95 진기 17, 함강 2년(336); 『진서』 109 재기(載記), 모용황(慕容皝).

273 『삼국사기』 18 고구려본기 6, 고국원왕 40년(370).

274 『삼국사기』 20 고구려본기 8, 영양왕 24년 · 25년(614).

275 『삼국사기』 44 열전 4, 거칠부(居柒夫).

276 『일본서기』 19 欽明天皇 6년 · 7년(546).

277 『삼국사기』 41 열전 1, 김유신 上.

278 『삼국유사』 기이, 무왕(武王).

279 『삼국사기』 22 고구려본기 10, 보장왕 9년(650) · 13년(654).

280 『대각국사문집』 17, 「孤大山景福寺飛來方丈禮普德聖師影」[고대산 경복사 비래방장의 보덕성사 진영에 참배함]; 이규보, 『동국이상국집』 10 고율시, 「是月八日游景福寺 …」; 『삼국유사』 흥법, 寶藏奉老普德移庵.

281 『구당서』 190 中 문원(文苑); 『신당서』 119 열전 44.

282 『신당서』 220 동이열전, 고려; 『삼국사기』 22 고구려본기 10, 보장왕 27년(668).

283 『당회요(唐會要)』 95, 고구려.

284 정선여, 2008, 「고구려 멸망기 불교계의 동향 — 승려 道顯의 활동을 중심으로」, 『韓國思想史學』 31.

285 『일본서기』 27, 天智天皇 원년(662) 4월.

286 『삼국사기』 4 신라본기 4, 진평왕 9년(587).

287 金洛必, 1989, 「孤雲의 道敎觀」, 『孤雲 崔致遠』, 民音社.

288 『삼국사기』 47 열전 7, 설계두(薛罽頭).

289 黃亨柱, 2001, 「『三國史記 · 列傳』 撰述過程의 硏究 — 資料的 源泉의 探究」, 성균관대학교 박사학위논문.

290 권도경, 2007, 「국립도서관본 계열 「설인귀전」의 형성 과정에 나타난 고·당 전쟁 문학의 교
　　섭양상에 관한 연구」, 『東北亞歷史論叢』 15.

291 이상 『삼국사기』 1 신라본기 1, 탈해이사금(脫解尼師今).

292 주보돈, 2002, 『금석문과 신라사』, 지식산업사.

293 『삼국사기』 13 고구려본기 1, 시조 동명성왕 6년·10년(기원전 28).

294 『삼국사기』 14 고구려본기 2, 대무신왕 9년(26).

295 『삼국사기』 15 고구려본기 3, 태조대왕 4년(56)·53년(105).

296 『삼국사기』 17 고구려본기 5, 미천왕 3년(302)·14년(313).

297 『삼국사기』 18 고구려본기 6, 고국양왕 2년(385).

298 『삼국사기』 18 고구려본기 6, 광개토왕 즉위년(391).

299 『삼국사기』 24 백제본기 2, 고이왕 13년(246).

300 『삼국사기』 28 백제본기 6, 의자왕 11년(651).

301 『삼국사기』 20 고구려본기 8, 영류왕 5년(622).

302 『삼국사기』 45 열전 5, 온달.

303 『삼국사기』 5 신라본기 5, 선덕왕 11년(642).

304 『수서』 67 열전 32 배구(裴矩); 『구당서』 63 열전 13, 배구; 『신당서』 100 열전 25, 배구 참조.

305 『자치통감』 196 당기 12, 태종 정관 15년(641).

306 『자치통감』 197 당기 13, 태종 정관 19년(645) 3월 정해.

307 『구당서』 53 열전 3, 이밀(李密), 대업(大業) 13년(617).

308 『서경』 우공(禹貢).

309 『삼국사기』 44 열전 4, 사다함(斯多含).

310 『자치통감』 197 당기 13, 태종 정관 19년(645) 6월 정유(丁酉).

311 『삼국사기』 6 신라본기 6, 문무왕 8년(668).

312 『삼국사기』 23 백제본기 1, 온조왕 18년(기원전 1).

313 『삼국사기』 23 백제본기 1, 온조왕 22년(4).

314 『자치통감』 197 당기 13, 태종 정관 19년(645) 6월 기미(己未).

315 『삼국사기』 1 신라본기 1, 일성이사금 9년(142).

316 李康來, 1999, 「『三國史記』의 靺鞨 認識 — 통일기 신라인의 인식을 매개로」, 『白山學報』
　　52, 696쪽; 2011, 『삼국사기 인식론』, 일지사.

317 『삼국사기』 1 신라본기 1, 지마이사금 11년(122) 4월.

318 『삼국사기』 2 신라본기 2, 유례이사금 12년(295) 봄.

319 『삼국사기』 3 신라본기 3, 실성이사금 7년(408) 2월.

320 『국어(國語)』월어(越語) 下에 "대저 勇(용)이란 덕을 거스르는 것이요, 兵(병)이란 흉기이요, 爭(쟁)이란 일의 말단이다"라고 한 대목이나, 『사기』 43 조세가(趙世家)에 "戰(전)이란 덕을 거스르는 것이요, 爭(쟁)이란 일의 말단이다"라고 한 대목, 그리고 『노자(老子)』 31에 "무기란 상서롭지 못한 기물이다"라고 한 대목을 염두에 둔 것이다.

321 『손자(孫子)』 허실(虛實).

322 왜 관련 서술은 이강래, 2004, 「『삼국사기』의 왜 인식」, 『韓國思想史學』 22; 2011, 앞의 책 『삼국사기 인식론』의 내용을 일부 활용하였다.

323 金瑛河, 2002, 『韓國古代社會의 軍事와 政治』, 高麗大學校 民族文化研究院, 240쪽.

324 『삼국사기』 2 신라본기 2, 흘해이사금 37년(346).

325 金瑛河, 2002, 앞의 책, 『韓國古代社會의 軍事와 政治』, 247쪽.

326 신종원, 2002, 「삼국 불교와 중국의 남조문화」, 『강좌 한국고대사』 9, 駕洛國史蹟開發研究院, 137쪽.

327 『삼국사기』 46 열전 6, 강수(强首).

328 『삼국사기』 47 열전 7, 계백(階伯).

329 「皇龍寺刹柱本記」, 『譯註 韓國古代金石文 3』, 駕洛國事蹟開發研究院(1992), 367~368쪽.

330 『삼국유사』 기이, 마한조 인용 「해동안홍기(海東安弘記)」.

331 『삼국유사』 탑상, 황룡사구층탑(皇龍寺九層塔).

332 박승범, 2014, 「7세기 전반기 新羅 危機意識의 실상과 皇龍寺9층木塔」, 『新羅史學報』 30.

333 黃仁德, 1994, 「'백제패망' 전설들로 본 백제사, 백제사의식」, 『百濟研究』 24, 238쪽.

334 梁正錫, 2009, 「彌勒寺址 塔址의 調査過程」, 『韓國史學報』 36.

335 金榮洙, 2011, 「사리봉안기의 출현과 '서동요' 해석의 시각」, 『익산 미륵사와 백제 — 서탑 사리봉안기 출현의 의의』, 일지사, 81쪽; 박현숙, 2014, 「무왕과 선화공주의 미스테리, 미륵사지 출토 금제사리봉안기(金製舍利奉安記)」, 『금석문으로 백제를 읽다』, 학연문화사, 260쪽.

336 『삼국사기』 5 신라본기 5, 선덕왕 11년(642).

337 『삼국사기』 5 신라본기 5, 태종 무열왕 7년(660).

338 김주성, 2009, 「백제 무왕의 정국운영」, 『新羅史學報』 16, 268쪽.

339 『일본서기』 23, 舒明天皇 11년(639).

340 박현숙, 2009, 「百濟 武王의 益山 경영과 彌勒寺」, 『韓國史學報』 36, 340쪽.

341 채미하, 2009, 「고려시대 東明에 대한 인식 — 국가제사를 중심으로」, 『東北亞歷史論叢』 24, 동북아역사재단.

342 나경수, 2009, 「薯童說話와 百濟 武王의 彌勒寺」, 『韓國史學報』 36, 413쪽.

343 『삼국유사』 탑상, 高麗靈塔寺[고구려의 영탑사].

344 『삼국유사』 탑상, 황룡사구층탑.

345 『삼국사기』 22 고구려본기 10, 보장왕 13년(654).

346 『삼국유사』 기이, 南扶餘前百濟[남부여 · 전백제].

347 『신증동국여지승람』 18 부여군(扶餘郡) 고적(古蹟), 조룡대(釣龍臺).

348 노중국, 2003, 『백제부흥운동사』, 일조각, 29쪽; 노태돈, 2009, 『삼국통일전쟁사』, 서울대학
    교출판부, 61~63쪽.

349 『일본서기』 24 皇極天皇 원년(642) 정월 을유.

350 이강래, 2015, 「7세기 고구려 인식과 정통성의 문제」, 『歷史學硏究』 60.

351 『삼국사기』 8 신라본기 8, 신문왕 원년(681).

352 『삼국사기』 4 신라본기 4, 진평왕 53년(631); 같은 책 41 열전 1, 김유신 上, 선덕왕 16년(647).

353 『삼국사기』 17 고구려본기 5, 중천왕 원년(248) 11월 및 서천왕 17년(286) 2월.

354 『삼국사기』 19 고구려본기 7, 양원왕 13년(557) 10월.

355 『삼국사기』 24 백제본기 2, 비류왕 24년(327).

356 『삼국사기』 26 백제본기 4, 삼근왕 2년(478).

357 『삼국사기』 26 백제본기 4, 동성왕 23년 및 무령왕 원년(501).

358 9주는 구유(九有)라고도 하며, 중국 고대에 전국을 아홉 개의 주로 나누어 천하를 의미하였다.

359 『삼국사기』 8 신라본기 8, 신문왕 5년(685). 李昊榮, 1996, 「新羅中心思想의 成立 背景」,
    『重山鄭德基博士華甲紀念韓國史學論叢, 韓國史의 理解』, 景仁文化社.

360 『사기』 천관서; 『회남자(淮南子)』 천문훈(天文訓).

361 『삼국사기』 9 신라본기 9, 효성왕 2년 · 3년 · 4년(740).

362 『삼국사기』 9 신라본기 9, 혜공왕 2년(766).

363 『삼국사기』 11 신라본기 11, 진성왕 6년(892); 같은 책 50 열전 10, 견훤.

364 『삼국사기』 12 신라본기 12, 효공왕 2년(898) 7월.

365 金壽泰, 2000, 「甄萱政權과 佛敎」, 『후백제와 견훤』, 서경문화사.

366 『고려사』 92 열전 5, 최응(崔凝).

367 『삼국사기』 7 신라본기 7, 문무왕 10년(670) · 20년(680).

368 『삼국사기』 12 신라본기 12, 경순왕 말년(935); 같은 책 50 열전 10, 견훤.

369 『고려사절요(高麗史節要)』 1, 태조 8년(925) 12월.

370 『삼국사기』 50 열전 10, 견훤.

371 『삼국사기』 46 열전 6, 최치원(崔致遠), 「상태사시중장(上太師侍中狀)」.

372 『삼국지』 30 위서 30 동이전, 한(韓).

373 「당평제비(唐平祭碑)」, 무열왕 7년(660).

374 「천남생묘지명(泉男生墓誌銘)」, 의봉(儀鳳) 4년(679); 「부여융묘지명(扶餘隆墓誌銘)」, 682년 사망; 「천헌성묘지명(泉獻誠墓誌銘)」, 대족(大足) 원년(701).

375 노태돈, 1998, 「삼한에 대한 인식의 변천 – 한국사에서 '우리의식'의 형성과 전개」, 『한국사를 통해 본 우리와 세계에 대한 인식』, 풀빛; 전진국, 2019, 「「청주운천동사적비」의 제작 연대 검토 — 서체와 주변 환경을 중심으로」, 『韓國史研究』 184.

376 이강래, 2011, 「삼한의 인식 문제와 한국고대사」, 『역사 속의 교류와 문화』, 엔터.

377 이강래, 2004, 「후백제의 당대 인식 — 토대와 지향의 맥락에서」, 『韓國古代史研究』 35, 5~6쪽.

378 「태자사낭공대사백월서운탑비(太子寺朗空大師白月栖雲塔碑)」, 경명왕 원년(917).

379 변동명, 1997, 「高麗 武人政權期의 百濟復興運動과 李延年」, 『南道文化研究』 6.

380 이제현(李齊賢), 『역옹패설(櫟翁稗說)』 전집(前集) 2.

381 『삼국유사』 기이, 마한.

382 『삼국유사』 기이, 卞韓百濟[변한과 백제].

383 朴性鳳, 1997, 「馬韓認識의 歷代變化」, 『삼한의 역사와 문화』, 자유지성사, 113쪽; 1990, 『馬韓·百濟文化』 12.

384 『제왕운기』 下, 동국군왕개국연대(東國君王開國年代).

385 『고려사』 57 지리 2, 금마군(金馬郡).

386 『동국통감』 외기, 삼한(三韓).

387 『세종실록지리지』 전라도, 익산군; 『신증동국여지승람』 33, 익산군 건치연혁(建置沿革).

388 한백겸(韓百謙), 『동국지리지(東國地理誌)』(1615), 후한서 삼한전 안설(按說).

389 유득공(柳得恭), 『발해고(渤海考)』 序.

390 김정호(金正浩), 『대동지지(大東地志)』 31 방여총지(方輿總志) 3, 발해국(渤海國).

391 김기봉, 2010, 「역사의 거울에 비춰 본 한국인 정체성」, 『韓國史學史學報』 21, 155쪽.

392 이강래, 2011, 「『삼국사기』의 삼국 인식 : 그 시공간 설정을 위하여」, 『삼국사기 인식론』, 일지사; 2010, 『韓國史學報』 41.

374

376